ESCOLHA O AMOR

STORMIE OMARTIAN

ESCOLHA O AMOR

E MUDE O CURSO DE SUA VIDA

Traduzido por MARIA EMÍLIA DE OLIVEIRA

Copyright © 2014 por Stormie Omartian
Publicado originalmente por Harvest House Publishers, Eugene, Oregon, EUA.

Os textos das referências bíblicas foram extraídos da *Nova Versão Internacional* (NVI), da Biblica, Inc., salvo a seguinte indicação: RA (*Almeida Revista e Atualizada*, 2ª ed.), da Sociedade Bíblica do Brasil. Eventuais destaques nos textos bíblicos e nas citações em geral referem-se a grifos dos autores.

Todos os direitos reservados e protegidos pela Lei 9.610, de 19/02/1998.

É expressamente proibida a reprodução total ou parcial deste livro, por quaisquer meios (eletrônicos, mecânicos, fotográficos, gravação e outros), sem prévia autorização, por escrito, da editora.

CIP-Brasil. Catalogação-na-fonte
Sindicato Nacional dos Editores de Livros, RJ

O64e

    Omartian, Stormie
      Escolha o amor : e mude o curso de sua vida / Stormie Omartian; tradução Maria Emília de Oliveira. - 1. ed. - São Paulo: Mundo Cristão, 2015.
      304 p.; 21 cm.

      Tradução de: Choose love

      1. Deus. 2. Cristianismo. 3. Vida cristã I. Título.

15-21093
                                    CDD: 220.6
                                      CDU: 27.276

Categoria: Oração

Publicado no Brasil com todos os direitos reservados por:
Editora Mundo Cristão
Rua Antônio Carlos Tacconi, 69, São Paulo, SP, Brasil – CEP 04810-020
Telefone: (11) 2127-4147
www.mundocristao.com.br

1ª edição: agosto de 2015
1ª reimpressão sob sistema digital: 2019

*"O [mandamento] mais importante é este: […]
Ame o Senhor, o seu Deus, de todo o seu coração,
de toda a sua alma, de todo o seu entendimento
e de todas as suas forças". O segundo é este: "Ame
o seu próximo como a si mesmo". Não existe
mandamento maior do que estes.*

MARCOS 12.30-31

Sumário

Apresentação ... 9

Primeira escolha
Escolha aceitar o amor de Deus por você

1. Veja-se como Deus a vê ... 13
2. Entenda quem Deus realmente é ... 25
3. Aceite tudo o que Deus tem a lhe oferecer ... 46
4. Leia a carta de amor que Deus enviou a você ... 69
5. Aceite a graça e a misericórdia de Deus ... 82
6. Reconheça os modos pelos quais Deus ama você ... 99
7. Saiba o que o amor divino fará em sua vida ... 114

Segunda escolha
Escolha expressar seu amor por Deus

8. Ame de todo o coração quem Deus é ... 133
9. Siga o caminho do Senhor em qualquer circunstância ... 142
10. Aprenda a adorar ao Senhor com todo o seu ser ... 158
11. Procure meios de confiar plenamente em Deus ... 170
12. Confie firmemente na sabedoria divina ... 183
13. Abandone definitivamente o mundo
    do inimigo de Deus ... 193
14. Anseie continuamente pela vontade e
    presença de Deus ... 207

Terceira escolha
Escolha amar os outros de forma que agrade a Deus

15. É possível amar os outros sempre? 223
16. E se eu não conseguir ser sempre paciente e bondosa? 236
17. De que maneiras eu revelo falta de amor? 247
18. Como os outros saberão que pertenço a Deus? 262
19. Aprender a amar a mim mesma é um ato de egoísmo? 270
20. E se eu não for capaz de ser tolerante, de ter fé
    e esperança e de suportar todas as coisas? 281
21. Como posso mostrar amor em qualquer situação? 289

Apresentação

Existe uma necessidade inerente a cada ser humano, que é a de amar e ser amado. Todos nós precisamos sentir o acolhimento, o cuidado, a proteção e a aceitação próprias do amor verdadeiro. Desde a tenra infância, a ausência de qualquer desses elementos pode gerar deformidades no caráter e na maneira como respondemos aos relacionamentos que são construídos ao longo da vida.

Por isso, embora a palavra *amor* seja a mais explorada pelos poetas e compositores de nosso tempo, nunca sofreu tantas distorções em seu real significado como hoje. "Fazer amor" virou sinônimo de fazer sexo. Relacionamentos utilitaristas e com motivações egoístas são chamados de amor. A perversão e a busca desenfreada pela satisfação dos prazeres pessoais justificam-se pela já muito cantada frase "qualquer maneira de amor vale a pena".

Este é um mundo, portanto, em que falamos de amor, cantamos o amor, buscamos o amor, mas equivocadamente nos afastamos da pura, transformadora e inesgotável fonte do verdadeiro amor: Deus! Nosso Pai não é apenas o caminho, mas é ele mesmo a definição de amor.

Enquanto continuarmos afastados de nosso Criador, ignorando seu olhar amoroso em nossa direção, ou mesmo enquanto estivermos experimentando um relacionamento superficial com ele, vagaremos atordoados e errantes, iludidos por nossas teorias e percepções limitadas da força mais poderosa que existe: o amor pleno e absoluto que emana de Deus para curar todo aquele que se rende e aceita sua maravilhosa graça.

Em *Escolha o Amor*, Stormie Omartian compartilha com o leitor sua experiência pessoal e a revelação poderosa e profunda que recebeu de Deus, por meio das Sagradas Escrituras. Com a mestria que já lhe é peculiar, a autora nos conduz amorosamente por um caminho de descobertas, desafios e escolhas fundamentais, para que não apenas compreendamos, mas também possamos desfrutar do amor para o qual fomos destinados desde a nossa criação. Assim, poderemos também emanar esse amor, de nossa vida para a vida de todos que nos cercam.

Minha oração é que a leitura deste livro seja um divisor de águas em sua vida, e que você escolha a cura e a plenitude que fluem do incomparável e irresistível amor de Deus.

HELENA TANNURE

Apresentadora, escritora, cantora e palestrante

Primeira escolha

Escolha aceitar o amor de Deus por você

1

❖❖❖❖❖❖❖❖❖❖❖❖❖❖❖❖❖❖❖❖❖❖❖❖❖❖

Veja-se como Deus a vê

Nunca esquecerei o dia em que me vi pela primeira vez num daqueles espelhos de aumento iluminados. Você deve conhecer os espelhos que se costuma colocar no balcão do banheiro. Há modelos com várias ampliações. O que comprei aumentava cinco vezes a imagem porque eu precisava enxergar alguns detalhes no rosto e na pele para estar bem apresentável.

Instalei-o no local, acendi a lâmpada, olhei no espelho e quase morri de susto.

Estou avisando desde já, porque você precisa ser corajosa e estar preparada para o que vai ver. Acima de tudo, *antes* de se olhar no tal espelho, fique tranquila, pois é certo que não há ninguém, absolutamente ninguém, neste mundo que a veja da maneira como o espelho reflete sua imagem: com todos os poros e manchas ampliados; com todas as manchas marrons provocadas pela exposição ao sol; com os pelos, as rugas e as marcas de expressão aumentados; e com todas as imperfeições iluminadas — muitas das quais você nem sabia que existiam.

Já me recuperei do choque inicial, mas precisei de um pouco de tempo. À medida que envelhecemos, há mais detalhes para ver, portanto não se trata de uma experiência progressivamente prazerosa. Trata-se de algo que você sabe que deve fazer e estar cada vez mais preparada para suportar o que vai ver.

Quando você se vê da maneira como *Deus* a vê é o mesmo que olhar num espelho de aumento gigantesco e enxergar tudo o que você é. Deus, porém, a vê da perspectiva de tudo o que ele planejou que você fosse. Ele vê todos os dons, propósitos e potenciais em você. Tudo isso foi colocado no lugar por aquele que não só pensou em você *antes* de seu nascimento, mas tinha um plano para sua vida.

É comum vermos apenas os aspectos negativos em nós. Observamos penosamente nossas fraquezas, carências ou fracassos. Deus vê tudo isso também, mas não de forma tão negativa.

Por exemplo, Deus vê sua *fraqueza* como oportunidade para você confiar em que ele a fortaleça. Quando submetida a Deus, sua fraqueza a capacita a receber dele uma força maior que qualquer outra coisa que você poderia ter sem ele.

Deus vê sua *carência* como uma possibilidade de você recorrer a ele e declarar que depende dele, para que ele supra todas as suas necessidades.

Deus vê seu *fracasso* como um convite para que você ande bem perto dele, para que ele a habilite a realizar aquilo que você não pode começar sozinha.

Se você não tem certeza disso, eu a convido a buscar a Deus mais do que o buscou antes e passar a conhecê-lo melhor. Quanto mais você souber quem Deus realmente é, mais reconhecerá quanto necessita dele. E é sempre bom necessitar dele.

Entendendo a perspectiva de Deus

Quanto mais buscamos conhecer a Deus com mais profundidade, mais ele *se* mostra a nós. Quando abrimos verdadeiramente o coração a Deus e o convidamos a revelar-se a nós, ele aceita o convite. E isso é algo que devemos fazer, porque jamais saberemos quem *nós* realmente somos enquanto não entendermos quem *ele* realmente é.

Deus também nos mostra a verdade sobre nós quando lhe pedimos. Isso pode parecer assustador, mas não permita que a ideia a amedronte. A boa notícia é que ele não nos permite ver tudo de uma vez — tanto sobre *ele* quanto sobre *nós* —, o que seria exageradamente difícil em ambos os casos. Ele nos permite ver um pouco por vez à medida que o buscamos.

Se seu coração almeja conhecer a verdade e anseia por encontrar um meio de ser tudo aquilo que Deus planejou para você, passe um tempo com o Senhor todos os dias, buscando conhecê-lo. Faz bem para sua alma entender verdadeiramente a maravilhosa bondade, a santidade, a perfeição e o amor divinos. Também expõe a falta de bondade, santidade, perfeição e amor que existe em você. Não tenha medo. Ele não expõe essas coisas para chocá-la nem humilhá-la. Faz isso a fim de que você saiba que ele a ama o suficiente para não deixá-la estagnada. Ele quer transformá-la para que seja aquilo para o qual ele a criou — e isso vai além do que você é hoje — porque deseja que você viva de tal forma que a leve a receber as bênçãos incontáveis que lhe reservou.

Deus, em sua perspectiva, vê tudo o que você perderá se não buscar a presença e a vontade dele em sua vida.

Mesmo quando pensamos que temos caminhado com o Senhor durante tempo suficiente para estar atentas à maioria de nossas imperfeições, descobrimos que sempre temos de nos esforçar um pouco mais. É por isso que nunca podemos supor que estamos longe de ceder às nossas maiores fraquezas. Ou que podemos vencer o dia sem a total dependência de Deus e de seu Espírito em nós, que nos capacitam a ser a pessoa que o Senhor pretendeu que fôssemos.

16   ESCOLHA O AMOR

Deus quer que sejamos mais *semelhantes* a ele todos os dias.

Observe que eu *não* disse que devemos *ser* Deus. Disse que devemos ser mais *semelhantes* a Deus.

A verdade é que todos nós, seres humanos, precisamos ser transformados. Deus disse que somos feitos à sua *imagem*; porém, ele quer que sejamos "*participantes da natureza divina*" (2Pe 1.4). Significa *abrir nosso coração a Deus e permitir que ele o modele e o amplie para que possamos conter mais do seu caráter.*

Como isso acontece?

A pergunta será respondida no decorrer da leitura deste livro. Por ora, saiba que Deus quer que você seja mais semelhante a ele. Quer que você não apenas veja o que precisa ser mudado, mas que veja a si mesma através dos olhos amorosos dele.

Deus perdoa com amor, algo que um espelho de aumento não faz.

Eu disse tudo isso para contar que, alguns anos atrás, estava lendo a Bíblia de Gênesis a Apocalipse — como costumo fazer a cada dois anos — e em determinado dia comecei a ler 1Coríntios 13. Já havia lido essa passagem inúmeras vezes e sabia que se tratava do capítulo sobre o amor. Aliás, ela tornou-se tão conhecida para mim que, depois de tanto ler os versículos, cheguei a memorizar grande parte deles. E os casados gostarão de ler esse capítulo várias vezes, orando para que o cônjuge realmente o compreenda. (Não estou brincando. Aprendi a orar para que *eu* realmente o compreendesse. E gostaria de ver sua reação.)

Você sabia que a cada vez que lê uma passagem da Bíblia seu entendimento se aprofunda? Aos poucos, ela fica gravada em sua mente, alma e espírito. Mas um dia — quando você estiver lendo de novo a mesma passagem, sobre a qual pediu a Deus que lhe desse mais entendimento —, terá a sensação de que o céu se abriu e você passará a compreendê-la muito mais que antes. Sua mente, alma e espírito se aclararão de tal maneira que você saberá que isso só foi possível graças à revelação de Deus. Bem, foi o que aconteceu comigo naquele dia.

Eu vinha andando com o Senhor durante décadas e imaginei ter adquirido um bom conhecimento a respeito do amor de Deus por nós. E sabia expressar meu amor por ele, mesmo percebendo que se tratava de um processo de crescimento constante. Acreditava ser uma pessoa amorosa porque Deus me concedera a graça de amar profundamente os outros, algo que nunca pensei ser possível antes de começar a andar com ele. Mas naquela manhã — depois de pedir a Deus que me ensinasse aquilo que eu ainda não havia visto naquele capítulo, o que sempre faço antes de ler sua Palavra — foi como se meus olhos estivessem vendo os versículos com maior profundidade e clareza pela primeira vez. O Espírito Santo atendeu ao meu pedido e deu-me um profundo entendimento de cada sentença e de cada palavra, como se o próprio Jesus as estivesse dizendo para mim.

À semelhança de uma cortina gigantesca abrindo-se no céu, consegui ver o que estava por trás daquela passagem, e um mundo inteiramente novo se revelou diante de mim. Foi como se eu estivesse vendo uma fotografia desfocada — que eu não sabia estar fora de foco — que de repente se tornou clara como cristal, e fui capaz de ver coisas que nunca vira. A experiência foi hipnotizante; deixou-me sem fôlego. Foi persuasiva e deu-me uma lição de humildade. Cada palavra tomou conta de mim. Tudo ocorreu como se eu estivesse num quarto pouco iluminado e, de repente, o teto se abriu e a luz do sol entrou de forma tão intensa a ponto de me forçar a fechar os olhos.

Cada palavra foi imediatamente ampliada para revelar todos os aspectos de seu significado. E a cada revelação, mais

18 ESCOLHA O AMOR

arrependimento eu sentia. Cada descrição trouxe-me à mente as muitas vezes em que deixei de mostrar amor daquela maneira a alguém. Não estou dizendo que eu não amava a pessoa. Estou dizendo que *meu* amor não chegava nem aos pés do amor que Deus queria de mim. Embora eu soubesse que havia melhorado muito em relação ao que era antes, ainda estava muito longe do lugar no qual Deus desejava que eu estivesse. Entendi que o amor que Deus queria que eu mostrasse aos outros não era algo que eu conseguiria fazer sozinha. Precisava do poder transformador do amor *de Deus* agindo em mim e me capacitando. Significava que eu tinha de estar todos os dias com ele a fim de receber uma infusão renovada de seu amor por mim e também expressar meu amor por ele e depois pedir-lhe que me ajudasse a mostrar seu amor aos outros. Eu costumava pensar no amor mais como um sentimento que como uma escolha. Mas aquelas eram escolhas claras que eu deveria fazer.

Na Palavra de Deus há diferentes níveis de verdade, e precisamos estar preparadas para alcançá-los à medida que ele nos capacita.

Nas primeiras vezes que li a passagem sobre o amor, entendi que esse deveria ser nosso ideal. Isto é, o objetivo no qual deveríamos nos *empenhar*. E é. Mas não tudo.

O nível seguinte de entendimento que alcancei a respeito dessa passagem foi que Deus é amor e que precisamos nos esforçar para nos assemelhar mais a ele e aprender a amar como *ele* ama. Isso também é verdade. Mas existe algo mais.

O nível mais recente de entendimento que Deus me revelou foi que possivelmente não podemos amar os outros como ele ama sem que seu amor flua através de nós e nos capacite. Significa que não devemos apenas ter um entendimento cada vez mais profundo do amor de Deus, mas que *precisamos também escolher aceitar, em toda a sua plenitude, o amor que Deus tem para* nós.

Naquela manhã, à medida que continuei a ler e a reler os versículos que descreviam o amor sob a perspectiva *de Deus,* ele me mostrou com detalhes nítidos que eu não estava agindo de acordo com nenhum deles. Eu sabia que ele não tinha a intenção de me julgar ao revelar tudo aquilo. Não senti condenação. Senti que ele *apontou meu erro.*

Senti seu *amor.*

Foi como se Deus estivesse me dizendo ao coração: "Quero que prossiga na vida e aceite tudo o que tenho para você, mas há algumas escolhas que você precisa fazer".

Foi como se eu estivesse dizendo: "Ah, agora estou entendendo". E não: "Como pude ser tão idiota e tão cega?".

Deus revelou-me que eu não estava recebendo determinadas bênçãos em minha vida porque não reconhecia as oportunidades que ele colocara diante de mim não apenas para *receber seu amor e mostrar meu amor por ele, mas também para escolher amar os outros de forma que lhe agradasse.* Reconheci quanto me prejudiquei por *não escolher* mostrar amor em algumas situações no passado. Perdi muitas bênçãos por não ter feito escolhas melhores.

Deus mostrou-me tudo isso naquele instante. Ensinou-me que, quando hesito em mostrar amor numa situação, devo pedir-lhe que me revele — por meio de seu Espírito falando ao meu coração — o que o amor significa naquele momento. Deus afirmou ao meu coração que devo fazer escolhas e que isso nem sempre é tão claro sem a revelação *dele* acerca do que elas significam. Aquilo que nossa mente humana poderia *considerar* um ato de amor seria, na verdade, uma coisa *errada.* Por isso, é extremamente importante ter um conhecimento sólido das Escrituras e ter também a sabedoria de Deus — principalmente quando isso exige uma decisão que influencia na vida de outras pessoas. Será que minha escolha de fazer o que *eu* imagino ser um ato de amor por essa pessoa não a estaria, na verdade, prejudicando? Pode ser que sim.

Tudo isso mexeu comigo de forma tão intensa que quase caí do sofá com o rosto no chão perante Deus, em tristeza e arrependimento. Esse passou a ser um daqueles momentos de mudança de vida com Deus que nunca esquecemos nem abandonamos. Tudo — ou quase tudo — neste livro fala do que Deus me mostrou naquele instante.

À medida que continuei a contemplar o que aconteceu, tornou-se claro para mim que nenhuma de nós é capaz de começar a mostrar amor da forma que Deus deseja sem, antes de tudo, fazer essas escolhas.

TRÊS ESCOLHAS SIMPLES QUE ALTERARÃO O CURSO DE SUA VIDA

Nossa primeira escolha não é apenas entender o amor de Deus por nós, mas nos dispor de fato a aceitá-lo. Sim, aceitar o amor de Deus é uma escolha. Podemos *ler* sobre isso, *falar* disso e *pensar* nisso, mas não é o mesmo que *escolher* aceitá-lo. Escolher aceitar o amor de Deus significa aproximar-se dele, passar um tempo em sua presença, abrir o coração para ele, querer conhecê-lo, entender quem ele é e desejar ser mais *semelhante* a ele.

Escolher aceitar o amor de Deus mudará sua vida.

Nossa segunda escolha é deliberadamente expressar nosso amor por Deus em resposta a seu amor por nós. Precisamos entender como transmitir nosso amor por ele além de apenas "senti-lo". Não há nada mais a fazer. E certamente não podemos amar os outros de maneira intensa sem antes aprender a mostrar nosso amor por Deus, porque o próprio processo de mostrar amor por Deus passa a ser o meio pelo qual ele nos enche com *mais* de seu amor. A verdade é esta: Deus concede seu amor a nós quando demonstramos nosso amor por ele. (Leia mais sobre isso no capítulo 10.)

Escolher expressar seu amor por Deus transformará sua vida.

Nossa terceira escolha é amar os outros de forma que agrade a Deus. Significa que precisamos buscar a Deus para entender o que lhe agrada e optar por fazer isso em vez de esperar que os sentimentos nos motivem. O amor humano é falho. Somos incapazes de amar constantemente — o tempo todo, de todas as maneiras que Deus deseja que amemos — da forma como *ele* ama. Amamos verdadeiramente os outros quando escolhemos amar a Deus; então ele se derrama dentro de nós.

Escolher mostrar amor aos outros alterará o curso de sua vida.

Essas três escolhas compõem as três partes deste livro. Se quisermos escolher amar como Deus deseja que amemos, precisamos tomar essas três decisões todos os dias.

A maneira como Deus vê você

Não nos vemos da maneira como Deus nos vê. Nós nos vemos por meio de nosso passado. Nossos fracassos. Nosso trabalho. Nossas habilidades. Nossa aparência. Nossos amigos. Nossas realizações. Ou a falta disso.

Nós nos vemos através do prisma de nossas falhas.

Deus nos vê através da luz de sua perfeição brilhando em nosso coração, aperfeiçoando-nos até o dia em que estaremos com ele.

Sabemos do que *somos feitas*, e nem sempre consideramos isso como algo positivo.

Deus nos vê segundo a luz de tudo o que *ele* amorosamente pretendeu que fôssemos.

Quero que você se veja da maneira como Deus a vê: sob a perspectiva do amor dele. Quero que você se veja através da perspectiva de Deus para que entenda o amor que ele sente por você — e compreenda o efeito de longo alcance que o amor de Deus exerce em sua vida quando você escolhe aceitá-lo de braços abertos.

Quando você aceita o amor divino, esse amor acende a chama de seu coração, toma conta de todo o seu ser e lhe dá energia — na mente, na alma e no corpo.

Não quero apenas que você conheça Deus um pouco melhor. Quero que *sinta* Deus.

Deus não ama apenas; ele *é* amor. E quando você sente esse amor *em* você, isso transforma sua vida e influencia todas as pessoas com quem tiver contato. Quando você escolhe mostrar o amor de Deus aos outros, além de mudar dramaticamente a vida *deles*, isso altera o curso de *sua* vida.

Quando você vir sua vida através dos olhos de amor de Deus, as coisas boas serão ampliadas e iluminadas. As coisas ruins não serão tão ameaçadoras porque o amor de Deus as expulsará. Cada dia em que escolher aceitar o amor de Deus, expressar seu amor por ele e amar os outros da maneira que ele deseja, você saberá que ele está trabalhando em você a fim de que seja mais semelhante a ele.

Não há força maior no mundo que o amor divino. Nem todas as armas de ódio e crueldade juntas são capazes de opor resistência a esse amor. A cegueira espiritual e intencionalmente má tentará se opor, mas não conseguirá vencer, porque toda a criação foi formada e é sustentada por Deus. E ele concede a cada uma de nós o livre-arbítrio para escolher — ou não — seu amor por nossa vida.

Oração de amor

Senhor, ajuda-me a ver-me da maneira como tu me vês. Obrigada porque me vês através de teus olhos de amor e de tudo o que planejaste para mim. Capacita-me a abrir meu coração para aceitar teu amor. Embora seja difícil entender um amor tão grande e ainda que eu não me sinta digna dele, não quero privar-me de receber o poder de teu amor maravilhoso agindo em meu coração. Ensina-me acerca de tuas manifestações de amor por mim que eu porventura não esteja entendendo. Dá-me olhos para ver como tu revelas teu amor por mim e afasta-me das coisas que não fazem parte dos planos grandiosos que tens para minha vida. Sei que tudo o que desejas fazer em minha vida não poderá ser levado a efeito sem que teu amor flua em mim.

Ajuda-me a desviar os olhos de mim e a olhar para ti. Quero ver-te com maior clareza e entender-te de forma mais completa. Obrigada porque tu não apenas me amas, mas me habilitas a compreender a profundidade de teu amor. Mostra-me os caminhos que não reconheço ou os meios pelos quais me fecho ao teu amor — por causa de séria dúvida ou simplesmente por falta de entendimento — e aponta as muitas bênçãos que perdi por causa disso.

Torna-me capaz de ver minha vida pela tua perspectiva. Em vez de olhar através de uma lupa para enxergar minhas imperfeições, ajuda-me a ver-me através da lupa de teu coração amoroso para observar o bem — e o potencial para ser melhor ainda — que colocaste em mim. Que tua presença em minha vida seja ampliada para muito além do que sou capaz de imaginar. Faze que tua perfeição, beleza, amor e santidade sejam refletidos em mim o tempo todo.

Oro em nome de Jesus.

Palavras de amor

Como são preciosos para mim
os teus pensamentos, ó Deus!
Como é grande a soma deles!
Se eu os contasse, seriam mais
do que os grãos de areia.
Se terminasse de contá-los,
eu ainda estaria contigo.

SALMOS 139.17-18

SENHOR, que é o homem
para que te importes com ele,
ou o filho do homem
para que por ele te interesses?
O homem é como um sopro;
seus dias são como uma sombra passageira.

SALMOS 144.3-4

Não vê ele os meus caminhos,
e não considera cada um de meus passos?

Jó 31.4

Seu divino poder nos deu tudo de que necessitamos para
a vida e para a piedade [...]. Dessa maneira, ele nos
deu as suas grandiosas e preciosas promessas, para que
por elas vocês se tornassem participantes da natureza
divina e fugissem da corrupção que há no mundo, causada
pela cobiça.

2PEDRO 1.3-4

2

Entenda quem Deus realmente é

Nada é mais importante em nossa vida que o amor. Todos nós *necessitamos* de amor. Todos nós queremos o amor. *Não podemos viver sem ele. Exigimos* o amor dos outros. Fazemos coisas desesperadas e malucas por ele. Rejeitamos as pessoas que não amam. Quando somos rejeitadas pelo objeto de nosso amor, essa rejeição toca um lugar profundo, escuro, vazio e perigoso dentro de nós. Sem amor, podemos afundar no poço profundo da depressão, da raiva, da amargura, do ódio e da aversão a nós mesmas e da falta de esperança.

Quem acha que não necessita desesperadamente de amor não conhece a vida sem ele.

A palavra AMOR é a obsessão de todo compositor musical, de todo poeta, de todo escritor de carta romântica e de livros de romance, de todo coração jovem e de todo coração idealista, de toda garota ou garoto abandonado ou rejeitado, de todo homem e de toda mulher.

A necessidade de amor não se restringe a gênero, idade, condição de saúde mental ou física, circunstâncias financeiras ou educação. Nossa necessidade de amar não cessa com o passar do tempo; apenas aprendemos a disfarçar melhor essa necessidade à medida que vivemos. Não aprendemos a manifestar essa demanda por amor; apenas cuidamos de expressá-la de forma menos assustadora aos outros. Podemos até ter os melhores amigos que o dinheiro pode comprar e ser levadas a pensar que o amor que recebemos é verdadeiro, mas, se esse amor se esvair quando o dinheiro acabar, veremos que não éramos objeto de amor desses amigos.

Algumas vezes as pessoas nos amam, mas não demonstram o amor de maneira perceptível. Em razão disso, não sentimos tal amor e, portanto, não acreditamos que somos amadas. E quando *sentimos* que não somos amadas, podemos até encobrir a devastação interior que isso nos causa, mas continuamos a sofrer em silêncio. Podemos até ser verdadeiramente amadas, mas não acreditamos nisso, e passamos a viver como quem carece de amor.

O problema com o amor humano é que ele é frágil, fraco e cheio de falhas. O amor humano é limitado. É mutável. Pode ser motivado e manipulado por egoísmo. É condicional e não confiável. No entanto, murchamos e morremos sem ele. Para não ficar sem nada, algumas pessoas aceitam qualquer coisa, mesmo que sejam minúsculas migalhas emocionais que caem da mesa daquilo que simula algum tipo de amor. Ficamos extasiadas quando sentimos amor e desoladas quando não o sentimos.

Muitas de nós sofremos por pensar que, se as pessoas não nos amam de verdade, teremos então de passar a vida inteira sem amor. Não é verdade. O maior sentimento de amor — acessível a todas nós o tempo todo — é o amor de Deus. O amor divino não é igual ao amor humano, mas é imutável e inabalável, porque *Deus* é imutável e inabalável. O amor divino é incondicional. A maioria de nós não entende a festa do amor de Deus que nos aguarda no salão de banquetes de seu favor.

Não estou dizendo que não necessitamos do amor humano. Claro que necessitamos; porém, o amor humano tem limites.

O amor de Deus é ilimitado. Se acreditarmos que podemos pôr todas as nossas esperanças no amor humano, é certo que ficaremos profundamente decepcionadas. Só o amor de Deus cura, restaura, rejuvenesce e dá vida por completo. O amor humano é capaz de fornecer apenas uma pequena fração disso, e por pouco tempo, até que se torne egoísta novamente.

Só o amor de Deus nos fortalece e nos fortifica de modo incomparável. Só o amor de Deus é capaz de atender totalmente à nossa necessidade de ser amadas. Só o amor de Deus *em* nós pode nos fazer amar os outros por completo. Não podemos viver sem o amor de Deus, mas, em geral, as pessoas não sabem que é desse amor que elas necessitam. E isso ocorre porque elas não *o* conhecem. Mesmo que acreditem que Deus existe, não se dispõem a *aceitar* tudo o que ele *tem* para elas, e por isso não compreendem a profundidade de seu amor.

A verdade é que Deus ama você mais do que qualquer outro ser humano é capaz de amar — muito mais do que você consegue imaginar. E se você não se sentiu amada no passado — se ninguém a amou na infância ou se foi rejeitada de uma forma ou outra —, terá grande dificuldade de aceitar o amor de Deus, porque não aprendeu a confiar no amor, não importa de onde ele venha. Para conhecer a profundidade do *amor* de Deus, você precisa conhecer a *Deus*.

Eis a questão.

Muitas pessoas não conhecem Deus verdadeiramente, portanto não conhecem seu amor. Conhecem as coisas boas, más ou erradas que alguém lhes disse *a respeito de* Deus, mas não *o* conhecem. E estou falando de nós, que cremos nele, bem como das pessoas que duvidam dele. Entender o amor de Deus por nós consiste numa busca incessante que só será satisfeita quando do estivermos com ele no céu.

Para conhecer a Deus e aceitar seu amor, precisamos entender quem ele é e quão grande é seu amor por nós. Precisamos compreender isso pelo menos um pouco antes de senti-lo. Algumas pessoas acreditam que o julgamento de Deus sobre elas é, na verdade, o amor divino mostrado de maneira que não entendem. Grande parte de nós não percebe como ele nos protege de perigos que nem sequer identificamos. Quanto mais você conhecer a Deus, mais fé terá nele. Quanto mais entender a natureza de Deus, mais o amará.

É importante conhecer a natureza eterna de Deus porque a profundidade de sua fé nele se reflete no espaço que ele ocupa em seu coração e em seu entendimento.

ALGUMAS COISAS QUE VOCÊ PRECISA SABER A RESPEITO DE DEUS

Para entender o amor de Deus, você precisa entender quem ele é. Às vezes achamos que sabemos quem Deus é, mas, se duvidamos de seu amor por nós, não somos capazes de conhecê-lo. Veja a seguir alguns aspectos básicos que você precisa saber a respeito de Deus.

Deus não foi criado. Ele sempre existiu e sempre existirá (Sl 90.1-2). Significa que tudo a respeito dele é permanente. É eterno. Significa que o amor dele por você jamais terá fim.

Deus é o onisciente Criador de todas as coisas. Significa que ele sabe tudo a seu respeito. Sabe o momento em que você foi concebida, e tinha um plano e propósito para sua vida desde o início. Deus não necessariamente determinou as circunstâncias de sua concepção. Isso foi decidido por livre-arbítrio de seu pai, de sua mãe ou de ambos. E se tais circunstâncias não foram nem um pouco desejadas, não significa que você seja um erro ou uma pessoa indesejada. Talvez tenha sido uma surpresa para seus pais, porém nunca foi uma surpresa para Deus. Quando você nasceu, os planos de Deus para sua salvação, restauração, redenção e futuro já estavam estabelecidos. Não significa que tudo foi predestinado. A escolha pertence a você. Deus a atraiu para ele desde que você nasceu, mas é preciso aceitá-lo. Seja o que for que lhe tenha acontecido no passado, Deus sempre estendeu a mão a você, na esperança de que abrisse o coração para ele.

Deus pode tocar e transformar qualquer um com seu amor. Por mais distante que uma pessoa esteja, Deus pode redimi-la e fazê-la triunfar caso ela se disponha a aceitar seu amor. Por mais profundo que seja o abismo no qual mergulhamos, Deus pode nos alcançar e retirar de lá se recorrermos a ele. E quando submetemos nossa vontade ao Senhor e buscamos sua presença e ajuda, ele nos abre os olhos espirituais para enxergarmos melhor quem ele realmente é.

Você também precisa saber que Deus é o único Deus. Há, porém, três pessoas distintas, eternas e coexistentes na Trindade.

Há o Deus Pai, que não foi criado, mas sempre existiu.

Há Jesus, o Filho de Deus que também é Deus. Ele também não foi criado, mas foi gerado de Deus Pai.

Há também o Espírito Santo, que *procede de* Deus e é o Espírito de Deus, portanto também é Deus.

No princípio, o Pai, o Filho e o Espírito Santo estiveram juntos na Criação. E quando eles criaram o homem, Deus disse: "*Façamos* o homem à *nossa* imagem, conforme a *nossa* semelhança" (Gn 1.26).

Por que "*façamos*"?

Porque "façamos" refere-se aos três — Pai, Filho e Espírito Santo —, que são únicos e distintos, mas também inseparáveis. E a participação deles em sua vida dependerá da acolhida que você lhes der. Para conhecer a Deus, você precisa conhecer cada uma das três pessoas da Trindade. Se rejeitar uma delas, terá uma imagem incompleta de Deus — do Deus Pai, do Deus Filho e do Deus Espírito Santo. E qualquer visão distorcida limitará tudo o que Deus pode fazer em sua vida.

A imagem que temos de Deus é responsável pela maneira como reagimos a ele. Para muitas pessoas, a imagem de Deus origina-se de sua experiência com ele. Essa imagem se forma pelo que elas veem em outros cristãos, pelo que aprenderam na igreja ou, ainda, pelo que aprenderam com outras pessoas de grande influência em sua vida. Se alguém que deveria ser uma pessoa de Deus as decepcionou, elas transferem a decepção para Deus. Culpam Deus pelos maus-tratos que receberam de quem deveria amá-las e protegê-las e não o fizeram.

As pessoas também são inclinadas a ver Deus da maneira como viam o pai, ou a figura do pai. Se essa imagem não for positiva, elas poderão imputar aquele fracasso humano a Deus. Por exemplo, se seu pai a abandonou, talvez você sinta que seu Pai celestial também a abandonará e, portanto, não confiará nele. Se seu pai terreno nunca esteve ao seu lado para dar-lhe apoio, talvez você sinta que seu Pai celestial fará o mesmo. Se seu pai humano vivia distante, talvez você sinta que seu Pai celestial está igualmente longe.

Se você rejeitou Deus por um motivo qualquer ou hesitou em aceitar o amor divino, que cura e restaura, saiba que o Senhor não está zangado. Ele sabe que você precisa conhecê-lo e conhecer seu amor incondicional antes de ter confiança total nele. Mas Deus quer que você faça isso o mais breve possível, porque, quanto mais cedo você se dispuser a aceitar completamente esse amor, mais cedo receberá tudo o que ele lhe reservou — o que é muito mais do que você é capaz de imaginar. Mesmo que você conheça a Deus há anos, sempre haverá algo mais para aprender sobre ele.

Algumas pessoas pensam que a crença em Deus resulta de uma fé insensata, mas, na verdade, é necessário ter uma fé cega e irrefletida para olhar para este belo mundo e este universo incrível e acreditar que Deus *não existe.*

O rei Davi, um homem segundo o coração de Deus, afirmou que somente o tolo alega que "Deus não existe". Davi disse que essas pessoas se corrompem e que "não há ninguém que faça o bem" (Sl 14.1). A explicação é esta: se Deus não existe, então não há absolutos, não há lei moral e não há restrição irrefutável ao comportamento. Tais indivíduos fazem a própria lei e a mudam a bel-prazer. Em última análise, não são motivados pelo amor.

Davi disse que "os céus declaram a glória de Deus; o firmamento proclama a obra das suas mãos" (Sl 19.1). Significa que Deus é revelado e pode ser visto em sua criação. "Os céus proclamam a sua justiça, e todos os povos contemplam a sua glória" (Sl 97.6). A pessoa precisa estar *espiritualmente cega por livre escolha* para não ver a bondade e a grandeza de Deus.

A prova da existência de Deus está em toda parte.

Uma das maneiras de Deus mostrar seu amor por nós está em tudo o que ele fez — em sua criação. Sua obra está presente aqui para *nosso* deleite e apreciação, bem como para a satisfação dele. "Venham e vejam o que Deus tem feito; como são impressionantes as suas obras em favor dos homens!" (66.5).

As obras de Deus são a prova de seu amor por nós.

Algumas pessoas (teístas) creem que Deus é o criador e o doador da vida. Outras (naturalistas) acreditam que Deus não existe e que nada há fora do mundo físico. Dizem que não há mundo espiritual porque não conseguem vê-lo. Mas seus olhos espirituais estão fechados; portanto, não conseguem ver as coisas espirituais. Elas tentam convencer os outros a acreditar que Deus não existe, embora não consigam provar essa teoria. Dizem que Deus é um mito, uma fantasia de nossa imaginação. Dizem que Deus está morto, sem parar para pensar no fato de que, se ele está morto, é porque viveu. E, se viveu, é porque existiu. E, se morreu, onde está enterrado e o que aconteceu na ocasião do funeral? Elas não têm resposta.

Há outras pessoas que *preferem* acreditar que Deus nunca existiu. Apontam para tudo o que é mau e dizem: "Se existe um Deus, por que ele permite que haja tanta maldade no mundo?". A verdade é que toda a maldade que há no mundo existe por causa daqueles que *preferiram* se separar de Deus e de seus caminhos. Preferiram servir ao mal a servir a Deus.

Deus é real. O mal também é real. Temos de escolher entre as duas realidades. E precisamos fazer essa escolha para saber a quem vamos servir.

DEUS, O CRIADOR DE TUDO, NÃO CRIOU O MAL

Deus é o criador de todas as coisas, mas não criou o mal. Criou, sim, belos seres angélicos para morar no céu com ele. No entanto, o ser angélico mais belo por ele criado foi um arcanjo chamado "Lúcifer" — além de receber outros nomes. Lúcifer significa "estrela do dia", "aquele que brilha", "aquele que traz luz", "sol da manhã" e "portador da luz". Ele foi o ser de luz — tão belo que se fascinou com a própria beleza. Em sua postura autofocada, autocentrada e orgulhosa, escolheu obedecer à própria vontade em detrimento da vontade divina. Quis *ser* Deus em vez de *servir* a Deus, por isso se rebelou contra o

Senhor e convenceu um terço dos anjos a acompanhá-lo. Resultado: ele e seus seguidores caíram na terra e tornaram-se Satanás e seus demônios.

Isaías disse o seguinte a respeito de Lúcifer: "Como você caiu dos céus" (Is 14.12).

Jesus assim declarou acerca de Lúcifer: "Eu vi Satanás caindo do céu como relâmpago" (Lc 10.18). Jesus quis garantir a seus discípulos que testemunhara a queda de Satanás e agora lhes dera "autoridade [...] sobre todo o poder do inimigo" (Lc 10.19).

Antes de cair, Lúcifer/Satanás tornou seu orgulho e vontade própria conhecidos em cinco proclamações contra Deus, descritas em Isaías 14.13-14. Todas elas começam com o verbo na primeira pessoa do futuro do presente:

> Subirei aos céus;
> erguerei o meu trono acima das estrelas de Deus;
> eu me assentarei no monte da assembleia [...].
> Subirei mais alto que as mais altas nuvens;
> serei como o Altíssimo.

Ele estava tão cheio de si que o orgulho o motivou a fazer uma escolha terrível. Em consequência disso, perdeu sua posição como líder de adoração no reino de Deus, porque adorou a si mesmo em vez de adorar ao Senhor. No entanto, Deus, como sempre, teve a palavra final. Contrariou todas as ameaças feitas por Lúcifer, afirmando que este não poderia mais apropriar-se de qualquer um dos belos nomes que o descreviam e que acabaria no abismo mais profundo do inferno. Esse belo ser criado tornou-se, por vontade própria, independente de Deus e perdeu tudo o que Deus lhe havia reservado. (Em Isaías 14, o profeta também se refere ao rei malvado da Babilônia, que agiu como Satanás, e prevê que, por causa de seu orgulho, esse rei seria derrotado da mesma maneira que Satanás.) Por escolha, Satanás passou a ser inimigo de Deus — o opositor a Deus — e é a raiz de toda a maldade no mundo.

Deus não é a raiz de toda a maldade no mundo em que você vive ou em sua vida. No entanto, quando o mal se manifesta, muitas pessoas culpam Deus. Mas, na verdade, trata-se do inimigo de Deus — e o seu inimigo — tentando destruir você e os outros. O mal não existe por falta do amor de Deus. O mal existe por causa da escolha de rebelar-se contra Deus e rejeitar seu amor.

O poder do mal é real, mas o poder de Deus é muito maior. O mal adquire poder por meio do engano — isto é, de fazer as pessoas acreditarem nas mentiras a respeito de Deus e rejeitar a verdade divina. O poder do mal é sustentado por aqueles que decidiram escolhê-lo e apoiá-lo. Quando você está do lado de Deus — quando escolhe abrir o coração para Deus e aceitar seu amor —, o inimigo tenta influenciá-la a acreditar em mentiras acerca de Deus.

Tudo o que você desconhece sobre Deus será usado contra você pelo inimigo de sua alma.

Leia essa frase mais de vinte vezes ou até que fique gravada em sua mente.

Um dos motivos pelos quais você precisa conhecer bem a Deus — *quem* ele é, *o que* ele faz e *tudo* o que ele pode fazer e fará em sua vida — é que o inimigo tentará enganá-la sobre cada uma dessas coisas e a instigará a perder a esperança e a fé em Deus. Veja a seguir algumas coisas que você precisa saber a respeito de Deus, coisas que o inimigo, e as pessoas que obedecem a ele, não querem que você saiba; esses adversários lançarão mentiras quanto a essas verdades.

Você precisa saber que foi criada por Deus

É importante entender que você não foi criada por acaso. Deus a criou com espírito e alma. Você não foi um acidente. Davi disse:

> *Tu criaste o íntimo do meu ser e me teceste no ventre de minha mãe.* Eu te louvo porque *me fizeste de modo especial e admirável.* Tuas obras são maravilhosas! Digo isso com convicção. [...] *Os teus olhos viram o meu embrião; todos os dias determinados para mim foram escritos no teu livro antes de qualquer deles existir.*
>
> Salmos 139.13-14,16

O mesmo aplica-se a você. Deus a viu quando você estava se desenvolvendo no ventre de sua mãe. Todos os dias de sua vida foram registrados no livro de Deus. Seu pai ou sua mãe, ou ambos, podem ter falhado com você, mas Deus não falhou e não falhará. Ele a amou desde o princípio, e espera que você se disponha a aceitar esse amor.

O inimigo poderá lhe dizer que você foi um acidente — não planejado, indesejado e sem finalidade — e que nada de bom lhe acontecerá, a menos que você faça isso acontecer ou se entregue a ele para fazer isso acontecer. Mas a verdade é exatamente o oposto disso. Nunca permita que o inimigo de sua alma lhe diga algo diferente.

Você precisa saber que o amor de Deus é verdadeiro

O amor de Deus é verdadeiro porque *Deus* é verdadeiro. Deus é amor. É isso que ele é. E seu amor é acessível a qualquer um que abrir o coração para recebê-lo.

O amor humano assemelha-se a um vapor que só podemos ver quando alguém se dispõe a demonstrá-lo no que diz ou faz; mas o amor divino *pode ser* visto. Quando seus olhos espirituais são abertos, você é capaz de ver as manifestações do amor de Deus em toda a sua vida. Aqueles que não sentem o amor de Deus não o conhecem verdadeiramente. Jesus disse a alguns que não o aceitaram: "... conheço vocês. *Sei que vocês não têm o amor de Deus*" (Jo 5.42). Jesus sabia que aquela gente não tinha o amor de Deus dentro de si e, portanto, não conhecia a Deus. Muitas pessoas não creem que Deus as ama porque não o conhecem.

Você de fato sabe que Deus a ama? Acredita realmente nisso? Sente ou percebe isso? Se a resposta é "não", saiba que ele tem muita coisa reservada para lhe dar.

Se você *acredita* que Deus a ama, consegue viver segundo essa crença? Já duvidou disso? Vê as manifestações desse amor por você todos os dias?

É fácil entender por que as pessoas não reconhecem o amor de Deus por elas quando passam por tempos de muitas dificuldades ou tragédia e estão humilhadas, feridas, machucadas e magoadas. Elas pensam: "Onde está Deus em tudo isto? Ele deve estar muito longe de mim".

A verdade é que Deus sempre está onde é chamado. Sim, Deus está em toda parte. Mas a grandiosa manifestação de seu amor e poder só é vista com clareza quando ele é convidado a estar presente em nossa vida.

Muitas pessoas não o convidam para fazer parte de sua vida e depois se perguntam por que ele não atende a seus pedidos. Você já convidou Deus a manifestar-se em sua vida? Se ainda não, nunca é tarde demais.

Se já convidou Deus a fazer parte de sua vida, peça-lhe que se revele a você de um jeito novo e mais profundo. Por mais tempo que tenhamos andado com o Senhor, sempre continuaremos a necessitar de maior revelação dele mesmo e de seu amor por nós.

Não permita que o inimigo — ou qualquer um que sirva ao inimigo do Senhor — lhe diga que Deus e seu amor infinito por você não são verdadeiros.

Você precisa saber que Deus é bom

Deus é bom o tempo todo, e você precisa confiar nisso — mesmo em momentos de grande dificuldade. Sabemos que acontecem coisas más a pessoas boas, mas só seremos boas se permitirmos que a bondade de Deus flua dentro de nós. Impedimos que isso aconteça quando não deixamos que sua benevolência e seu amor se derramem dentro de nós.

Por isso, é importante crescer todos os dias no conhecimento de Deus. Não precisamos apenas aprender coisas novas a respeito dele — porque sempre haverá algo a aprender —, mas precisamos também entender com mais profundidade aquilo que já conhecemos. Por exemplo, sabemos que Deus é bom, mas teremos de percorrer uma jornada sem fim para descobrir *como* Deus é bom. Podemos até saber que o Senhor nos ama, mas teremos de aprender isso sempre. Por mais que *pensemos* que Deus nos ama, o amor divino é muito maior do que somos capazes de imaginar.

Tenho ouvido muitos comentários mais ou menos assim: "Não sei se posso acreditar em um deus que permitiu que esta maldade acontecesse", como se Deus existisse da maneira como gostaríamos. Não temos um deus criador que forma tudo do modo como desejamos. Por mera definição, isso não seria Deus. A verdade é esta: Deus *é* quem ele é. E não podemos alterar esse fato com base naquilo em que acreditamos.

É o cúmulo da arrogância pensar que *podemos* decidir quem Deus é. Ele *é*. Podemos apenas *decidir* se queremos acreditar em quem ele é.

"Disse Deus a Moisés: 'Eu Sou o que Sou'" (Êx 3.14).

Deus é quem ele é, e cabe a nós decidir se queremos aprender mais a respeito dele. Para isso, é preciso passar um tempo com ele, lendo sua Palavra e estando em oração. Quanto mais soubermos *a respeito* dele, mais o conheceremos e mais o amaremos. O primeiro passo é reconhecer sua existência e crer que ele é o Deus que pode ser conhecido por nós. Não cabe a nós fazer Deus à nossa imagem. Nós é que fomos feitos à imagem *dele*.

Deus é quem ele é, e nós não temos como mudar isso de maneira nenhuma.

Precisamos nos agarrar firmemente a esta verdade que o salmista disse a respeito de Deus: "Apesar disso, *esta certeza eu tenho: viverei até ver a bondade do SENHOR* na terra" (Sl 27.13).

É comum não termos essa certeza quando as coisas não correm do jeito que gostaríamos, porque não confiamos firmemente em Deus e em sua bondade em relação a nós. A Palavra de Deus nos convida: "*Provem, e vejam como o SENHOR é bom.* Como é feliz o homem que nele se refugia!" (Sl 34.8).

Davi costumava instruir sua alma a fazer o que era certo. Ele disse: "*Tu és o meu Senhor; não tenho bem nenhum além de ti*" (Sl 16.2). *Nossa bondade é limitada se não temos a bondade de Deus derramada em nossa vida.*

Não basta apenas lembrar que Deus é bom. Precisamos também louvá-lo por sua bondade. A Bíblia diz: "... a terra está cheia da bondade do SENHOR" (Sl 33.5). "Que eles deem graças ao SENHOR por seu amor leal e por suas maravilhas em favor dos homens" (Sl 107.8).

O inimigo não pode usar contra nós um ato de louvor que dedicamos a Deus.

Deus é bom. Não permita que ninguém lhe diga algo diferente. Qualquer um que tentar convencê-la de que Deus não é bom não tem boas intenções no coração.

Você precisa saber que Deus é santo

A santidade é um dos principais atributos de Deus. Na verdade, tudo a respeito dele pode ser visto sob a luz de seu amor e santidade.

Fomos feitas à imagem de Deus, mas não temos nenhum de seus atributos sem que ele nos conceda. Só viveremos em santidade se estivermos dispostas a nos separar de tudo o que é pecaminoso e impuro e olhar para ele a fim de que nos encha com sua presença.

Moisés disse: "Quem entre os deuses é semelhante a ti, Senhor? *Quem é semelhante a ti? Majestoso em santidade*, terrível em feitos gloriosos, autor de maravilhas?" (Êx 15.11).

Ana, uma serva devota do Senhor, disse: "*Não há ninguém santo como o Senhor*; não há outro além de ti; não há rocha alguma como o nosso Deus" (1Sm 2.2).

Davi disse: "Atribuam ao Senhor a glória que o seu nome merece; *adorem o Senhor no esplendor do seu santuário*" (Sl 29.2).

A santidade traz completude. A santidade de Deus em você a torna completa. Quando aceita o amor do Senhor, você se torna um vaso no qual ele se derrama. Portanto, não acredite na mentira de que nunca conseguirá ter a santidade descrita na Palavra de Deus. Você não conseguirá tê-la sem a ajuda divina, mas com Deus certamente a terá.

Você precisa saber que Deus é imutável

Quando não temos o Espírito de Deus em nós, proporcionando-nos uma âncora no coração, na alma e no espírito, "Mutável" é nosso sobrenome. Somos capazes de mudar de um minuto para outro. Você já viu como algumas pessoas conseguem ser corteses num momento e lunáticas raivosas no instante seguinte? Ainda que não cheguemos a esse nível, somos todas mutáveis, por mais firmeza que aparentemos. Tenho

40 Escolha o amor

visto pessoas que conheço no Senhor, as mais estáveis possível, se transformarem em indivíduos que agem como se nunca tivessem conhecido a Deus. E isso acontece porque elas acharam que não falhariam. Foram influenciadas por alguém que não conhecia a Deus porque não permaneceram firmes nas coisas que sabiam a respeito do Senhor.

Deus nunca muda. Acredite nisso. O salmista disse a Deus: "Mas tu permaneces o mesmo, e os teus dias jamais terão fim" (Sl 102.27).

Deus sempre foi e sempre será.

É difícil entendermos o conceito de "sempre ser". Não somos capazes de imaginar alguém que não tenha sido criado e que não tenha tido um começo.

Não podemos dizer que *sempre fomos*. Mas *sempre seremos*. A pergunta importante é: *Onde* sempre seremos? E *com quem* sempre *estaremos?*

Deus é eterno. E foi-nos dada a escolha de passar a eternidade *com* ele ou *longe* dele. Quando tomamos a decisão de andar *com* ele, nosso futuro eterno está garantido. Isso não muda porque *ele* não muda. Quando você anda com Deus, está sempre andando rumo ao futuro que ele lhe reservou.

Você precisa saber que Deus é todo-poderoso e que nada é impossível para ele

O poder de Deus é maior que o poder do maior furacão, do maior tornado, do maior terremoto, do maior *tsunami*. "*Mais poderoso do que o estrondo das águas tempestuosas*, mais poderoso do que as ondas do mar é o Senhor *nas alturas*" (Sl 93.4). "*Os montes se derretem como cera diante do* Senhor, diante do Soberano de toda a terra" (Sl 97.5).

Um dos aspectos mais grandiosos de Deus é que ele compartilha tudo com você. E isso significa que ele compartilha seu poder. Mas você só receberá esse poder se abrir espaço para o amor de Deus agir em sua vida.

Não permita que sua mente se deixe influenciar com questionamentos acerca dessa verdade.

Deus é todo-poderoso. Significa que nada é impossível para ele em relação a você. Neste momento, talvez uma circunstância difícil em sua vida esteja impedindo que você veja uma *saída*, mas Deus pode ver. Ele também pode ver um caminho para *atravessar* essa circunstância. Não duvide disso. Não pense que é preciso olhar para o lado escuro em tempos difíceis. Essa é uma das maiores mentiras que o inimigo usa contra você. Saiba onde encontrar sua fonte de poder. Assim, você não precisará procurar outros recursos. Em Deus, você tem acesso a todo o poder de que necessita para ter a vida que ele lhe reservou.

Você precisa saber que Deus é o dono de tudo e conhece suas necessidades

Deus criou todas as coisas. Ou seja, ele é o dono de tudo, e isso é mais que suficiente para providenciar aquilo de que você e eu precisamos. Deus disse: "*Pois todos os animais da floresta são meus, como são as cabeças de gado aos milhares nas colinas.* [...] o mundo é meu, e tudo o que nele existe" (Sl 50.10,12).

Davi disse: "Do Senhor é a terra e tudo o que nela existe, o mundo e os que nele vivem" (Sl 24.1). Tudo em nosso mundo pertence a Deus, inclusive nós.

Deus mostrou seu amor quando nos deu a terra. "Os mais altos céus pertencem ao Senhor, *mas a terra ele a confiou ao homem*" (Sl 115.16). No entanto, ele quer que o busquemos como nosso Provedor.

42   Escolha o amor

Jesus disse: "… *o seu Pai sabe do que vocês precisam, antes mesmo de o pedirem*" (Mt 6.8). Deus conhece todas as suas necessidades e é mais que capaz de suprir todas elas; mas ele quer que você se aproxime dele em oração e peça. Deus deseja muito ter um relacionamento com você. Não está interessado em ser Papai Noel ou seu benfeitor. Deus ouve suas orações e responde a elas quando você ora com um coração sincero que o ama.

Quando não conhecemos bem a Deus — ou não conhecemos absolutamente nada sobre ele —, quase nunca entendemos suas respostas. Pensamos que, se ele não respondeu da maneira que pedimos ao orar, foi porque não ouviu. A oração não determina nem diz o que Deus deve fazer. A oração é uma parceria com Deus em todos os aspectos de nossa vida.

Por mais que alguém diga o contrário, entenda que Deus renova e reabastece a terra.

Isso é capaz de chocar os profetas do apocalipse. Se vivêssemos nos caminhos de Deus em vez de pensar que somos melhores que ele, não teríamos falta de nada. Quando seguimos o caminho do mal, Deus esconde seu rosto de nós (Sl 104.29). Quando, porém, vivemos nos caminhos de Deus, ele renova a terra (Sl 104.30).

Não permita que o medo de não ter o suficiente a faça duvidar de que Deus atenderá às suas necessidades. Continue a pedir. Ele é seu Provedor, e tem tudo aquilo de que você necessita.

Você precisa saber que Deus é onisciente

Deus vê tudo o tempo todo. Nada do que você pensa ou faz lhe é oculto. Ele vê onde você está e aonde vai. Vê também aonde você *deveria* ir e sabe como conduzi-la até lá. "Não há nada escondido que não venha a ser revelado, nem oculto que não venha a se tornar conhecido" (Mt 10.26). "Tu bem sabes como fui insensato, ó Deus; a minha culpa não te é encoberta" (Sl 69.5).

Deus não mantém um registro de tudo o que você faz apenas para envergonhá-la depois; ele não coloca o peso de seus erros sobre sua cabeça a fim de ameaçá-la, nem move uma ação contra você com o intuito de castigá-la. Ele não faz isso, porque a ama. Vê até as lágrimas que você derrama. Davi disse: "Registra, tu mesmo, o meu lamento; recolhe as minhas lágrimas em teu odre; acaso não estão anotadas em teu livro?" (Sl 56.8).

Deus a conhece melhor do que você mesma. Ele vê os planos do inimigo para destruí-la. E, quando ouve suas orações, vê as respostas dele próprio, Deus, antes de você. Não pense que o Senhor não vê seu sofrimento, suas lutas, seu medo e suas circunstâncias. Os olhos de Deus estão pousados em você, e ele a vigia o tempo todo. Ele está com você desde que você esteja com ele.

Oração de amor

Senhor, quero muito conhecer-te melhor. Ensina-me tudo a teu respeito. Sei que não sou capaz de começar a compreender tua grandeza sem que me abras os olhos, me alargues o coração e a mente e me dês a revelação. "Ó Senhor, meu Deus, tu és tão grandioso! Estás vestido de majestade e esplendor! Envolto em luz como numa veste, ele estende os céus como uma tenda" (Sl 104.1-2). Ajuda-me a entender tudo o que és, para que eu intensifique cada vez mais minha caminhada contigo.

Capacita-me a compreender tudo o que fazes. Em todo tempo, ajuda-me a lembrar que não mudas. És quem tu és, e nenhuma mentira do inimigo será capaz de alterar isso. "O teu trono está firme desde a antiguidade; tu existes deste a eternidade" (Sl 93.2). "Pois, tu, Senhor, és o Altíssimo sobre toda a terra! És exaltado muito acima de todos os deuses!" (Sl 97.9). Oro para que tua essência e teu caráter me transformem e guiem a pessoa que eu vier a ser.

Não posso imaginar teu *amor* por mim sem entender tudo o que tens *feito* por mim. Capacita-me a abrir o coração e a mente por inteiro para receber o maravilhoso conhecimento acerca de ti. Obrigada porque teu amor é incondicional, imutável e infalível. Ensina-me a entender e a reconhecer todos os caminhos pelos quais demonstras teu amor para comigo. Fortalece-me o espírito para que eu nunca duvide disso. Em todo tempo, ajuda-me a confiar que teu amor é real e verdadeiro e que está sempre acessível a mim em quantidade ilimitada. Obrigada porque tua bondade e generosidade carregadas de amor nunca falham.

Oro em nome de Jesus.

Palavras de amor

Senhor, tu és o nosso refúgio, sempre,
de geração em geração.
Antes de nascerem os montes
e de criares a terra e o mundo,
de eternidade a eternidade tu és Deus.

SALMOS 90.1-2

De fato, mil anos para ti
são como o dia de ontem que passou,
como as horas da noite.

SALMOS 90.4

[O SENHOR] põe sobre as águas dos céus
as vigas dos seus aposentos.
Faz das nuvens a sua carruagem
e cavalga nas asas do vento.
Faz dos ventos seus mensageiros
e dos clarões reluzentes seus servos.

SALMOS 104.3-4

Portanto, não julguem nada antes da hora devida; esperem
até que o Senhor venha. Ele trará à luz o que está oculto nas
trevas e manifestará as intenções dos corações. Nessa ocasião,
cada um receberá de Deus a sua aprovação.

1CORÍNTIOS 4.5

3

Aceite tudo o que Deus tem a lhe oferecer

O amor de Deus por nós existe antes de *nós* existirmos. Significa que ele certamente nos amou muito antes de pensarmos em amá-lo. "Eu a amei com *amor eterno*; com amor leal a *atraí*" (Jr 31.3).

É assim que ele *é*.

Significa que, naquele tempo em que não pensávamos nele — e vivíamos para nós em vez de viver para ele —, Deus continuou a nos estender sua mão de amor infalível, procurando nos atrair para ele.

É assim que ele *faz*.

Deus nos oferece seu amor todos os dias. Nós é que não o reconhecemos. Não correspondemos. Não acreditamos. Nós é que — sabendo ou não — lhe viramos as costas e rejeitamos o amor no qual ele gravou nosso nome. No entanto, nosso *reconhecimento* do infinito amor de Deus por nós — e nossa *aceitação* sincera — é o que muda radicalmente nossa vida. É isso que nos completa e nos liberta para ser tudo aquilo que ele planejou para nós.

É isso que, em última análise, traz sentido à nossa vida.

Porque, sem o amor de Deus, estamos perdidas. Sem nenhuma esperança. Devastadas. No dia, porém, em que virmos claramente quanto ele nos ama, nossa vida nunca mais será a mesma. Nós o veremos, então, pela perspectiva de seu amor, e não de seu julgamento.

Que dia maravilhoso será esse!

Como, porém, podemos de fato *aceitar* o amor de Deus, além de simplesmente reconhecer que ele nos ama?

Deus tem um modo específico.

Deus não nos fez robôs. Fez pessoas com capacidade para pensar, tomar decisões, escolher o bem acima do mal, a verdade acima das mentiras, seus caminhos acima dos nossos. No entanto, ele sabe do que somos feitos. Sabe que, pelo fato de termos liberdade de escolha, podemos ser atraídos para *escolher* um caminho *separado dele*. É por isso que ele tinha o plano de construir uma ponte para corrigir essa separação.

Ele nos deu a chance de voltar. A chance de dar a volta por cima. A chance de recomeçar.

Deu-nos o maior presente de todos — seu Filho.

Muitas pessoas já aceitaram esse presente. Mas trata-se de uma dádiva que nos é concedida continuamente. Não importa se o conhecemos há muito tempo ou há pouco tempo. Precisamos continuar a entender e a aceitar tudo o que nos foi dado, e cujo preço suplanta nossa imaginação.

Deus escolheu uma jovem pura, humilde e fervorosa — uma virgem chamada Maria — para conceber uma criança pelo poder do Espírito Santo e dar à luz o Filho de Deus. Precisava ser uma mulher que andasse com Deus e conhecesse as Escrituras o suficiente para entender o que estava acontecendo. Precisava ser uma pessoa que não se afastasse do chamado de Deus para sua vida. Precisava ter a força e a sensibilidade de caráter para responder a Deus desta maneira: "Que aconteça comigo conforme a tua palavra" (Lc 1.38). E Maria era tudo isso.

O anjo que apareceu a Maria com a notícia surpreendente disse-lhe que o nome de seu filho deveria ser *Jesus*, que significa "salvação" (Lc 1.31). Também seria chamado *Emanuel*, que significa *Deus conosco* (Mt 1.23).

Quando Jesus nasceu, sua identidade foi revelada a alguns que haviam previsto seu nascimento e sabiam por que ele viera.

Jesus veio para nos salvar da consequência de nossos erros, faltas, más escolhas, pecados e fracassos, ou seja, da morte. Veio para nos salvar do inimigo, que incessantemente tenta nos destruir. Veio para nos salvar da falta de esperança e da futilidade que herdamos sem a presença dele próprio. Veio para nos salvar de nós mesmas.

Jesus veio para sacrificar-se e entregar a vida por nós, a fim de que pudéssemos estar com ele para sempre. Tudo isso porque ele nos ama.

Jesus veio para que pudéssemos ter boas novas todos os dias de nossa vida.

A ACEITAÇÃO DO AMOR DE DEUS POR MEIO DE JESUS MUDOU MINHA VIDA

Quando aceitei o Senhor décadas atrás, tive um encontro dramático com Deus. Foi uma experiência transformadora de vida. Um dos aspectos mais incríveis sobre esse tempo não foi apenas o fato de eu sentir o amor de Deus nas pessoas que me conduziram ao Senhor, mas também sentir o amor de Deus por *mim*.

Eu tinha 28 anos de idade e sentia que minha vida chegara ao fim. Fui criada por uma mãe muito violenta, mentalmente doente, e passei grande parte da primeira infância trancada num armário. Cresci com medo paralisante, ansiedade, depressão e sem nenhuma esperança. Tentei tudo o que podia para deixar de sofrer e encontrar motivo para viver. Recorri a práticas de ocultismo, religiões orientais, álcool, drogas — mas tudo isso me trazia apenas um alívio temporário, e eu me sentia sempre pior do que antes de começar a trilhar esses caminhos. Nada funcionava.

Minha falta de esperança chegou a tal ponto que comecei a ajuntar sedativos em número suficiente para ter certeza de que não voltaria a acordar daquele sofrimento infinito. Na época, não era muito fácil encontrar comprimidos para dormir. Era preciso conhecer alguém que tivesse acesso a eles, e eu não conhecia. Porém, no meio de meu desespero, uma amiga e seu pastor se interessaram por mim a ponto de reconhecer meu sofrimento, e foram me encontrar numa conhecida lanchonete, perto de onde eu morava. O pastor explicou o amor de Deus por mim e disse como eu poderia aceitá-lo. Falou-me de Jesus da forma como alguém fala sobre seu melhor amigo. Disse que Deus tinha um plano e um propósito sublimes para minha vida, e que o Senhor poderia me mudar de dentro para fora.

Nunca havia imaginado tal coisa.

"Como isso é possível?", perguntei.

O pastor me deu três livros, dizendo que trariam resposta para muitas de minhas perguntas. Um deles era sobre a realidade do mal, e Deus sabia que eu necessitava daquele livro porque as práticas do ocultismo me haviam ensinado que o mal só existia em nossa mente. Portanto, se afastássemos o mal da mente, ele deixaria de existir. Na verdade, eu não aceitava aquela mentira porque, mesmo que conseguisse afastar o mal de minha mente, o que poderia fazer com o mal na mente de outra pessoa que desejasse praticá-lo contra mim?

Havia muitos desses detalhes nas práticas do ocultismo e de outras religiões que eu vinha seguindo, mas essas coisas não faziam sentido, não funcionavam e não produziam nenhum benefício tangível em minha vida. Elas giravam em torno de tentar me aproximar de Deus e ser aceita por ele. Mas, a cada tentativa fracassada, fui afundando mais e mais até acreditar que o único meio de me livrar do sofrimento emocional seria pôr um fim à minha vida.

O segundo livro que recebi naquele dia tratava da obra e do poder do Espírito Santo em nossa vida quando aceitamos Jesus. O terceiro livro era o evangelho de João. Fui para casa, li os três livros e, aos poucos, meus olhos começaram a se abrir para coisas que eu nunca tinha ouvido.

Minha amiga e eu voltamos a nos encontrar com o pastor na semana seguinte, conforme ele havia pedido.

— Você leu os livros? — foi sua pergunta imediata.

— Sim, li.

— O que achou?

— Achei que o que li é verdade.

Ele então me perguntou se eu queria aceitar Jesus. Ao fazer um retrospecto de minha vida numa fração de segundo, vi que não tinha nada a perder. Havia tentado tudo que conhecia, sem sentir nenhum alívio. Nenhuma resposta. Não poderia conviver nem mais um dia com o sofrimento emocional que carregava dentro de mim. Decidi acabar com o sofrimento de um jeito ou de outro. Se o que eu sentira enquanto lia os livros e conversava com o pastor fosse verdade, então aquela seria a melhor coisa que poderia me acontecer.

Eu disse: "Sim".

Aceitei o Senhor naquele dia e me senti diferente. Tive uma sensação estranha no coração, e não me lembrava de tê-la sentido antes. Era esperança. Pela primeira vez na vida senti de fato que tinha um futuro.

Daquele dia em diante, passei a querer conhecer tudo a respeito de Jesus. Queria estar perto dele e sentir a grandeza de seu amor por mim.

Jesus é a Palavra, a porta e o bom pastor

Aprendi que Jesus é *a Palavra*. Ele não resultou de uma decisão tardia que Deus tomou ao criar todas as coisas. Jesus estava *com* Deus e o Espírito Santo desde o *princípio* da Criação. A Bíblia diz: "*No princípio era aquele que é a Palavra. Ele estava com Deus, e era Deus.* [...] *Todas as coisas foram feitas por intermédio dele*; sem ele, nada do que existe teria sido feito" (Jo 1.1,3). Jesus é a *Palavra viva*. Veio ao mundo como homem para habitar *conosco* e atender à nossa maior necessidade.

Jesus disse ao povo que ele estava *com Deus* e havia sido *enviado por Deus* (Jo 7.28-29). Disse que ninguém conheceu o Pai a não ser ele (Jo 6.46).

Jesus foi o único enviado ao mundo por Deus.

Jesus foi inteiramente Deus e inteiramente homem, enviado como um presente do amor de Deus a nós.

Jesus é a porta. Ele é a única porta através da qual entramos no reino de Deus na terra e na eternidade. Jesus disse: "*Eu sou a porta; quem entra por mim será salvo.* Entrará e sairá, e encontrará pastagem" (Jo 10.9).

Jesus é a porta aberta para tudo de que necessitamos na vida.

Precisamos ter isso em mente o tempo todo. *Quando todas as portas parecem estar fechadas para nós é porque esquecemos quem Cristo é.*

Jesus é o bom pastor. Ao referir-se a si mesmo, Jesus disse: "Eu sou *o bom pastor; conheço as minhas ovelhas* [...] e *dou a minha vida pelas ovelhas*" (Jo 10.14-15). Disse que suas ovelhas o seguem "porque conhecem a sua voz" (Jo 10.4). *Quando recebemos o dom de Jesus, nosso espírito desperta e ouvimos sua voz falando ao nosso coração.*

52　Escolha o amor

Jesus disse que daria sua vida pelas ovelhas. Ele veio ao mundo com a plena intenção de entregar sua vida por você e por mim.

Não há amor maior que esse.

Embora estivesse falando aos judeus naquela época por ter nascido entre eles, Jesus estava falando também das "outras ovelhas" que "não são deste aprisco", ao dizer: "Elas ouvirão a minha voz, e *haverá um só rebanho e um só pastor*" (Jo 10.16).

Isso significa que os *povos de todas as raças são dele*. E ninguém pode negar o fato de que cada um que escolher segui-lo como seu Salvador e Pastor andará com ele todos os dias de sua vida e também estará com ele por toda a eternidade.

JESUS É O CAMINHO, A VERDADE E A VIDA

Jesus é o único caminho para chegarmos ao nosso verdadeiro destino.

Na verdade, daqui de onde estamos não podemos chegar lá sem ele.

Sei que jamais estaria onde estou hoje se não tivesse preferido o caminho dele ao meu. Tenho certeza de que teria morrido anos atrás quando ajuntei comprimidos para dormir, na intenção de pôr um fim ao sofrimento.

Jesus disse: "*Eu sou o caminho, a verdade e a vida. Ninguém vem ao Pai, a não ser por mim*" (Jo 14.6). Ele deixou isso muito claro. Só por intermédio de Jesus podemos chegar a um lugar onde seremos eternamente restauradas, num relacionamento íntimo com Deus, e encontraremos grande paz, descanso, esperança e amor, coisas que sua presença nos traz.

Deus vê continuamente todo o bem que ele colocou em nós, mas vê também nossos erros e falhas, nossa tolice, rebeldia e adoração a ídolos. Vê nossa rejeição a ele e a seus caminhos e leis. Mesmo assim, ele não leva em consideração o que *fizemos* ou *deixamos de fazer*. Ainda nos ama o suficiente para continuar a nos atrair para ele. E nos dá *livre escolha* para aceitar ou não *seu caminho*.

Temos acesso ao *caminho de Deus* por meio de Jesus.

Jesus nos deu um caminho que nos liberta das consequências de vivermos separadas de Deus — isto é, a morte — e começar novamente a ter um relacionamento com o Senhor para sempre.

Não existe uma só pessoa que não necessite se libertar das consequências do pecado. E esse é um assunto muito importante.

De alguma forma, andar na contramão do caminho de Deus produz morte em nós quando permitimos que isso continue a acontecer. Jesus, porém, deu-nos um *caminho* para um *novo nascimento*. Nascemos pela primeira vez *da carne*, mas nascer *de novo* refere-se a nascer *do espírito* (Jo 3.6).

Trata-se de dois eventos distintos. Você não teve escolha no primeiro nascimento. Mas *tem* escolha no segundo.

Quando você aceita Jesus, seu espírito adquire vida. Você sente a vida de uma forma nova e dinâmica. Vê tudo de maneira diferente.

Jesus disse: "Ninguém pode ver o Reino de Deus, se não nascer de novo" (Jo 3.3). Sem Jesus, há muitas coisas que não podemos ver porque só existem no reino do espírito. Coisas boas. Coisas admiráveis. O reino de Deus é um lugar de bênçãos, onde só poderemos penetrar se tivermos nascido do espírito mediante a decisão de aceitar Jesus como Senhor.

Mesmo que você tenha aceitado o Senhor anos atrás, não pense que não há mais nada a aprender sobre ele. Sim, somos instantaneamente salvas da morte espiritual, mas a salvação que vem do Senhor age em nós durante a vida inteira, a fim de que entendamos cada vez mais tudo o que Jesus fez.

Temos a tendência de esquecer a amplitude do sacrifício de Jesus por amor de nós.

Jesus foi crucificado — brutalmente torturado e pregado numa cruz até morrer. Depois, foi colocado numa sepultura cavada numa rocha, fechada por uma pedra enorme e vigiada por guardas que impediriam que alguém roubasse seu corpo. Porém, três dias depois, a pedra foi rolada de modo sobrenatural e Jesus saiu da sepultura. Conforme havia dito, ressuscitou dentre os mortos para provar quem ele era e mostrar que cumprira totalmente sua missão na terra.

Sua ressurreição foi verdadeira.

Mais de quinhentas pessoas o viram em seu corpo ressurreto quando ele lhes apareceu, nos dias que precederam sua ascensão ao céu para estar com Deus, seu Pai.

Depois de ressuscitar, Jesus entrou numa sala totalmente trancada e apareceu aos que estavam ali dentro. Não precisou que ninguém destrancasse e abrisse a porta, porque ele é a porta. E é o caminho para atravessá-la. Jesus é o Deus da verdade porque seu Espírito nos conduz a toda verdade. Aqueles que o conhecem entendem que ele está vivo e é o caminho para a vida eterna com o Pai.

JESUS É O SALVADOR, O REDENTOR E O RESTAURADOR

Jesus é o Salvador porque nos salvou dos efeitos de nosso pecado, ou seja, a morte. Ele nunca pecou e, mesmo assim, levou sobre *si* as consequências de *nosso* pecado. E em troca, deu a nós sua vida sem pecado (2Co 5.21). Certamente isso não chega nem perto de ser uma troca justa, mas ele considerou que seu sacrifício era a coisa certa a fazer, porque, quando amamos alguém, fazemos tudo o que está ao nosso alcance para salvar essa pessoa da destruição.

Jesus é o Redentor porque "se entregou por nós a fim de nos remir de toda a maldade e purificar para si mesmo um povo particularmente seu" (Tt 2.14). Redimiu-nos do lugar de perdição e levou-nos a um lugar de destaque, como povo especial dele. Jesus está continuamente nos preparando para as coisas boas que deseja que façamos e sejamos.

Jesus é o Restaurador porque, assim que o aceitamos, Deus vê a justiça, a bondade e a pureza de Jesus em nós. E, por conseguinte, temos o direito de ser chamadas filhas de Deus. Como filhas de Deus, somos completamente restauradas para ele. Não há mais separação entre nós e ele. "Contudo, aos que o receberam, *aos que creram em seu nome, deu-lhes o direito de se tornarem filhos de Deus*" (Jo 1.12).

Que grande amor é esse que nos faz ser chamadas filhas de Deus (1Jo 3.1)?

E, se somos filhas de Deus, somos herdeiras com Jesus. Significa que recebemos herança igual à de Cristo. Com exceção, é claro, do direito de sentar à direita de Deus no céu. Só Jesus pagou o preço para ter essa honra.

Jesus entregou sua vida *voluntariamente*. Pelo fato de ser Deus, ele poderia ter descido da cruz a qualquer momento e dito: "Esqueçam. Não vou fazer isto. Esta gente não merece".

Ao contrário, mesmo sem querer sofrer o que lhe estava proposto, ele orou a Deus, dizendo: "... não seja feita a minha vontade, mas a tua" (Lc 22.42).

Por amor, Jesus foi à cruz — por amor a seu Pai e por amor a nós.

O que apresentaremos a seguir neste capítulo são apenas alguns presentes que Jesus nos deu em sua morte. Quando entendi verdadeiramente essas coisas, elas mudaram minha vida.

Quando você aceita Jesus, ele lhe dá um novo alicerce

Imagine-se recebendo um presente. Digamos que seja uma cruz valiosa dentro de uma moldura. Certa vez, recebi um presente como esse. Se nunca o tivesse aberto, teria realmente recebido a cruz? Se, depois de muitos anos, ela continuasse guardada naquela caixa embrulhada num belo papel enfeitado com um laço, eu a teria realmente recebido? Recebi um presente, mas seria como se não tivesse sido dado.

Deus nos presenteia — oferecendo-nos Jesus —, mas, em geral, não abrimos esse presente para ver tudo o que ele contém. Uma das coisas que Jesus nos dá é um alicerce completamente novo sobre o qual podemos construir nossa vida.

Assim que aceitamos Jesus, *ele* passa a ser nosso novo alicerce. A Bíblia diz: "Porque ninguém pode colocar outro alicerce além do que já está posto, que é Jesus Cristo" (1Co 3.11). A cada dia que anda com ele, você constrói sua vida sobre esse alicerce.

O aspecto mais grandioso de um presente é que é possível abri-lo a qualquer momento. E você pode começar a construir sobre esse alicerce quando quiser.

Quando você aceita Jesus, recebe perdão por todas as suas escolhas erradas

Nossa natureza não é nada parecida com a de Deus.

Todos nós nascemos com natureza pecaminosa (Ef 2.3). Sem uma direção firme, "não há *ninguém que busque a Deus.* […] *não há ninguém que faça o bem*, não há nenhum sequer […] *e não conhecem o caminho da paz. Aos seus olhos é inútil temer a Deus*" (Rm 3.11-12,17-18).

É assim que somos.

No entanto, no instante em que aceitamos Jesus, recebemos perdão completo por todos os nossos erros do passado, para viver de acordo com o caminho de Deus. Dali em diante, sempre que violamos as regras, as leis e os caminhos de Deus, precisamos tão somente recorrer a ele com o coração arrependido e confessar nosso pecado. E ele nos perdoa todas as vezes. Essa verdade não deve nos encorajar a continuar no pecado, porque sabemos que, se não nos arrependermos, isso será sempre um obstáculo para nossa vida e nos impedirá de receber tudo aquilo que Deus reservou para nós.

Quanto mais andamos no caminho certo com Deus, "a maneira como somos" torna-se mais semelhante "à maneira como *ele é*".

Por mais que pensemos que somos pessoas boas, todo ser humano é pecador aos olhos de Deus. Se não desconhecemos a gravidade do pecado, é porque não entendemos a santidade de *Deus*. Como a santidade de Deus e a nossa pecaminosidade não podem ser reconciliadas, passaremos a eternidade separadas dele. A única maneira de passar a eternidade com Deus é aceitar Jesus e ter um novo nascimento espiritual. Não se trata de algo que podemos conseguir por conta própria. Jesus alcançou isso com sua morte e ressurreição. Ele fez isso. Basta abrirmos o coração para aceitá-lo.

Se não o aceitarmos e não nascermos de novo no espírito, não teremos um relacionamento com Deus e não poderemos sentir seu reino e a plenitude de seu amor nesta vida ou na vida futura. Se não temos um relacionamento com Deus, é porque fizemos essa escolha.

Quando aceitamos Jesus, Deus se reparte conosco

Deus está em toda parte; porém, sua presença e seu poder só são revelados àqueles que creem nele e escolheram ter um relacionamento íntimo com ele, segundo a vontade dele. Somente essas pessoas podem ver essa presença e esse poder. Quando fazemos isso, Deus se reparte conosco.

Um dos maiores sinais do amor divino por nós é que, quando aceitamos Jesus, Deus nos dá o Espírito Santo para morar em nós e estar conosco para sempre. Dessa forma, Deus reparte conosco outra parte dele — a própria essência de quem ele é.

Jesus prometeu que, depois de subir ao céu para estar com o Deus Pai, ele comissionaria "o Conselheiro, o Espírito Santo, que o Pai enviará em meu nome" (Jo 14.26). O Espírito Santo foi enviado para habitar em todo aquele que recebeu Jesus como seu Senhor e Salvador.

O Espírito Santo também é conhecido como o Espírito de Cristo porque Deus o Pai, Jesus o Filho e o Espírito Santo são um.

O Espírito Santo em nós sinaliza que pertencemos a Cristo, que somos *dele*. A Bíblia diz: "Entretanto, vocês não estão sob o domínio da carne, mas do Espírito, se de fato o Espírito de Deus habita em vocês. E, *se alguém não tem o Espírito de Cristo, não pertence a Cristo*" (Rm 8.9).

O Espírito Santo é o selo que diz que pertencemos ao Senhor. É um acordo já consumado, e nada pode mudar isso.

Uma das maiores tragédias é o fato de muitas pessoas conhecerem menos a respeito do Espírito Santo do que acerca de Deus e de Jesus. Mas *Deus, Jesus e o Espírito Santo são um, e são inseparáveis.* É comum tentar dividi-los e deixar de fora uma ou mais pessoas da Trindade; porém, Deus não pode ser dividido em partes. Se não reconhecermos seu Espírito em nós, não poderemos receber tudo o que Deus tem para nós.

Jesus padeceu a morte que deveríamos padecer porque nos ama. Mas ele não parou aí. Agora ele está *conosco* por meio do Espírito Santo que vive *em* nós. Fomos justificadas quando aceitamos Jesus, e Deus vê a retidão de Jesus quando olha para nós. O Espírito Santo não pode morar num corpo não santificado, mas, quando aceitamos Jesus, tornamo-nos templo santificado para o Espírito Santo, porque Deus enviou seu Espírito para viver em nós. Não estou falando de dons ou manifestações espirituais nem de derramamentos específicos do Espírito Santo. Estou falando simplesmente de aceitar Jesus e do fato de ele enviar seu Santo Espírito para viver em você.

Muita gente nem sequer menciona o Espírito Santo, como se ele não existisse ou não fosse importante, mas ele é nossa ligação eterna com Deus. "... ninguém conhece os pensamentos de Deus, a não ser o Espírito de Deus. *Nós, porém, não recebemos o espírito do mundo, mas o Espírito procedente de Deus,* para que entendamos as coisas que Deus nos tem dado gratuitamente" (1Co 2.11-12).

Recebemos o Espírito de Deus para que possamos conhecê-lo realmente.

Deus mostra seu amor por você ao conceder-lhe sua presença — seu Santo Espírito, que é parte do próprio Deus — para viver em você. Que precioso presente de amor!

QUANDO ACEITAMOS JESUS, RECEBEMOS TUDO O QUE DEUS TEM PARA NÓS

Quando *oferecemos* a Jesus tudo o que possuímos, ele nos dá tudo o que *ele* tem. Mas ele exige que o busquemos em todas as nossas necessidades.

Por ser filha de Deus, você faz parte da família de Deus. E, como tal, recebe o poder do nome de Jesus, que disse: "Aquele que crê em mim fará também as obras que tenho realizado. Fará coisas ainda maiores do que estas, porque eu estou indo para o Pai. *E eu farei o que vocês pedirem em meu nome,* para que o Pai seja glorificado no Filho. *O que vocês pedirem em meu nome, eu farei*" (Jo 14.12-14).

Significa que você pode receber tudo aquilo de que necessita se orar em nome de Jesus.

É possível entender quanto o nome de Jesus é poderoso quando vemos pessoas ímpias, que não querem nem que o nome dele seja mencionado, pronunciando-o em forma de maldição. Isso não ocorre com outro nome qualquer. Por que o nome de Jesus é o único usado como maldição? Porque o reino das trevas reconhece perfeitamente a luz do Senhor e tenta ofuscá-la. O mal age para derrubar e destruir os que têm dentro de si a luz do Senhor. Isso prova que os que conhecem a verdade e a rejeitam estão em sintonia com o mal. Nosso inimigo espiritual sabe exatamente quem Jesus é. "Você crê que existe um só Deus? Muito bem! Até mesmo os demônios creem — e tremem!" (Tg 2.19).

As pessoas que fazem mau uso do nome de Jesus jamais conhecerão o poder de alcançar coisas grandiosas por meio da oração. É ofensa grave proferir o nome dele sem a reverência que lhe é devida. Infelizmente, quem faz isso jamais saberá tudo o que Deus lhe preparou.

QUANDO ACEITAMOS JESUS, ELE NOS CONCEDE VITÓRIA SOBRE O INIMIGO

Jesus veio para libertar-nos do reino das trevas de nosso inimigo espiritual. Deus "*nos resgatou do domínio das trevas e nos transportou para o Reino do seu Filho amado*" (Cl 1.13). Ao estabelecer um contraste entre ele e o inimigo, Jesus disse: "O ladrão vem apenas para roubar, matar e destruir; *eu vim para que tenham vida, e a tenham plenamente*" (Jo 10.10).

Grande parte da vida plena que Jesus veio nos dar inclui nossa autoridade na guerra espiritual, autoridade essa alicerçada na morte de Jesus na cruz. Ao entregar *a própria* vida, ele conquistou *nossa* vitória sobre a morte e o inferno. Agora ele nos dá poder sobre o inimigo quando oramos em seu nome.

Jesus disse que não veio ao mundo para julgar ou condenar pessoas, mas para salvá-las e libertá-las. Jesus libertou-nos de tudo o que nos escraviza. Ele disse: "Todo aquele que vive pecando é escravo do pecado" (Jo 8.34). E não podemos habitar na casa de Deus como escravas do pecado.

Jesus disse também: "Portanto, *se o Filho os libertar, vocês de fato serão livres*" (Jo 8.36). Significa que a liberdade que ele nos deu é definitiva. Essa liberdade foi inteiramente garantida a nós. Graças à sua morte e ressurreição, jamais voltaremos a ser escravas.

Durante os primeiros anos depois que aceitei Jesus, fui libertada da ansiedade, da depressão, do medo e da tristeza. Isso aconteceu enquanto eu jejuava e orava, e enquanto cristãos oravam por mim. É essa a liberdade que Deus tem para todas nós. Jesus venceu o poder do inimigo, por isso eu não preciso voltar a ser escravizada pelas trevas.

Não precisamos jamais andar nas trevas. Mesmo quando atravessamos tempos sombrios ou situações tenebrosas, a luz de Deus está sempre ao nosso dispor. Jesus disse: "Eu sou a luz do mundo. *Quem me segue, nunca andará em trevas, mas terá a luz da vida*" (Jo 8.12). Jesus veio como uma luz que nos impede de andar nas trevas. Temos de confiar que essa luz em nós nunca poderá ser apagada.

Jesus veio como a luz do mundo, "mas os homens amaram as trevas, e não a luz, porque as suas obras eram más" (Jo 3.19). Quem se sente atraído pelas trevas não deseja abrir mão de seus caminhos egoístas. Nós, que amamos a Deus, queremos que a luz de Cristo exponha tudo que há em nosso interior e que se sinta atraído pelas trevas, porque isso nos impede de ser tudo o que podemos ser.

Jesus veio para lhe dar plenitude de vida. O inimigo vem para roubá-la e destruí-la. Jesus veio para lhe dar sua luz e também a vida eterna. O inimigo vem para lhe dar trevas e morte. Escolha receber o dom da vida que *Deus* tem para você.

Quando aceitamos Jesus, recebemos acesso à vida eterna com ele

Esta vida não é tudo o que existe. Você vai viver eternamente. Nossa alma existirá eternamente: ou num estágio de separação de Deus, ou na vida eterna com ele. Viver longe de Deus é inferno. O inferno é isso. Ninguém falou tanto sobre o inferno quanto Jesus. É lá que a pessoa que desobedece à vontade de Deus entenderá o sofrimento do qual Deus deseja poupá-la.

Céu é estar com Deus eternamente.

Se você já aceitou Jesus, terá um dia um corpo ressurreto e vida eterna com Cristo. A ressurreição de Jesus garantiu nossa ressurreição. São muitas as maneiras pelas quais, em todo tempo, somos preparadas para a eternidade. É por isso que precisamos escolher as recompensas celestiais em lugar das recompensas terrenas. Precisamos escolher amar e servir a Deus acima de qualquer coisa.

A Bíblia diz que, quando morrermos, estaremos imediatamente com o Senhor. Jesus disse que preparou um lugar eterno para você, onde nada poderá prejudicá-la, onde nada lhe faltará, onde não haverá mais sofrimento, doença ou lutas. Jesus disse:

Não se perturbe o coração de vocês. Creiam em Deus; creiam também em mim. *Na casa de meu Pai há muitos aposentos*; se não fosse assim, eu lhes teria dito. *Vou preparar-lhes lugar.* E se eu for e lhes preparar lugar, voltarei e os levarei para mim, *para que vocês estejam onde eu estiver.*

João 14.1-3

Que promessa magnífica o Deus de amor fez a você!

A promessa é que, em seu último dia neste mundo, quando você der o último suspiro, Deus a ressuscitará e a levará para o lar eterno com ele.

Todavia, Deus, que é rico em misericórdia, *pelo grande amor com que nos amou,* deu-nos vida com Cristo, quando ainda estávamos mortos em transgressões — pela graça vocês são salvos. *Deus nos ressuscitou com Cristo e com ele nos fez assentar nos lugares celestiais em Cristo Jesus.*

Efésios 2.4-6

Em vista disso, eu diria a todas nós que aceitamos Jesus: o melhor ainda está por vir.

Quando ressuscitou Lázaro, tendo este passado três dias na sepultura, Jesus disse: "*Eu sou a ressurreição e a vida. Aquele que crê em mim, ainda que morra, viverá;* e *quem vive e crê em mim não morrerá eternamente*" (Jo 11.25-26).

Para completar, Jesus fez esta pergunta: "Você crê nisso?".

Ele ainda faz a mesma pergunta para nós hoje.

Você crê nele? Crê que ele é a ressurreição e a vida, e se recebê-lo não sofrerá morte eterna?

Ele estava alucinado? Ou é o Filho de Deus?

Um dos versículos mais conhecidos da Bíblia por aqueles que creem em Jesus é uma frase proferida pelo próprio Cristo: "*Porque Deus tanto amou o mundo que deu o seu Filho Unigênito, para que todo o que nele crer não pereça, mas tenha a vida eterna*" (Jo 3.16).

64   Escolha o amor

Nesse texto, a palavra "amou" denota um amor que deseja apenas o melhor para nós. A promessa de vida eterna com Jesus não pode ser menosprezada. Deus nos deu Jesus porque nos amou. O Pai nos deu seu Filho para que nosso relacionamento com ele mesmo fosse restaurado. O amor de Deus é manifestado a nós quando ele nos dá o seu melhor.

Quando aceitamos Jesus, recebemos mais do que imaginamos

É necessário passar uma vida inteira crescendo no conhecimento do Senhor para entender verdadeiramente tudo o que Jesus fez por nós. Sei disso porque ando com Jesus há décadas, e até hoje ele permite que eu conheça mais e mais a seu respeito e compreenda a grande quantidade de dons que me deu em seu sacrifício de amor.

A questão é esta: precisamos de olhos espirituais para enxergar todas essas coisas. A Bíblia diz: "Olho nenhum viu, ouvido nenhum ouviu, mente nenhuma imaginou *o que Deus preparou para aqueles que o amam*; mas Deus o revelou a nós por meio do Espírito. O Espírito sonda todas as coisas, até mesmo as coisas mais profundas de Deus" (1Co 2.9-10).

Jesus lhe dá uma fonte eterna de água viva que brota dentro de você. Ela procede do Espírito Santo que habita em você e lhe proporciona um manancial contínuo de vida.

Quando Jesus pediu água à mulher à beira do poço em Samaria, ela perguntou por que ele, sendo judeu, pediu água a uma samaritana. Jesus disse à mulher que, se ela soubesse quem ele era, lhe teria pedido água *viva* (Jo 4.7-10).

Ele disse: "Quem beber desta água terá sede outra vez, mas quem beber da água que eu lhe der nunca mais terá sede. *Ao contrário, a água que eu lhe der se tornará nele uma fonte de água a jorrar para a vida eterna"* (Jo 4.13-14). Mal ela sabia que essa fonte eterna de vida se originaria do Espírito presente nela.

Essa fonte de vida habita em você pelo mesmo Espírito Santo.

Jesus referiu-se a si mesmo como "o verdadeiro pão do céu" ou "o pão da vida":

Declarou-lhes Jesus: "Digo-lhes a verdade: Não foi Moisés quem lhes deu pão do céu, mas é meu Pai quem lhes dá o verdadeiro pão do céu. *Pois o pão de Deus é aquele que desceu do céu e dá vida ao mundo"*. Disseram eles: "Senhor, dá-nos sempre desse pão!". Então Jesus declarou: *"Eu sou o pão da vida. Aquele que vem a mim nunca terá fome; aquele que crê em mim nunca terá sede"*.

João 6.32-35

Sem Jesus e o Espírito Santo, mesmo que acredite em Deus, você só terá "aparência de piedade", mas negará seu poder (2Tm 3.5). Você não deseja falsa piedade. Deseja piedade verdadeira. Deseja que o vivo e verdadeiro poder de Deus penetre em sua vida.

Quando nos enredamos em nós mesmas em vez de nos enredar em Deus, esquecemos a boa notícia acerca do que ele veio realizar na terra. Por isso, mesmo que já tenhamos andado com o Senhor por muito tempo, precisamos lembrar continuamente tudo o que recebemos por intermédio dele.

O nascimento de Jesus é um dos eventos mais importantes de toda a história. Só é suplantado por sua morte e ressurreição. A chegada de Jesus ao mundo causou um impacto espiritual que abalou o reino das trevas mais que qualquer outra coisa. Ele expôs as mentiras do inimigo, rebatendo-as com a verdade. Deu-nos a condição de estar perto de Deus para sempre. Garantiu nossa esperança. Ele nos amou a esse ponto.

Hoje em dia, ouvimos muitas más notícias, mas a verdade acerca de Jesus é sempre boa notícia. E, entre as boas notícias que temos nele, está a solução para todas as más notícias que vemos e ouvimos.

Ele é a solução para todas as más notícias de nossa vida.

E isso é uma ótima notícia!

Oração de amor

Senhor, entendo que não posso receber tudo o que *tens* para mim enquanto não entender tudo o que *fizeste* por mim. Obrigada porque tu, "o soberano dos reis da terra", me amaste a ponto de lavar com o teu sangue todos os meus pecados (Ap 1.5). Obrigada porque és a Palavra viva. És meu Salvador. Libertaste-me das consequências de meus pecados, falhas, erros e ignorância e me tornaste filha amada de Deus. Obrigada porque em ti encontro tudo de que necessito para a vida (1Co 8.6).

Obrigada porque vieste como luz ao mundo, para que eu não tivesse jamais de viver nas trevas (Jo 12.46). Obrigada pelo teu Santo Espírito em mim, porque tua Palavra diz que "se alguém não tem o Espírito de Cristo, não pertence a Cristo" (Rm 8.9). Deste-me, porém, teu Espírito quando te aceitei, e ele é o selo e o sinal de que sou tua e de que estás comigo sempre. Graças a tudo que fizeste por mim, viverei eternamente contigo, e ninguém poderá mudar isso.

Obrigada, Senhor, porque tu te repartes comigo. Repartes teu amor, tua paz, teu poder. Repartes teu Espírito e tua plenitude. És o pão do céu que alimenta minha vida. És a inesgotável fonte de água viva em mim. És o caminho, a verdade e a vida. És meu alicerce (1Co 3.11). És a Palavra viva e a porta para a vida eterna. És o bom pastor, e ouço a voz de teu Espírito a me conduzir. Obrigada porque és imutável e posso depender de ti eternamente (Hb 13.8).

Oro em nome de Jesus.

Palavras de amor

Foi assim que Deus manifestou o seu amor entre nós: enviou o seu Filho Unigênito ao mundo, para que pudéssemos viver por meio dele.

1João 4.9

Fui crucificado com Cristo. Assim, já não sou eu quem vive, mas Cristo vive em mim. A vida que agora vivo no corpo, vivo-a pela fé no Filho de Deus, que me amou e se entregou por mim.

Gálatas 2.20

Mas Deus demonstra seu amor por nós: Cristo morreu em nosso favor quando ainda éramos pecadores.

Romanos 5.8

Nisto consiste o amor: *não em que nós tenhamos amado a Deus, mas em que ele nos amou* e enviou seu Filho como propiciação pelos nossos pecados.

1João 4.10

Pois Deus enviou o seu Filho ao mundo, não para condenar o mundo, mas para que este fosse salvo por meio dele.

João 3.17

4

Leia a carta de amor que Deus enviou a você

A maior história de amor do mundo está escrita na Bíblia.

Na verdade, ela *é* a Bíblia.

A Bíblia inteira é um registro do grande amor de Deus por nós. Um dos principais sinais de seu amor é o fato de ele nos ter oferecido sua Palavra.

Depois de aceitar o Senhor, comecei a frequentar a igreja para ouvir o pastor transmitir ensinamentos da Bíblia, e imediatamente as Escrituras tornaram-se vivas para mim. Por incentivo do pastor, saí para comprar uma Bíblia. Abri-a ao acaso algumas vezes, mas não consegui entender nada do que li. Hoje, depois que abri o coração ao Senhor, meus olhos espirituais também foram abertos e sinto o amor de Deus em cada palavra.

A experiência foi muito maior do que eu podia imaginar.

Fazia anos que eu buscava, no campo espiritual, um significado para minha vida e um propósito para minha existência. Vi, então, que havia mergulhado no lado escuro — no lado errado do campo espiritual — e precisava entrar no reino da luz. Quando li que Jesus é a luz do mundo e que nele não há trevas, entendi que as práticas de ocultismo e as falsas religiões nas quais me lançara eram habitadas por outro espírito. O espírito das trevas. O espírito do inimigo de Deus. O oposto de Deus. Mal sabia que me associara ao inimigo de Deus.

Quando me separei de tudo isso e entrei no reino de Deus, onde há poder, paz e amor infinitos, a diferença foi tão grande quanto a que existe entre a noite e o dia. Não imaginei que seria assim. Foi uma experiência inequívoca. Mais real que tudo o que eu conhecia até então, muito maior que o medo e o sofrimento com os quais convivi a vida inteira. A Palavra de Deus tornou-se uma mensagem de amor e esperança para mim. Eu a considerava um diamante precioso e, todas as vezes que a lia, encontrava novas e deslumbrantes facetas. "Eu me regozijo na tua promessa como alguém que encontra grandes despojos" (Sl 119.162). Cada vez que abria a Bíblia, eu pedia a Deus que me abrisse os olhos para conhecer de modo mais profundo a verdade que nunca havia visto. E ele fez isso.

A Bíblia se tornou uma fonte inesgotável de vida para mim. Eu podia ouvir Deus falando comigo mediante seu Espírito em cada página. E sentia seu amor todas as vezes.

Quando começamos a ter um relacionamento íntimo com Deus, não apenas o amamos, mas também amamos sua Palavra. Não podemos separar os dois. Deus e sua Palavra são um. É por isso que Jesus é a Palavra viva de Deus, e Deus em Jesus são um. Foi o Espírito Santo de Deus que inspirou os autores da Bíblia e os dirigiu à medida que a escreviam. Quanto mais lemos a Palavra de Deus, mais sentimos o amor de Deus.

Ao ler a Palavra, peça a Deus que a ajude a ver, a entender e a sentir seu amor por você. A Bíblia é a carta de amor de Deus para *você*. E o Espírito Santo a tornará viva todas as vezes que você a ler.

Deus mostra seu amor por você de maneiras incontáveis em sua Palavra. Apresentamos algumas a seguir.

A Palavra de Deus lhe oferece um caminho para que sua vida transcorra bem

As leis e os mandamentos de Deus estão na Bíblia porque ele nos ama e deseja o melhor para nós. Deus nos dá regras para nosso próprio benefício.

Assim como qualquer pai amoroso, Deus estabelece limites para o nosso bem. Pais indulgentes, que permitem que os filhos façam o que bem entenderem, formam crianças com problemas sérios. Vemos isso o tempo todo. Filhos sem limites são instáveis, inseguros. Saem do controle. E *sentem* falta de controle. Quando se comportam mal, não sofrem as consequências e, por isso, acreditam que a violação das regras não tem efeito nenhum. Pais que permitem que os filhos desobedeçam às regras estabelecidas para protegê-los não fazem nenhum bem à sua cria. Em geral, ninguém gosta desse tipo de crianças e não as quer por perto. E tais crianças sentem esse afastamento, algo que exerce influência em sua personalidade. Com o tempo, comportam-se cada vez pior, o que produz mais rejeição. Tudo isso acontece porque os pais não amam os filhos a ponto de instituir regras de obediência.

Toda criança precisa saber quais são esses limites para que sobrevivam e vivam bem. Somos filhas de Deus e nós também precisamos de limites a fim de sobreviver e viver bem. Sem as Escrituras, recebemos mais influência do *relativismo* anticristão mundano que da revelação divina do Espírito Santo.

Ter regras ou princípios na vida é libertador. Pais que amam os filhos estabelecem regras para protegê-los, e Deus faz o mesmo para *seus* filhos. Pelo fato de você ser filha de Deus, as leis instituídas por ele a libertam para cumprir os planos e os propósitos que ele tem para você. Na Palavra você conhecerá o que funciona, o que *não* funciona e o que jamais funcionará.

Não é preciso percorrer caminhos que possam machucá-la, roubá-la, destruir sua vida e impedi-la de cumprir o propósito que Deus tem para você.

É por isso que a Bíblia é a carta de amor de Deus para você.

A Palavra de Deus muda seu coração e sua mente

Quando descobrir o amor verdadeiro e duradouro, você se sentirá revigorada. Todas as vezes que você lê mensagens de uma pessoa querida, elas a tocam profundamente e trazem mudanças visíveis em seu coração e em sua alma. Você aprecia cada palavra e procura um significado sutil nas entrelinhas. O mesmo se aplica à carta de amor que Deus enviou a você. Quanto mais a lê e procura significados mais profundos, mais entende o amor que existe no coração de Deus por você.

Toda vez que você lê a Palavra de Deus com a ideia de que ela é viva e poderosa, Deus fala a seu espírito e a sua alma. Se convidá-lo, ele a tocará e a mudará. Abrirá seus olhos para a verdade e lhe dará o conhecimento que a tornará verdadeiramente sábia. No mundo de hoje, onde o espírito da mentira reina intensamente, a Palavra de Deus lhe oferece a verdade. E todas nós precisamos disso a fim de combater as mentiras do inimigo e permanecer no caminho certo.

> *A lei do Senhor é perfeita, e revigora a alma.* Os testemunhos do Senhor são dignos de confiança, *e tornam sábios os inexperientes.* Os preceitos do Senhor são justos, *e dão alegria ao coração.* Os mandamentos do Senhor são límpidos, *e trazem luz aos olhos.*
>
> Salmos 19.7-8

Você adorará saber que a Palavra de Deus é verdadeira e que as leis divinas são justas. Seu coração se alegrará com essa segurança absoluta.

Jesus disse: "Está escrito: 'Nem só de pão viverá o homem, mas de toda palavra que procede da boca de Deus'" (Mt 4.4). Precisamos ser alimentadas diariamente com a Palavra de Deus, em todos os momentos, porque ela nos sustenta a alma. Não podemos viver sem ela. A Palavra de Deus nos edifica e nos transforma de dentro para fora.

Quando você lê a Palavra de Deus, ela esclarece sua mente e lhe fortalece a alma. *Aumenta-lhe a fé. Dá-lhe orientação e direção. Encoraja-a e lhe dá esperança. Conforta-a e declara seu valor, dignidade e propósito. Dá-lhe sabedoria, entendimento e conhecimento. Ajuda-a a encontrar a restauração e a plenitude de vida que Deus tem para você.*

Deus lhe deu sua Palavra porque a ama. Tenha isso sempre em mente ao ler a Bíblia.

A Palavra de Deus a protege e a conduz a um lugar seguro

A Palavra de Deus é como um guarda-chuva que nos mantém seguras; porém, precisamos conhecer o que ela diz para saber como viver sob essa proteção. Quando não andamos nos caminhos da Palavra de Deus, saímos de baixo dessa cobertura protetora e podemos até nos desviar da vida que o Senhor tem para nós e ser abatidas pelo fogo do inimigo.

Quando temos *a Palavra de Deus nos guiando* todos os dias, quando *recorremos a Deus em busca de orientação* em vez de recorrer ao mundo, *criamos raízes sólidas* onde os rios de água viva de Deus fluem continuamente dentro de nós. A Bíblia diz o seguinte a respeito de quem se agrada da lei de Deus: "É como árvore plantada à beira de águas correntes: Dá fruto no tempo certo e suas folhas não murcham. *Tudo o que ele faz prospera!*" (Sl 1.3).

74 Escolha o amor

É aí que você deve querer estar — no lugar de segurança onde não sofrerá os efeitos da desobediência. Ao contrário, produzirá o fruto que nutre sua vida e a sustenta.

A Palavra de Deus é arma de guerra

A Palavra de Deus é chamada de "espada do Espírito" por um motivo: *é uma arma poderosa contra os poderes destrutivos do mal*. Quando proferimos a Palavra de Deus diante de tudo aquilo que se opõe a nós, todas as fortalezas e ameaças são destruídas. *A Palavra de Deus torna-se uma arma contra o inimigo de nossa alma* quando permanecemos firmes nela e a proclamamos. As Escrituras nos ajudam a desarmar os planos do inimigo para *nos* destruir e permite que nos concentremos nos planos *de Deus*.

Como guerreiras de oração do exército de Deus, precisamos ter em mente que nossa *arma* principal é a Bíblia. Ela não é apenas parte de nossa armadura *protetora* — a armadura de Deus —, mas também uma poderosa *arma* de ataque. É muito perigosa para o inimigo. É extremamente precisa, e se você souber manejá-la contra o adversário, ela será infalível. Se mirar corretamente, ela acertará o alvo todas as vezes. Quanto mais souber usar essa arma poderosa, maior vantagem você terá. Na verdade, o inimigo não é capaz de enfrentá-la.

Nenhum soldado resiste ao inimigo sem uma arma. Nenhum soldado *ataca* o inimigo sem a melhor arma que tem a seu dispor. Ele conhece a capacidade da arma, maneja-a com muita facilidade e está treinado para usá-la inúmeras vezes. As armas de um soldado são sempre mantidas rigorosamente em ordem e prontas para o uso.

Precisamos fazer o mesmo com nossas armas espirituais. Não podemos esperar os ataques do inimigo para aprender a manejá-las. Precisamos conhecê-las antes a fim de estar preparadas para qualquer coisa. A Palavra de Deus é nossa melhor arma porque será sempre exatamente aquela de que precisamos para enfrentar todas as ameaças.

Deus é imutável, e por isso não *necessita* mudar. Ele é perfeito e completo. E sua Palavra é a mesma. Nunca é irrelevante, por mais que o inimigo queira fazê-la parecer assim. É por isso que você pode afirmar que as promessas da Bíblia são a verdade absoluta para sua vida.

Quando foi tentado pelo inimigo no deserto, Jesus resistiu com as Escrituras apontadas especificamente para frustrar as tentações do inimigo. Até o adversário sabe que a Palavra é poderosa e infalível, e que ele mesmo não poderá jamais prevalecer contra ela. Foi por isso que ele finalmente deixou Jesus em paz. Não conseguiu *atraí-lo* com mentiras, ao contrário do que faz com muitas de *nós*.

A fé é extremamente importante para a eficácia dessa arma imprescindível. E, quanto mais treinarmos e colocarmos em ação o conhecimento e a retenção dos ensinos da Palavra, mais nossa fé aumentará. Quanto mais *lermos* diligentemente a Palavra, *citarmos* a Palavra, *orarmos* a Palavra e *praticarmos* a Palavra, mais forte nossa fé será. Aliada à fé, nossa arma mais poderosa — a Palavra de Deus — será invencível em qualquer situação.

Peritos em tiro ao alvo e atiradores de elite treinam com suas armas exaustivamente. Fazem desse treinamento um estilo de vida a fim de que se torne parte de quem são. Nas missões às quais são enviados, não podem se permitir errar. Têm de ser precisos todas as vezes. Da mesma forma, nossa arma mais poderosa — a Palavra de Deus — precisa fazer parte de quem *somos* e não de algo que lemos ou ouvimos falar. Precisamos estudá-la minuciosamente, ler *todo* o seu conteúdo, ouvi-la, entendê-la, citá-la e ser capazes de permanecer firmes em todos os conhecimentos que adquirimos dela. Isso exige prática.

Por essa razão, é importante ler a Bíblia todos os dias. Assim como você precisa passar tempo com uma pessoa querida, precisa também passar tempo com aquele que a ama mais que qualquer outra pessoa é capaz de amar. Peça ao Espírito Santo que torne vivo, de maneira nova e mais intensa, tudo aquilo que você estiver lendo naquele dia. O Espírito se mostrará a você em cada página e fará exatamente isso. Também é muito importante gravar alguns trechos na memória, para lembrar-se deles todas as vezes que precisar. Se ainda não fez isso, comece com um versículo.

Por exemplo, leia: "*Pois Deus não nos deu espírito de covardia, mas de poder, de amor e de equilíbrio*" (2Tm 1.7). Repita o versículo várias vezes até que ele faça parte de sua alma. Creia nele. Cite-o quando estiver com medo e sentir-se fraca.

Entrelace as Escrituras no tecido de seu ser.

Ao fazer parte de você, a Palavra se torna um instrumento de sobrevivência e de guerra. Impede-a de fazer o que é errado. "*Guardei no coração a tua palavra* para não pecar contra ti" (Sl 119.11). E ela lhe dará um alicerce inabalável quando você enfrentar situações difíceis. "Os que amam a tua lei desfrutam paz, e *nada há que os faça tropeçar*" (Sl 119.165).

Logo depois do nascimento de Jesus, Satanás tentou destruí-lo e incentivou o perverso rei Herodes a matar todas as criancinhas em Belém. Trinta anos depois, quando foi batizado na água por João Batista, Jesus foi conduzido ao deserto pelo Espírito Santo, e Satanás atacou-o novamente. Dessa vez, a arma de Jesus contra seu inimigo foi a Palavra.

Nenhuma batalha espiritual pode ser lutada e vencida sem nossa arma mais poderosa — a Palavra de Deus.

A Palavra é inspirada por Deus. Cada autor da Bíblia foi tocado pelo Espírito; os dons e o intelecto desses homens foram usados por Deus, que falou *por intermédio* deles. A Palavra de Deus é tão poderosa a ponto de ser *"mais afiada que qualquer espada de dois gumes"* (Hb 4.12). Significa que ela é uma arma *de defesa* e também *de ataque*. Todos os guerreiros e guerreiras de oração necessitam de ambos os gumes.

Algumas pessoas dizem: "Esta parte da Bíblia foi escrita somente para o povo do Antigo Testamento, aquela somente para os discípulos, aquela outra somente para os efésios, esta aqui somente para os filipenses..." e assim por diante, até que a Bíblia inteira acaba sendo considerada uma simples coleção de narrativas. *Tome cuidado com alguém que queira transformar a Bíblia num simples livro de histórias.*

A Bíblia é viva e tem poder até hoje.

"Toda a Escritura é inspirada por Deus e útil para o ensino, para a repreensão, para a correção e para a instrução na justiça, *para que o homem de Deus seja apto e plenamente preparado para toda boa obra"* (2Tm 3.16-17).

Irmã, saiba que, ao dizer algo como "homem de Deus", conforme menciona o versículo citado, a Bíblia não exclui as mulheres. É o mesmo que dizer "humanidade". E todos nós sabemos que "humanidade" inclui também as mulheres. Portanto, não se preocupe com isso. Tenho ouvido muitos homens preocupados por serem chamados "a noiva de Cristo" — nome dado na Bíblia a todos os cristãos que mantêm sua crença enquanto Jesus os prepara para sua volta.

Toda vez que você lê a Palavra de Deus, ela cria raízes mais firmes em sua mente e em seu coração. Quanto mais firme você estiver na Palavra, mais poderosa ela será para protegê--la. Revista-se, portanto, da Palavra de Deus como vestimenta poderosa todas as manhãs. Permita que o amor de Deus *viva em você*.

A Palavra de Deus é como um imenso espelho de aumento. Quando a lemos todos os dias, vemos não apenas quem Deus é, quem Jesus é e quem o Espírito Santo é, mas vemos também a verdade sobre quem *somos*. E também quem deveríamos ser.

Você se lembra das promessas maravilhosas que mencionei no capítulo anterior, promessas que Deus nos deu para que nos tornássemos *"participantes da natureza divina"* (2Pe 1.4)? Elas estão contidas na carta de Deus para nós. Quando nos agarramos a tais promessas, elas nos livram de nossas tendências à luxúria, ao pecado, à corrupção e à vida sem sentido, e nos capacitam a participar da natureza santa de Deus.

Deus reparte-se conosco porque nos ama o suficiente para querer que sejamos mais semelhantes a ele.

Quanto mais leio a Bíblia, mais claramente vejo uma coisa: Deus cumpre o que diz. A Palavra de Deus nunca é ineficaz ou irrelevante. O Eterno diz que sua Palavra fará o que ele deseja e atingirá o propósito para o qual a enviou (Is 55.11).

Deus promete que a carta de amor que lhe enviou produzirá coisas grandiosas em você, muito mais do que você é capaz de imaginar.

Oração de amor

Senhor, eu te rendo graças por tua Palavra. Sei que ela é tua carta de amor para mim porque, todas as vezes que a leio ou a menciono, sinto tua presença e amor de maneira mais intensa. Ela me alimenta a alma e enriquece minha vida. Ajuda-me a entendê-la melhor todos os dias. "Abre os meus olhos para que eu veja as maravilhas da tua lei" (Sl 119.18). Ajuda-me a conhecer-te cada vez mais quando a leio. Obrigada porque tua Palavra transmite verdade e orientação para minha vida.

Agradeço porque tua Palavra é perfeita e me transforma todas as vezes que a leio. Ela contém todos os teus corretos mandamentos e leis para meu benefício, como limites para manter-me protegida e segura. Obrigada pelas bênçãos que recebo quando obedeço a eles. Tua Palavra me traz paz e uma sensação de bem-estar. "Sim, os teus testemunhos são o meu prazer; eles são os meus conselheiros" (Sl 119.24). Ajuda-me a ouvir claramente a tua voz quando falas comigo enquanto leio tua Palavra.

Senhor, sou grata porque cumpres sempre o que dizes. Sei que posso confiar em tua Palavra porque ela nunca falhará. És a Palavra viva, Jesus, "pois exaltaste acima de todas as coisas o teu nome e a tua palavra" (Sl 138.2). Grava-a em meu coração de forma duradoura para que transforme minha vida. Entrela-ça-a no tecido de meu ser, para que ela se torne parte de mim. Ajuda-me a enxergar teu amor por mim em cada página.

Oro em nome de Jesus.

80 ESCOLHA O AMOR

···· Palavras de amor ····

Pois a palavra de Deus é viva e eficaz, e mais afiada que
qualquer espada de dois gumes; ela penetra até o ponto
de dividir alma e espírito, juntas e medulas, e julga os
pensamentos e intenções do coração.

HEBREUS 4.12

Assim como a chuva e a neve
descem dos céus,
e não voltam para eles sem regarem a terra
e fazerem-na brotar e florescer,
para ela produzir semente
para o semeador
e pão para o que come,
assim também ocorre com a palavra
que sai da minha boca:
ela não voltará para mim vazia,
mas fará o que desejo
e atingirá o propósito para o qual a enviei.

ISAÍAS 55.10-11

Como é feliz aquele
que não segue o conselho dos ímpios,
não imita a conduta dos pecadores,
nem se assenta na roda dos zombadores!
Ao contrário, sua satisfação
está na lei do SENHOR,
e nessa lei medita dia e noite.

SALMOS 1.1-2

Não deixe de falar as palavras deste Livro da Lei e de
meditar nelas de dia e de noite, para que você cumpra

fielmente tudo o que nele está escrito. Só então os seus caminhos prosperarão e você será bem-sucedido.

Josué 1.8

Os preceitos do Senhor são justos,
e dão alegria ao coração.
Os mandamentos do Senhor são límpidos,
e trazem luz aos olhos.

Salmos 19.8

5

Aceite a graça e a misericórdia de Deus

Muitas pessoas não aceitam o amor de Jesus inteiramente por acreditar que ele está zangado com elas. Não entendem a graça e a misericórdia de Jesus e a extensão de seu perdão completo.

Antes de aprender a aceitar o amor de Deus, eu não achava que ele estava zangado comigo. Pensava que ele não se importava comigo nem sequer para *ficar* zangado. Eu havia feito coisas das quais não me orgulhava, e não poderia jamais voltar para mudar tudo aquilo. Sentia-me distante de Deus, embora tentasse de todas as formas encontrar um meio de ligar-me a ele.

As várias práticas de ocultismo e religiões orientais nas quais me enredei enquanto buscava a Deus prometiam a aproximação íntima com *um* deus. Pelo menos, era o que eu ouvia e lia, mas aquilo nunca se tornara realidade. O reino espiritual que eu procurava foi se tornando cada vez mais assustador à medida que o tempo passava. Não era nem um pouco reconfortante. Aliás, era exatamente o oposto. A cada nova experiência naquele mundo espiritual, eu acabava me sentindo mais distante que nunca de *um* deus e cada vez mais decepcionada, descrente e temerosa.

Só depois que conheci o amor do Deus único e verdadeiro ao aceitar sua dádiva incomensurável — o sacrifício feito por Jesus — foi que comecei a entender que Deus não apenas sabia *quem eu era*, mas também se interessava pela pessoa *na qual eu me tornaria.* Ele me amava e jamais me deixaria lutar sozinha, ao contrário do que eu fizera anteriormente. Enquanto eu vivia procurando migalhas embaixo da mesa de Deus, ele havia preparado um banquete magnífico para mim em seu salão de festas.

Só então comecei a compreender a maravilhosa graça e a misericórdia de Deus, e me senti deslumbrada ao ver a chama do amor divino que as alimentava.

Entendendo a graça de Deus

Graça é um socorro imerecido, concedido a nós para que nosso relacionamento correto com Deus fosse restaurado. É a suspensão da pena de morte, algo que nos isentou de pagar o preço por nossa desobediência às leis de Deus. É um presente oferecido a nós porque Jesus pagou o preço, e nós o aceitamos pela fé (Rm 3.24).

Pela graça de Deus fomos salvas das consequências de termos escolhido nossos próprios caminhos e desprezado os caminhos de Deus. Isso é de suma importância porque não se trata de algo que podemos fazer sozinhas (Ef 2.8). E não se trata de algo que podemos alcançar por meio do pensamento positivo. Não estou dizendo que pensamentos felizes e esperançosos sejam inúteis. São bons, porém não bastam. Os pensamentos bons não nos salvam das consequências eternas de nossas ações. Não nos levam a ter um relacionamento correto e íntimo com Deus. Não nos conduzem à eternidade na presença de Deus. Não são capazes de fazer isso.

Não somos salvas por fazer tudo de modo perfeito. Não conseguimos, por mais que tentemos (Gl 5.4-5). Somos salvas porque *Jesus* fez tudo perfeitamente e escolhemos aceitá-lo pela fé.

84 ESCOLHA O AMOR

A graça nunca é concedida com base no que fizemos. É dádiva do amor de Deus por nós.

Imagine estar trancada há anos na prisão, no corredor da morte, aguardando o cumprimento da sentença por um crime que você cometeu. E há testemunhas oculares contra você. Um dia, porém, uma autoridade chega e diz: "Se você confiar em mim, vou providenciar para que seja totalmente perdoada, como se o crime não houvesse acontecido. Você será libertada para sempre das transgressões que cometeu". Que alegria e alívio você sentiria! Que dívida de gratidão teria para com essa pessoa!

É o que acontece quando você deposita sua confiança em Jesus.

Jesus veio ao mundo por causa do amor de Deus. Graça significa que não temos de abrir o caminho para chegar a Deus. Não precisamos nos esforçar para ser pessoas boas a fim de estar com ele.

Ele veio a *nós*.

Para estar *conosco*.

E ainda vem a nós e também a qualquer um que não o conheça, a fim de atrair-nos para ele por meio de seu amor e graça.

O "trono da graça" de Deus está no lugar onde oramos, a qualquer hora, para encontrar a ajuda de que precisamos (Hb 4.16).

ENTENDENDO A MISERICÓRDIA DE DEUS

A misericórdia de Deus é um favor imerecido, um ato de compaixão divina que nos livra do castigo que teríamos de sofrer. Em outras palavras, Deus não nos dá aquilo que merecemos. Ele poderia julgar-nos, mas não nos julga. Ao contrário, mostra misericórdia quando nos aproximamos dele com o coração humilde e arrependido.

Deus é misericordioso e compassivo (Sl 111.4). A misericórdia divina é outorgada a você porque ele a ama e tem compaixão de você. Os sinais de sua misericórdia estão por toda parte quando você o conhece e o ama. "A terra está cheia da bondade do Senhor" (Sl 33.5).

Nas Escrituras, Deus promete muitas coisas que nos garantem sua misericórdia. Por exemplo, ele prometeu que o dilúvio ocorrido na época de Noé jamais se repetiria. Prometeu que "os montes se retirarão, e os outeiros serão removidos; mas a *minha misericórdia não se apartará de ti*, e a aliança da minha paz não será removida, diz o Senhor, que se compadece de ti" (Is 54.10, RA).

Deus prometeu um arco-íris para nos lembrar disso.

No mesmo capítulo, o Senhor proferiu aquela famosa promessa aos que o amam e o servem: "*Nenhuma arma forjada contra você prevalecerá*" (Is 54.17). Essa promessa é um sinal da compaixão e misericórdia de Deus.

Com tantas evidências na Palavra de que Deus é misericordioso conosco, por que muitas de nós duvidamos disso? É porque não lemos sua Palavra? Ou, se a lemos, não cremos nela? Ou consideramos que a Palavra de Deus não passa de uma história, em vez de ser sua carta de amor para nós? Ou nos identificamos mais com o fato de ser culpadas do que ser perdoadas? Ou vemos as coisas que estão erradas em nossa vida e culpamos Deus por elas em vez de buscá-lo para encontrar a solução e agradecer-lhe tudo o que é bom? Ou, ao ler a Palavra de Deus, prestamos mais atenção em seu julgamento que em seu amor?

Seja qual for o motivo, precisamos pedir a Deus que nos ajude a reconhecer sua misericórdia conosco todos os dias, porque essa é a evidência de seu grande amor por nós.

86 ESCOLHA O AMOR

A MISERICÓRDIA DE DEUS É UM SINAL DE SUA BONDADE E DE SEU AMOR POR NÓS

A misericórdia de Deus é um sinal de seu amor constante, profundo e infalível por nós. Precisamos render "graças ao SENHOR, porque ele é bom, porque a sua misericórdia dura para sempre" (Sl 136.1, RA).

Durante alguns anos, tive um pastor que, além de ser excelente mestre e pregador da Palavra, demonstrava claramente o amor de Deus. Ele era conhecido por isso. Tinha esse dom maravilhoso.

O pastor Tim havia sido jogador profissional de futebol americano e vencera o Super Bowl com seu time. Tim possuía o anel do Super Bowl para provar isso. Era um homem corpulento, e tenho certeza de que sua presença em campo era extremamente ameaçadora para o time adversário. Digamos que ninguém queria estar no caminho dele quando a bola era arremessada ao *quarterback*.

Anos depois, quando ele se tornou nosso pastor, nós o considerávamos um urso de pelúcia enorme porque o tempo todo ele transpirava o amor de Deus em profusão, com alegria, doçura e discernimento.

Lembro-me de um sermão específico do pastor Tim sobre a bondade e a misericórdia de Deus. Ele baseou o sermão no último versículo do salmo 23: "*Bondade e misericórdia certamente me seguirão todos os dias da minha vida*; e habitarei na Casa do SENHOR para todo o sempre" (v. 6, RA). O pastor Tim sabia muito bem demonstrar os pontos principais de seu sermão, para que nós não o esquecêssemos. E nunca me esqueci daquele em particular.

Tim fez uma demonstração daquele versículo pedindo a dois homens da congregação que permanecessem um pouco atrás dele — de um lado e do outro — e o acompanhassem todas as vezes que ele andasse e falasse. Pediu que a congregação imaginasse que ele estava dirigindo um carro e podia ver os dois homens pelo espelho retrovisor e pelos espelhos laterais. Deu a um o nome de Bondade e ao outro o nome de Misericórdia. Disse que, durante nossa caminhada diária, devemos olhar no espelho retrovisor de nossa vida e ver a Bondade de Deus de um lado e a Misericórdia de Deus do outro, acompanhando-nos o tempo todo. E que podemos confiar que elas estarão sempre presentes até o dia de nosso encontro com o Senhor.

A história do espelho se repete. Só que não estamos *nos* vendo. Nem estamos vendo nosso *passado*. Estamos vendo a *bondade* e a *misericórdia* de Deus refletidas nesses espelhos.

Pouco tempo trás, enquanto dirigia meu carro de volta para casa à noite, notei que o veículo que saiu do estacionamento depois de mim continuava a me seguir, fazendo o mesmo trajeto. Comecei a ficar preocupada, mas, todas as vezes que olhava no espelho retrovisor, eu dizia: "Obrigada, Senhor, porque tua bondade e tua misericórdia me seguirão todos os dias de minha vida". Aquele carro me acompanhou até perto de minha casa, mas, quando entrei à direita em minha rua, ele virou à esquerda. Provavelmente o motorista era apenas um vizinho, mas a imagem mental da bondade e da misericórdia transmitiu-me grande paz.

A bondade e a misericórdia de Deus são sinais de seu amor profundo e infalível por nós, dizendo que ele está nos seguindo.

Agora, todas as vezes que enfrento dificuldades, lembro-me daquela imagem. Ela me traz grande conforto. Espero que você também imagine um espelho retrovisor e veja a bondade e a misericórdia de Deus seguindo-a todos os dias de sua vida — tudo porque ele a ama.

88 Escolha o amor

Deus mostra sua misericórdia por meio do perdão

Pela graça de Deus somos perdoadas de todos os erros que cometemos no passado, assim que aceitamos Jesus. Na verdade, somos perdoadas por Deus de modo tão completo que ele não se lembra mais daqueles erros. "E como o Oriente está longe do Ocidente, assim ele afasta para longe de nós as nossas transgressões" (Sl 103.12). "Porque eu lhes perdoarei a maldade e não me lembrarei mais dos seus pecados" (Hb 8.12). Deus quer que nos esqueçamos de nossos erros também e paremos de revivê-los, de remoê-los e de nos repreender por causa deles.

Quando perdoamos alguém que nos ofendeu, *optamos* por deixar o assunto para trás, mas em geral não esquecemos. *Decidimos* não permitir que a lembrança da ofensa nos deixe mais amargas, zangadas ou rancorosas, mas continuamos a lembrar.

Quando Deus nos perdoa, nosso pecado contra ele é completamente apagado dos arquivos.

Davi disse: "*Como é feliz aquele que tem suas transgressões perdoadas e seus pecados apagados! Como é feliz aquele a quem o Senhor não atribui culpa e em quem não há hipocrisia*" (Sl 32.1-2).

Significa que, quando "o Senhor não atribui culpa", nosso pecado não é sequer anotado em nossa ficha.

Pecado é uma palavra relacionada à arte de manejar o arco e significa errar o alvo.

Iniquidade significa ser moralmente depravado.

Transgressão significa rebeldia. *Não seguir o caminho de Deus significa rebelar-se contra ele.*

A *rebeldia* é como a feitiçaria — que significa viver em oposição aos caminhos de Deus (1Sm 15.23).

Um dos maiores atos de misericórdia de Deus por nós é libertar-nos das consequências de nossas transgressões e das ocasiões em que nos desviamos de seus caminhos.

No entanto, quando, depois de ter aceitado Jesus, cometemos *novamente* uma transgressão contra o Senhor, por sua misericórdia ele permite que nos arrependamos. Deus pede que o busquemos com o coração arrependido e que confessemos nossas transgressões diante dele. Deus sabe o que fizemos, mas quer ouvir isso de nós e ver que nosso coração está verdadeiramente arrependido.

Misericórdia divina significa que, quando você confessa sua transgressão a Deus, arrepende-se dela e decide que tentará não cometê-la novamente, ele o perdoa.

Quando não nos arrependemos perante Deus, tornamo-nos infelizes e isso nos faz definhar. Coloca em nossa mente, em nossas emoções e em nossos ombros um peso que não estávamos preparadas para carregar. Quando, porém, confessamos nossos pecados, ele nos perdoa e nos liberta das consequências dessas faltas.

As consequências físicas, mentais e emocionais do pecado não confessado tornam-se um fardo pesado sobre nós. Davi, que sempre se arrependia de seu pecado, disse:

> Enquanto eu mantinha escondidos os meus pecados, *o meu corpo definhava* de tanto gemer. Pois dia e noite a tua mão pesava sobre mim; *minhas forças foram-se esgotando como em tempo de seca. Então reconheci diante de ti o meu pecado* e não encobri as minhas culpas. Eu disse: Confessarei as minhas transgressões ao Senhor, e *tu perdoaste a culpa do meu pecado.*
>
> Salmos 32.3-5

Mesmo os mais rebeldes e os que rejeitam os caminhos do Senhor são perdoados quando se arrependem diante dele.

90 ESCOLHA O AMOR

Deus não nos perdoa porque merecemos ser perdoadas; ele nos perdoa porque nos ama e tem misericórdia de nós.

Todas nós conhecemos os lugares em nosso coração que abrigam pensamentos, ideias, sentimentos e atitudes que não agradam a Deus. Sabemos muito bem quem somos. E assumimos que Deus está descontente conosco e, portanto, não merecemos que ele responda às nossas orações.

De fato, nós nunca fomos *merecedoras* de suas bênçãos. E é disso que trata a misericórdia.

Fomos perdoadas de todos os pecados do passado pela graça de Deus (Ef 1.7). Depois que aceitamos Jesus, fomos então perdoadas, por sua misericórdia, dos pecados subsequentes.

Deus poderia ter dito: "Perdoei todos os seus pecados do passado, e *ponto final*. Chega. Não vou mais fazer isso. Espero que você seja perfeita daqui em diante".

Parece, contudo, que ele nos conhece muito bem.

Deus estabeleceu que a única distância que existe entre nós e ele surge quando nos desviamos de seus caminhos — e todas nós fazemos isso uma hora ou outra — e não confessamos nosso pecado nem nos arrependemos de tê-lo cometido. O pecado não confessado acarreta consequências, e Deus, que não recompensa mau comportamento, mas deseja nos abençoar, aguarda o momento em que lamentamos nossa falta a ponto de recorrer a ele em busca de perdão.

O rei Davi confessou seu envolvimento amoroso com Bate-Seba — e o resultante assassinato do marido dela, para esconder o próprio pecado — e arrependeu-se quando ela engravidou. Mas Davi esperou muito tempo para confessar e arrepender-se. Foi confrontado por Natã, o profeta de Deus, a respeito de suas escolhas. Logo depois de vivenciar esse confronto, Davi apresentou-se diante de Deus e disse: "*Tem misericórdia de mim, ó Deus, por teu amor; por tua grande compaixão apaga as minhas transgressões. Lava-me de toda a minha culpa e purifica-me do meu pecado*" (Sl 51.1-2).

Embora estivesse finalmente arrependido, como consequência de seu pecado não confessado Davi sofreu a morte de seu filho com Bate-Seba.

Não permita que a desobediência aos caminhos de Deus erga um muro entre você e ele. Apresente imediatamente seu pecado a Deus, com arrependimento no coração, para mostrar que lamenta muito e não pretende cometê-lo outra vez. Para responder às nossas orações, Deus aguarda que nos arrependamos.

O pecado tem consequências. É assim que tem de ser. Ninguém escapa de sofrer, mais cedo ou mais tarde, os efeitos do erro. O perdão de Deus em resposta ao nosso arrependimento liberta-nos das consequências de nossas faltas.

Isso se chama misericórdia.

A misericórdia de Deus não se estende aos que praticam o mal

Você já teve medo do mal que espreita ao seu redor? Eu já. O mal que vagueava ao meu redor já me fez mudar de um bairro perigoso para outro mais seguro. Você já clamou fervorosamente diante de Deus para protegê-la e proteger sua família e pediu-lhe que a retirasse do caminho do mal? Fiz isso um sem-número de vezes. "Na minha aflição clamei ao Senhor; gritei por socorro ao meu Deus. Do seu templo ele ouviu a minha voz; meu grito chegou à sua presença, aos seus ouvidos" (Sl 18.6).

Davi afirmou: "Laços de morte me cercaram, torrentes de impiedade me impuseram terror" (Sl 18.4, RA). Depois que sua oração foi respondida, ele disse o seguinte a respeito de Deus:

Das alturas estendeu a mão e me segurou; *tirou-me das águas profundas. Livrou-me do meu inimigo poderoso*, dos meus adversários, fortes demais para mim. Eles me atacaram no dia da minha desgraça, mas *o SENHOR foi o meu amparo.* Ele me deu total libertação; *livrou-me porque me quer bem.*

Salmos 18.16-19

Isso é ou não é misericórdia de Deus?

E creio que foi isso que Deus fez por mim e por minha família depois que orei a ele para que nos levasse para um lugar mais seguro.

As pessoas más não temem a Deus. São cheias de artifícios e não têm sabedoria. Pensam em planejar e fazer o mal dia e noite. Nunca se aterrorizam com o mal. Aliás, acham-se poderosas quando fazem o que é errado.

Davi disse do perverso:

Aos seus olhos é inútil temer a Deus. Ele *se acha tão importante*, que não percebe nem rejeita o seu pecado. As palavras da sua boca são maldosas e traiçoeiras; *abandonou o bom senso* e não quer fazer o bem. Até na sua cama planeja maldade; nada há de bom no caminho a que se entregou.

Salmos 36.1-4

Deus nos protege quando fazemos dele o lugar seguro ao qual recorremos.

Quando fugiu de Saul, Davi orou: "Misericórdia, ó Deus; misericórdia, pois em ti a minha alma se refugia. *Eu me refugiarei à sombra das tuas asas, até que passe o perigo"* (Sl 57.1).

Davi pôs sua esperança na misericórdia de Deus, e Deus o protegeu.

Davi disse a Deus: *"Pois me livraste da morte e os meus pés de tropeçarem, para que eu ande diante de Deus na luz que ilumina os vivos"* (Sl 56.13).

Se nossa hora não tiver chegado, Deus nos livrará da morte. Acerca do amor e da misericórdia de Deus, o salmista anunciou com fé: "Não morrerei; mas vivo ficarei para anunciar os feitos do Senhor. O Senhor me castigou com severidade, mas não me entregou à morte" (Sl 118.17-18).

A misericórdia de Deus nos ajuda a fazer o que não conseguimos realizar sozinhas

Quando eram pequenos, meus filhos sabiam que teriam alguns privilégios se obedecessem rigorosamente às regras da família. Uma das recompensas era ir a um bom restaurante conosco. Meu marido e eu não tínhamos babá nem familiares por perto para cuidar deles por algumas horas, e eu não tinha coragem de deixá-los com outra pessoa, a menos que a conhecesse e confiasse plenamente nela.

Evidentemente, não os levávamos a bons restaurantes quando eles tinham menos de 3 anos de idade — quando ainda *precisavam de todo o cuidado e não conheciam nada*. Mas, aos 3 anos, eles sabiam comportar-se, principalmente diante das pessoas que nos serviam e dos outros clientes do restaurante. Não queríamos que nossos filhos perturbassem os outros com mau comportamento, e eles sabiam disso muito bem.

As duas crianças sabiam por antecipação que naquela noite *seriam castigadas sem misericórdia* se elas se comportassem mal

— pelo menos durante aqueles noventa minutos. Em consequência disso, comportavam-se perfeitamente, falavam baixo e sabiam se conduzir. Comportavam-se bem porque queriam ter o privilégio de sair conosco e de saborear a ótima comida de que tanto gostavam.

Em várias ocasiões, uma pessoa ou um casal no restaurante aproximou-se de nossa mesa para comentar, com surpresa, que nossos filhos se comportavam com mais tranquilidade e mais educação que a maioria dos outros adultos. Eles sentiam que deviam agradecer.

A misericórdia de Deus por nós, no entanto, não exige que tenhamos um comportamento perfeito. É por isso que ela se chama misericórdia. É a compaixão de Deus por nós. Ele nos ama, por isso nos ajuda a fazer o que é certo. Ele nos ajuda a fazer mais do que conseguiríamos realizar sozinhas.

A misericórdia de Deus não é um cartão de "passe livre" que nos permite continuar a desobedecer às suas leis. Há consequências por violar as leis de Deus, da mesma forma que há consequências por infringir as leis de um país. Se não houver consequências, haverá corrupção no sistema ou não haverá leis. Mas, se as leis forem cumpridas, o sistema será bom.

Deus espera que cumpramos suas leis, e há consequências quando as descumprimos. Mas ele, com sua misericórdia, nos ajudará a seguir seu caminho quando lhe pedirmos isso.

Davi disse: "*Os que olham para ele estão radiantes de alegria; seus rostos jamais mostrarão decepção*" (Sl 34.5). O mesmo se aplica ao rosto das crianças que são criadas com orientação, com disciplina piedosa e com o amor e a misericórdia do Senhor. Sabemos reconhecer as crianças cujos pais as amam a ponto de ensinar-lhes o que necessitam saber. O rosto delas demonstra isso.

Deus mostra seu grande amor e misericórdia em tempos de aflição. Não temos ideia de quantas vezes ele nos salvou do perigo ou da morte. "Eis que *os olhos do Senhor estão sobre os que o temem, sobre os que esperam na sua misericórdia*, para livrar-lhes a alma da morte, e, no tempo da fome, conservar-lhes a vida" (Sl 33.18-19, RA).

A melhor parte a respeito da bondade e da misericórdia divinas é que elas lhe permitem habitar com o Senhor para sempre. Jesus preparou um lugar para você na eternidade com ele, onde não há doença, crime, maldade, tristeza, medo e lágrimas — porque ele afasta tudo isso de você, claro.

Em Apocalipse 6.9, João fala do que viu a respeito do fim dos tempos. Ele informa: "… vi debaixo do altar as almas daqueles que haviam sido mortos por causa da palavra de Deus e do testemunho que deram". Perguntamos: "Por que Deus permite que aqueles que o amam e o servem sejam assassinados?". Mas não vemos a maravilhosa recompensa que os espera no céu.

Essas pessoas foram assassinadas porque eram cristãs e defenderam Deus, sua Palavra e a fé que tinham nele. Eles — os mártires — estavam perguntando a Deus até quando ele esperaria para vingar o sangue que derramaram. Queriam que a justiça prevalecesse.

Deus lhes orientou que aguardassem um pouco mais, até que se completasse o número daqueles que deveriam ser mortos, como eles, por causa da fé. Haveria mais mártires, e aparentemente Deus estava dando tempo aos criminosos para que se arrependessem.

Não sei quanto a você, mas, se fosse comigo, eu atacaria imediatamente a pessoa que assassinasse meus filhos, e com certeza ela não teria nenhum futuro no céu. Mas Deus não é assim. Ele é muito misericordioso e grande em amor para fazer isso.

Deus nos ama mesmo quando pecamos contra ele — até o ponto de permitir que seus servos mais leais e seus seguidores mais ardentes, seus filhos amados — que o serviram fielmente até o fim — fossem destruídos.

Deus nos ama a ponto de esperar que o busquemos, para que ele, com sua misericórdia, nos capacite a fazer o que não conseguiríamos fazer sozinhas. Isto é, passar a eternidade com ele no céu.

Sua graça e misericórdia chegam até esse ponto.

Ele nos ama tanto assim.

Oração de amor

Senhor, obrigada por tua graça e misericórdia, porque sei que são sinais incessantes de teu amor infalível por mim. São dons que extrapolam minha compreensão, porque redimiste minha vida da destruição e me coroas "de graça e misericórdia" (Sl 103.4, RA). Eu te agradeço porque "o que a mim me concerne o SENHOR levará a bom termo; a tua misericórdia, ó SENHOR, dura para sempre" (Sl 138.8, RA). Eu te agradeço porque cuidas de tudo o que se refere a mim.

Obrigada por teu perdão. Não posso imaginar a condição de minha vida e o estado de minha alma sem ele. Sei disso porque a culpa mata e a condenação destrói. Sou eternamente grata porque, quando reconheço meu erro e as más escolhas que me levaram a desviar-me de teus caminhos, posso recorrer a ti com o coração humilde e arrependido. Tu não apenas me perdoarás, mas também afastarás minhas transgressões para longe, assim quanto dista o Oriente do Ocidente (Sl 103.12). "Não te lembres dos pecados e transgressões da minha juventude; conforme a tua misericórdia, lembra-te de mim, pois tu, SENHOR, és bom" (Sl 25.7).

Obrigada por tua graça, que me fez depositar minha fé em ti e me permitiu ser salva da morte e passar a eternidade contigo. Obrigada porque tua graça é a grandiosa manifestação de teu amor por mim, e tua misericórdia livra-me de receber o castigo que mereço. Ajuda-me a permanecer em teu amor, a habitar na correnteza de tua misericórdia, até chegar ao céu contigo depois que eu partir deste mundo (Jd 21).

Oro em nome de Jesus.

Palavras de amor

Pois vocês são salvos pela graça, por meio da fé, e isto não
vem de vocês, é dom de Deus.

EFÉSIOS 2.8

Assim, aproximemo-nos do trono da graça com toda a
confiança, a fim de recebermos misericórdia e encontrarmos
graça que nos ajude no momento de necessidade.

HEBREUS 4.16

O SENHOR se agrada dos que o temem,
dos que colocam sua esperança no seu amor leal.

SALMOS 147.11

Pois como os céus se elevam acima da terra,
assim é grande o seu amor
para com os que o temem;
e como Oriente está longe do Ocidente,
assim ele afasta para longe de nós
as nossas transgressões.

SALMOS 103.11-12

Todavia, Deus, que é rico em misericórdia, pelo grande amor
com que nos amou, deu-nos vida com Cristo, quando ainda
estávamos mortos em transgressões — pela graça vocês são
salvos. Deus nos ressuscitou com Cristo e com ele nos fez
assentar nos lugares celestiais em Cristo Jesus.

EFÉSIOS 2.4-6

6

Reconheça os modos pelos quais Deus ama você

O amor assemelha-se ao vapor.

Não podemos ver o vapor, mas às vezes sentimos os efeitos dele. Por exemplo, só podemos ver o vapor da gasolina quando se produz uma faísca. Podemos, então, observar os efeitos disso. Não vemos as ondas de transmissão, mas reconhecemos suas manifestações quando o celular toca ou quando ligamos o rádio. Quanto mais aprendemos sobre vapores e ondas de transmissão, mais reconhecemos que estão em torno de nós.

O mesmo se aplica ao amor de Deus. Ele está em nosso meio, e Deus mostra seu amor por nós de maneiras inumeráveis; porém, quase sempre, só vemos as manifestações de seu amor quando ele nos abre os olhos. Tudo começa quando aceitamos o Senhor. Essa aceitação liga os receptores de nosso cérebro, de nosso coração e de nosso espírito. E, a cada novo reconhecimento, ocorre uma explosão de alegria em nós gerada por aquilo que sempre esteve presente, mas só conseguimos ver a partir daquele momento.

Quando finalmente entendemos o amor de Deus de uma forma que nunca fomos capazes de imaginar, há uma espécie de explosão em nosso coração, detonada pelos sinais desse amor por onde quer que olhemos. Vemos o amor de Deus em sua linda criação à nossa volta. Sentimos o amor de Deus em sua graça e misericórdia estendidas a nós. Reconhecemos o amor de Deus nas coisas que acontecem para o bem em nossa vida. Sua presença amorosa não passa despercebida.

Mesmo depois que a faísca do conhecimento do amor de Deus por nós é produzida, ele continua a explodir em nosso coração como um jato de ar que sopra em nossos sentidos todos os dias, tocando-nos com muito mais intensidade que no dia anterior.

Se você nunca sentiu isso, peça a Deus que revele os modos como ele a ama. Mesmo que você *tenha* sentido o amor de Deus no passado, peça que ele lhe mostre esse amor de novas maneiras. Há sempre mais para aprender e sentir quando se trata do amor de Deus por você. Ele lhe deu família, amigos, relacionamentos, cura, saúde, trabalho, sol e chuva. Eu não gostava da chuva até o dia em que enfrentei uma seca. Agora, todas as vezes que chove, agradeço a Deus. Não sou insensível àqueles que sofreram grandes inundações, mas, mesmo durante os momentos assustadores em que as forças da natureza nos lembram de nossa fraqueza e pequenez, o amor de Deus pode ser visto no modo como ele nos protege ou nos sustenta. *Há muitas coisas de que não gostamos na vida e que só passamos a apreciá-las depois que reconhecemos nelas o amor divino.*

Pergunto: Deus restaurou algo em sua vida ou retirou aquilo que precisava ser removido? Ele a protegeu de maneira que você não identificou na época? Peça que ele lhe mostre o que você ainda não reconheceu e agradeça-lhe depois.

Uma das maneiras mais fáceis de identificar o amor de Deus por nós é reconhecer suas promessas na Palavra e o cumprimento delas. Como é reconfortante saber que tudo o que ele diz é verdadeiro e que suas promessas são cumpridas.

Quando o pai ou a mãe faz uma promessa ao filho, a criança não esquece. Ela *espera* que aconteça. *Aguarda.* Mas, se o pai ou a mãe esquece — ou deixa de cumprir a promessa —, o filho fica magoado porque considera isso falta de amor. Em geral, a decepção é tão grande que vem à mente com facilidade décadas depois, quando ele se torna adulto, porque a mágoa continua.

Cumprir uma promessa a alguém é um sinal de amor.

Deus sempre cumpre suas promessas. E cada promessa é um sinal de seu amor por nós. Não determinamos a ele *quando* ou *como* essas promessas serão cumpridas. Basta saber que o serão.

A seguir, listamos algumas promessas de Deus que provam seu grande amor por você.

DEUS PROMETE QUE NADA A SEPARARÁ DO AMOR QUE ELE TEM POR VOCÊ

O amor de Deus está sempre ativo e presente; não acontece só uma vez. Ele se moverá para sempre *em* você e *em sua vida.* Você nunca se separará do amor divino. Isso não é possível. O amor de Deus está em toda parte porque Deus é amor e está em toda parte. Por mais difícil que a vida se torne, confie que o amor de Deus está sempre com você. Só você pode pôr um limite na quantidade de amor que recebe.

Paulo disse:

> Pois estou convencido de que *nem morte* nem *vida*, nem *anjos* nem *demônios*, nem o *presente* nem o *futuro*, nem quaisquer *poderes*, nem *altura* nem *profundidade*, nem *qualquer outra coisa na criação será capaz de nos separar do amor de Deus que está em Cristo Jesus, nosso Senhor.*

Romanos 8.38-39

Essa promessa é de suma importância.

Seja o que for que estiver acontecendo em sua vida, nada poderá separá-la do amor de Deus.

Não há *ninguém* capaz de separar-nos do amor de Deus. "Quem nos separará do amor de Cristo? Será *tribulação*, ou *angústia*, ou *perseguição*, ou *fome*, ou *nudez*, ou *perigo*, ou *espada*?" (Rm 8.35). Deus nos abençoa mesmo quando nossos inimigos estão nos atacando. Nossa vida sempre transborda de seu favor (Sl 23.5).

Significa que, graças ao amor de Deus revelado por intermédio de Jesus, você será capaz de vencer os obstáculos na vida. Deus restaurará sua alma angustiada e a conduzirá no caminho que você deve andar (Sl 23.3). Mesmo que tenha de andar por lugares perigosos, não há motivo para ter medo, porque Deus está com você. Até a disciplina que ele lhe impõe quando você se desvia do caminho é sinal de amor. O cajado do Bom Pastor a trará de volta quando você se perder. Esse é um sinal reconfortante de quanto ele a ama (Sl 23.4).

O amor de Deus por nós destruiu o poder da morte e do inferno e nos deu seu Santo Espírito para estar conosco até no céu. Significa que Deus está sempre ao nosso lado. "Se Deus é por nós, quem será contra nós?" (Rm 8.31).

Deus a ama completamente, e não há nada que você possa fazer para mudar isso.

DEUS PROMETE PROPORCIONAR-LHE SUSTENTO

Nem sempre é fácil confiar que Deus nos proporcionará sustento, principalmente quando não podemos sequer começar a ver como nossa necessidade poderá materializar-se. Estive nessa situação muitas vezes na vida, e Deus agiu de maneiras que eu nunca havia imaginado ou sonhado.

Quando estamos convencidas de que Deus nos ama e olhamos para ele com amor e reverência no coração, nada nos faltará. A Bíblia diz: "Provem, e vejam como o Senhor é bom. Como é feliz o homem que nele se refugia! Temam o Senhor, vocês que são os seus santos, *pois nada falta aos que o temem.* [...] *os que buscam o Senhor de nada têm falta*" (Sl 34.8-10). Que promessa extraordinária para nós! Como *não* reconhecer o amor de Deus por nós nessas palavras?

Deus é doador. Ele se *agrada* em nos dar aquilo de que necessitamos.

Você já tentou oferecer a uma pessoa algo que ela não aceitou, embora necessitasse bastante? É muito frustrante, como uma espécie de tapa na cara. *Dar* não é o único sinal de amor; *aceitar* também é. "*... foi do agrado do Pai* dar-lhes o reino" (Lc 12.32). É uma afronta a Deus não aceitar o que ele tem para você. É como dizer: "Não quero o que tens para mim; não preciso disso".

Jesus nos instruiu: "Busquem, pois, em primeiro lugar o Reino de Deus e a sua justiça, e todas essas coisas lhes serão acrescentadas" (Mt 6.33). Significa que, quando recorremos a Deus, ele nos dá tudo de que necessitamos. Quando não aceitamos tudo o que Deus tem para nós, é como dizer: "Vou conseguir sozinha o que quero. Não necessito de ti". Porém, a Palavra de Deus diz: "*Sem fé é impossível agradar a Deus*, pois quem dele se aproxima precisa crer que ele existe e que *recompensa aqueles que o buscam*" (Hb 11.6).

Adoro esse versículo. Repito-o com frequência em tempos de necessidade, e ele sempre traz conforto ao meu coração. Precisamos acreditar nestas palavras: Deus nos ama, por isso nos recompensa quando o buscamos diligentemente.

DEUS PROMETE TRANSFORMAR VOCÊ À IMAGEM DELE

Quando andamos com Deus, ele promete levar-nos de glória em glória à medida que somos transformados à sua imagem. Isso não é maravilhoso? Além de querer que você se torne mais semelhante a ele, Deus a ajudará a fazer isso. "E todos nós, que com a face descoberta *contemplamos a glória do Senhor*, segundo a sua imagem *estamos sendo transformados com glória cada vez maior*, a qual *vem do Senhor, que é o Espírito*" (2Co 3.18). Deus diz que, se permanecermos olhando para ele — como se olhássemos num espelho —, ele começará a ver sua imagem refletida em nós. Quanto mais olhamos para ele, mais nos tornamos *semelhantes* a ele.

Deus também promete levar-nos de força em força quando lhe pedimos que nos fortaleça. "Como são felizes os que em ti encontram sua força [...]. Prosseguem o caminho de força em força" (Sl 84.5,7). Quando escolhemos andar com Deus, encontramos força nele (Sl 29.11). Quando olhamos para Deus, ele se reparte conosco.

Isso se chama amor verdadeiro.

DEUS PROMETE PROTEGER VOCÊ

Quando depositamos nossa confiança em Deus, ele nos protege dos perigos mais do que imaginamos. O segredo é depositar nossa confiança nele *o tempo todo* e não esperar que tragédias aconteçam. No entanto, mesmo quando depositamos nossa confiança em Deus e enfrentamos problemas, não podemos permitir que a confiança vacile, porque, no meio da adversidade, ele fará coisas grandiosas em nós e por intermédio de nós.

Deus é um lugar seguro para onde você pode sempre correr quando estiver em perigo. Davi disse que o Senhor "é refúgio para os oprimidos, *uma torre segura na hora da adversidade*"

(Sl 9.9). E jamais abandonará alguém que o busque (Sl 9.10). "Pois ele liberta os pobres que pedem socorro, os oprimidos que não têm quem os ajude" (Sl 72.12). Quando entendemos a condição de nossa alma sem a presença de Deus na vida, vemos que somos continuamente pobres e necessitadas.

Isso não significa que não acontecerá nenhum problema, mas o problema não *perdurará*. E Deus fará coisas grandiosas no meio da dificuldade. "Mas *tira os pobres da miséria* e aumenta as suas famílias como rebanhos. [...] Reflitam nisso os sábios e considerem a bondade do SENHOR" (Sl 107.41,43).

O fato de Deus prometer que nos protegerá não significa que podemos testá-lo assumindo riscos tolos. Satanás quis tentar Jesus para pôr à prova o amor de Deus por seu Filho. Levou Jesus ao pináculo do templo e disse: "Se és o filho de Deus, joga-te daqui para baixo. Pois está escrito: 'Ele dará ordens a seus anjos a seu respeito, e com as mãos eles o segurarão, para que você não tropece em alguma pedra'" (Mt 4.6). Até Satanás conhece a Palavra de Deus o suficiente para usar contra nós aquilo que *não conhecemos*. Jesus respondeu a ele com uma citação da Palavra, dizendo que não devemos pôr o Senhor à prova (Mt 4.7).

Quando eu morava numa "cidade sitiada", com perigos por todos os lados, Deus me protegeu e à minha família. Eu declarava este versículo com frequência: "Bendito seja o Senhor, que engrandeceu a sua misericórdia para comigo, numa cidade sitiada!" (Sl 31.21, RA). Mas nunca pus o Senhor à prova. Não saía sozinha à noite. Não permitia que meus filhos brincassem no jardim perto da rua. Não abria a porta para estranhos e ensinava meus filhos a nunca fazer isso.

Deus sabe tudo o que se passa ao nosso redor mesmo quando *nós* não o sabemos. Ele conhece os planos do inimigo para nossa vida. Precisamos confiar e nunca *pôr Deus à prova* nesses assuntos. Quando recorremos ao Senhor em busca de proteção, ele garante que *seus* planos para nós serão bem-sucedidos, e não os planos do inimigo. Mas não devemos dar trela ao adversário nem aceitar suas sugestões só para ver até que ponto Deus está nos protegendo.

Deus não disse que jamais cairíamos. Disse que *quando* tropeçarmos, ele nos erguerá do chão. "O Senhor firma os passos de um homem, quando a conduta deste o agrada; *ainda que tropece, não cairá, pois o Senhor o toma pela mão*" (Sl 37.23-24).

Significa que, sem Deus, a situação será muito pior.

O anjo do Senhor "acampa-se" ao redor daqueles que o temem, para livrá-los (Sl 34.7, RA). Você não ama essa promessa? Não gostaria de olhar dentro da esfera do espírito por um momento para ver o anjo do Senhor acampado ao seu redor? Deus, porém, deseja que vivamos pela fé, e não pela visão. Devemos ter fé que Deus protege seus amados que também o amam.

Quando apreciamos a presença de Deus durante o dia, vivendo na segurança e na paz que ele nos dá, dormimos melhor durante a noite.

Deus promete ouvir nossas orações e responder a elas

Pense em quanto você ama seu(s) filho(s) — ou outra pessoa que mais ame neste mundo. Bem, Deus ama você mais ainda porque ele tem maior capacidade de fazer isso. Deus não consegue deixar de amar, pois ele é amor. Não pode ser o que não é. Jesus disse: "Se vocês, apesar de serem maus, sabem dar boas coisas aos seus filhos, quanto mais o Pai de vocês, que está nos céus, dará coisas boas aos que lhe pedirem!" (Mt 7.11). Deus responde às nossas orações porque nos ama.

Tenha em mente, porém, que Deus não promete responder às nossas orações exatamente como lhe pedimos, mas de acordo com a vontade dele (1Jo 5.14-15). Toda promessa de Deus tem uma condição a ser cumprida. As condições mais comuns são: devemos ter fé nele, viver em seus caminhos e crer em sua Palavra.

Sempre que estivermos abatidas, precisamos lembrar que Deus não o está. Precisamos recorrer a ele nesses tempos e parar de nos concentrar em nossa situação — o que não significa que devemos negá-la. Religião que nega a realidade não é fé. Não devemos fingir que a situação não existe, conforme fazem alguns. Precisamos ser sinceras com Deus a respeito de nossos medos. Davi orou: "Ouve o meu clamor, ó Deus; atenta para a minha oração. Desde os confins da terra eu clamo a ti, *com o coração abatido; põe-me a salvo na rocha mais alta do que eu*" (Sl 61.1-2).

Jesus disse: "E tudo o que pedirem em oração, se *crerem, vocês receberão*" (Mt 21.22). Basta crer nele — crer que ele é o Filho de Deus, que nos ama e quer responder às nossas orações. Não é nossa fé que faz isso. Não temos fé em nossa fé, e não há nada que possamos fazer. Temos fé que ele nos ouve e responderá às nossas orações de acordo com sua vontade, e que recebemos seu amor quando oramos.

DEUS PROMETE LIBERTAR-NOS DO MEDO

A Bíblia fala da alegria, das bênçãos e da felicidade de todos os que temem a Deus. *Temer a Deus significa reverenciá-lo e ter medo do que a vida seria sem ele.*

"Como é grande a tua bondade, que reservaste para aqueles que te temem [...]. *No abrigo da tua presença os escondes das intrigas dos homens*" (Sl 31.19-20). Deus abençoa os que o reverenciam.

108 Escolha o amor

Isso significa temor *do Senhor*.

O outro tipo de medo não procede do Senhor. É um espírito que nos torturará se permitirmos que se desenvolva em nosso coração. "Pois Deus não nos deu espírito de covardia, mas de *poder*, de *amor* e de *equilíbrio*" (2Tm 1.7).

Esse *poder* é o poder de Deus, que ele reparte conosco.

O *amor* nos conforta e afasta o medo.

Equilíbrio remete a clareza de pensamento, bom julgamento e capacidade para tomar decisões sábias e fazer escolhas sensatas. Significa ter domínio próprio e não nos descontrolarmos em nossas ações e comportamento. Significa ter a mente de Cristo.

Além desse maravilhoso versículo de 2Timóteo, o salmo 34 é sempre meu lugar de refúgio na Bíblia quando necessito que a Palavra de Deus afaste rapidamente o medo e a insegurança. O salmo inteiro nos encoraja. Acalma o coração. Faz-nos mudar de atitude.

Nesse salmo, Davi promete adorar a Deus continuamente e convida os outros a fazer o mesmo. Ele disse: "*Busquei o* Senhor, *e ele me respondeu; livrou-me de todos os meus temores*" (Sl 34.4). Davi escolheu buscar a Deus, e Deus respondeu libertando-o de todo medo que ele sentia.

Basta ler esse salmo para eu sentir paz no coração. Sei que ele fará o mesmo por você.

Deus promete-nos a coroa da vida se resistirmos à tentação

Deus sabe que não podemos ser perfeitas; portanto, pede-nos que olhemos para ele em busca de força para permanecermos firmes contra a tentação de violar seus caminhos para nossa vida.

Deus promete nos capacitar a fazer coisas que não podemos realizar sem ele, mas temos de declarar nossa dependência dele. Quando fazemos isso, somos recompensadas por viver em seus caminhos.

Tiago, irmão de Jesus, disse: "*Feliz é o homem que persevera na provação*, porque depois de aprovado *receberá a coroa da vida, que Deus prometeu aos que o amam*" (Tg 1.12).

A coroa da vida não é coisa insignificante. Esse versículo está falando de quando estivermos no céu com o Senhor. Há recompensas na eternidade que deixaremos de receber se continuarmos a cair em tentação em vez de resistir a elas. Todas nós temos acesso ao poder e à força para resistir à tentação se corrermos em direção a Deus no primeiro indício dela, e se dependermos da força e do poder *dele* para fazer isso.

Significa que, quando atravessarmos tempos difíceis — e não perdermos a fé a ponto de agir de modo insensato, ímpio ou egoísta —, a experiência nos fará depender de Deus de modo tão completo que não necessitaremos de mais nada além dele.

Tiago disse:

> Meus irmãos, *considerem motivo de grande alegria* o fato de passarem por diversas provações, pois vocês sabem *que a prova da sua fé produz perseverança*. E a perseverança deve ter ação completa, *a fim de que vocês sejam maduros e íntegros, sem lhes faltar coisa alguma*.
>
> Tiago 1.2-4

Se reconhecermos a prova de nossa fé quando a tentação se apresentar e recorrermos a Deus, sentiremos a alegria de resistir ao inimigo de nossa alma. Se dependermos de Deus para agir em nós e nos aperfeiçoar, veremos que todas as nossas necessidades serão satisfeitas nele.

Quanto mais cedo aprendermos isso, mais aperfeiçoadas seremos.

DEUS PROMETE QUE SEU FUTURO SERÁ BOM

Deus a ama, por isso lhe promete esperança e um bom futuro. Veja o que ele diz sobre você em sua Palavra:

> "Porque sou eu que conheço os planos que tenho para vocês", diz o SENHOR, "planos de fazê-los prosperar e não de lhes causar dano, *planos de dar-lhes esperança e um futuro*. Então vocês clamarão a mim, virão orar a mim, e eu os ouvirei. *Vocês me procurarão e me acharão quando me procurarem de todo o coração*".
>
> Jeremias 29.11-13

Deus promete-nos um futuro maravilhoso com ele, mas precisamos procurá-lo e buscá-lo de todo o coração. Quando não fazemos isso, ele mostra amor por nós por meio de disciplina e correção. Significa que ele nos ama a ponto de se importar conosco quando nos desviamos do caminho. "Pois o Senhor disciplina a quem ama" (Hb 12.6). Deus afirmou: "Repreendo e disciplino aqueles que eu amo" (Ap 3.19).

Além de conhecer as promessas que revelam o amor divino por nós o tempo todo, peça a Deus que demonstre como ele a ama pessoalmente. Ele já poupou você de um sofrimento? Provocou um encontro com pessoas que você precisava conhecer? Pôs beleza em seu caminho de maneira incrível? Respondeu às suas orações? Agiu numa situação para seu bem? Capacitou-a a recuperar-se? Ajudou-a a atravessar tempos difíceis? Falou ao seu coração? Fez você sentir sua presença? Presenteou-lhe com uma paz inesperada em meio a uma crise? Trouxe-lhe uma grata surpresa? Guardou-a de um momento mau? Atendeu-a quando você mais precisava dele? Sustentou-a de forma inesperada? Mostrou-lhe na criação coisas que a encantaram?

Seja o que for, agradeça o amor de Deus todas as vezes que vir ou lembrar isso. Diga-lhe que seu amor significa muito para você. Peça-lhe que a capacite a reconhecer e aceitar seu amor por você de todas as formas. Porque, ao aceitar o amor de Deus por você, isso exercerá influência no modo como você expressa amor por ele — e no modo como mostra amor aos outros constantemente.

Oração de amor

Senhor, obrigada porque, aos que passam por tempos de adversidade, tua Palavra promete que não ficarão decepcionados, e que em dias de fome desfrutarão fartura (Sl 37.19). Não preciso temer não ter o suficiente, e confio nisso porque és meu Senhor, e nada me faltará (Sl 23.1). Obrigada porque tens um lugar de descanso para mim onde há águas tranquilas (Sl 23.2). Obrigada porque não recusas "nenhum bem aos que vivem com integridade" (Sl 84.11).

Muitas das promessas em tua Palavra garantem que me proporcionarás sustento — tudo porque tu me amas. Sei que teus caminhos são perfeitos e que cumpriste tua Palavra uma vez após outra. Sei que serás sempre um escudo para mim porque confio em ti (Sl 18.30). Obrigada porque "*tens sido o meu refúgio, uma torre forte contra o inimigo. Para sempre anseio habitar na tua tenda e refugiar-me no abrigo das tuas asas*" (Sl 61.3-4). "Em paz me deito e logo adormeço, pois só tu, Senhor, me fazes viver em segurança" (Sl 4.8).

Eu te agradeço, Senhor, porque és "um Deus de perto", e não "um Deus de longe" (Jr 23.23). "Tu me dás o teu escudo de vitória; tua mão direita me sustém; desces ao meu encontro para exaltar-me" (Sl 18.35). "Pois ouviste os meus votos, ó Deus; deste-me a herança que concedes aos que temem o teu nome" (Sl 61.5). "Encheste o meu coração de alegria" (Sl 4.7). Ajuda-me a reconhecer teu amor por mim em tua Palavra, e de todas as maneiras revela teu amor por mim dia após dia.

Oro em nome de Jesus.

Palavras de amor

Mostra a maravilha do teu amor,
tu, que com a tua mão direita salvas
os que em ti buscam proteção
contra aqueles que os ameaçam.

SALMOS 17.7

No amor não há medo; ao contrário o perfeito amor expulsa
o medo, porque o medo supõe castigo. Aquele que tem medo
não está aperfeiçoado no amor.

1JOÃO 4.18

Sabemos que Deus age em todas as coisas para o bem
daqueles que o amam, dos que foram chamados de acordo
com o seu propósito.

ROMANOS 8.28

Conceda-me o SENHOR o seu fiel amor de dia;
e de noite esteja comigo a sua canção.
É a minha oração ao Deus que me dá vida.

SALMOS 42.8

Pois o teu amor está sempre diante de mim,
e continuamente sigo a tua verdade.

SALMOS 26.3

7

Saiba o que o amor divino fará em sua vida

Se Deus é amor e está em toda parte, significa que estamos cercadas por seu amor o tempo todo. Por que, então, não sentimos isso sempre? Porque a intensidade na qual sentimos o amor de Deus varia de acordo com a *expectativa* que temos dele e com nossa *reação* a ele.

Algumas pessoas aceitam o amor de Deus de todo o coração no momento em que compreendem quem ele é e o que tem feito. Outras demoram um pouco mais para aceitá-lo. Não *imaginam* que ele as ame da maneira como ama, por isso não reagem à participação dele em sua vida com completa confiança.

Por exemplo, há décadas tive uma amiga que entregou o coração inteiramente a Deus assim que aceitou Jesus, e nunca mais voltou atrás. Aceitou seu amor completamente e não duvidou dele nem por um momento. Presenciei isso com os próprios olhos, e esse fato sempre me deixou fascinada. E tive outra amiga íntima que entregou sua vida ao Senhor, mas nunca aceitou completamente que ele a amava.

Conhecia as duas havia muito tempo e não se tratava de casos extremos de muita fé ou falta de fé. Qual era então a diferença entre elas? Depois de conversar com muitas mulheres a respeito desse assunto durante anos, creio que aquelas duas amigas representam, de fato, muito mais pessoas do que imaginamos.

A primeira amiga, que amava ao Senhor e aceitara seu amor imediatamente, foi criada numa família na qual havia muito amor. O zelo e o afeto de uns pelos outros eram claros e inequívocos. Infelizmente, ela enfrentou uma enorme tragédia na vida quando o pai e a mãe morreram num acidente de carro. Embora ela fosse jovem na época e tivesse assumido o papel de pai e mãe da irmã e do irmão mais novos, nunca vi ninguém tão comprometido com o Senhor, ninguém que tenha aceitado o amor divino de modo tão completo quanto ela. Creio que ela soube *aceitar* o amor de Deus porque *foi* amada e se *sentiu* amada.

A outra amiga foi criada por uma mãe com alto grau de alcoolismo e um pai ausente. Suas mágoas eram profundas, e ela nunca se sentiu amada. Conduzi-a ao Senhor um ano depois que o aceitei, e, embora ela amasse a Deus, tinha grande dificuldade de acreditar que ele *a* amava. Ela lia a Bíblia. Orava e frequentava a igreja; porém, não conseguia aceitar plenamente o amor de Deus que cura todas as mágoas. Casou-se com um homem desprovido de amor e afeto por não ter sido amado na infância. Ela morreu alguns anos depois, e creio que seu coração, cuja ferida não foi curada, enfraqueceu-a a tal ponto que ela não teve forças para recuperar-se quando a enfermidade chegou. Ela não amava a si mesma, por isso não conseguia acreditar plenamente que Deus a amava. Não encontrou a cura e a plenitude de vida que Deus lhe reservara por não ter nenhuma expectativa a respeito do amor de Deus para restaurá-la. Portanto, sua reação a ele foi, na melhor das hipóteses, de fraqueza.

Quanto a mim, vivi numa situação intermediária. Não me sentia amada na infância. Não me sentia amada na vida adulta. Mas, quando aceitei o Senhor, senti seu amor na igreja, com uma amiga no escritório do pastor, onde entreguei minha vida a Deus, e nos cristãos que me cercavam. Acreditava que Deus era o Deus de amor, mas não a ponto de sentir que ele realmente *me* amava. Sentia o amor de Deus, que chegava até mim por meio dos outros, mas considerava esse amor como se fosse um transbordamento vindo daqueles que eram, de fato, amados.

Apesar de ter levado um bom tempo para eu acreditar que Deus *me* amava verdadeiramente, esse dia chegou. Foi necessário confiar que sua Palavra era uma carta de amor para mim. E foram necessárias muitas orações — a sós com Deus e na companhia de outras pessoas. (Falarei mais desse tipo de cura nos capítulos seguintes.)

Há muita coisa que Deus deseja fazer na vida de cada uma de nós, mas nada disso ocorrerá se não confiarmos em seu amor por nós. Jamais teremos uma visão correta do amor de Deus se não entendermos quem ele é. Se não entendermos que Deus é amor e não procurarmos as manifestações desse amor em sua Palavra e em nossa vida, não os reconheceremos e, por conseguinte, não descansaremos em seu amor como deveríamos.

É importante saber o que o amor a Deus pode e vai realizar em você. Há coisas maravilhosas que ele *pode* fazer e *fará* em todas nós. Se abrirmos o coração para que seu amor aja em nós e o aceitarmos por completo, se nos comunicarmos com ele frequentemente em oração, se aprendermos com ele todos os dias lendo sua Palavra e se lhe pedirmos que nos revele seu amor e nos ajude a crer nele, então cresceremos em seu amor a cada dia e seremos capazes de receber tudo o que ele tem para nos oferecer.

Permaneça atenta à obra de cura e restauração proporcionada pelo amor de Deus em você. O amor divino está ao seu alcance porque *Deus* está ao seu alcance.

Apresentamos a seguir alguns exemplos de como o amor de Deus agirá em você. Guarde-os em sua mente.

DEUS ACALMARÁ AS TEMPESTADES EM VOCÊ E EM SUA VIDA

As tempestades em mim eram infindáveis até o dia em que me submeti ao Senhor naquele que creio — e com certeza sempre crerei — ter sido o pior momento de minha vida. Quando aceitei o Senhor, não tinha ideia da grandiosidade do que estava recebendo. Foi um processo de muito aprendizado e entendimento.

Quando busquei aconselhamento cristão e a conselheira Mary Anne orou por mim, fui libertada da depressão, da ansiedade e da tristeza profunda na qual vivi por mais tempo do que sou capaz de lembrar. Senti a manifestação física de estar sendo levantada pelos ombros, e depois disso passei a ser uma pessoa inegavelmente diferente.

Na época, perguntei a Mary Anne se poderia mudar meu nome de Stormie [que remete a *stormy*, "tempestuosa"] para outro mais normal, porque não gostava das brincadeiras que as crianças faziam comigo na infância por causa desse nome. Sempre quis ter um nome simples como o das outras pessoas, que não provocasse brincadeiras ou questionamentos.

Lembro-me de uma ocasião na igreja quando o pastor pediu que fizéssemos um círculo de três a cinco pessoas a fim de que cada um de nós se apresentasse e orasse uns pelos outros. Quando mencionei meu nome a um círculo de quatro pessoas, a única mulher do grupo disse em voz alta e sem nenhuma sensibilidade: "Como um pai ou uma mãe teve a coragem de dar à filha um nome horroroso como este?".

Fazia pouco tempo que eu conhecia o Senhor e ainda não havia recebido plena cura emocional. Em consequência disso, aquela aparente explosão de raiva me magoou e me constrangeu, e eu não soube como reagir. Permaneci em silêncio, tentando não chorar e desejando que ninguém mais tocasse no assunto.

Meu nome sempre atraiu atenção indesejada para mim, e eu não gostava disso. Quando, porém, perguntei a Mary Anne se deveria mudá-lo, ela disse imediatamente: "Não, seu nome será um testemunho de como Deus acalma as tempestades em nossa vida".

E assim foi. Eu não imaginava quantas tempestades Deus acalmaria. E ele acalmou todas.

A verdade é que o amor de Deus pode realizar coisas grandiosas em cada uma de nós. Não temos ideia. O amor divino vai muito, muito além de nossa imaginação. Nunca sonhei que Deus fosse realizar tudo o que realizou em mim. Continuo a surpreender-me todos os dias. Há tantas pessoas que dão cabo da vida porque não conseguem visualizar um futuro que valha a pena ser vivido. Não conseguem ver um caminho em meio à dor e à angústia. Não conseguem imaginar o amor tão grande que Deus tem a lhes oferecer, amor que pode tocá-las e transformá-las.

Sei, por experiência própria, que as pessoas não desejam morrer; apenas não veem outra saída para o sofrimento. Conheço essa dor. E creio que parte do plano do inimigo para nossa destruição é impedir-nos de enxergar a verdade do imenso amor de Deus por nós e tudo de bom que o Senhor nos reservou.

A Bíblia diz o seguinte a respeito daqueles que estão no meio de uma tempestade na vida:

... diante de tal perigo, perderam a coragem. [...]. Na sua aflição, clamaram ao Senhor, e ele os tirou da tribulação em que se encontravam. *Reduziu a tempestade a uma brisa e serenou as ondas. As ondas sossegaram, eles se alegraram, e Deus os guiou ao porto almejado.*

Salmos 107.26,28-30

Além de acalmar a tempestade, Deus nos leva aonde precisamos ir.

Jesus acalmou a tempestade para seus discípulos quando eles estavam no barco no meio de uma violenta tempestade. Os discípulos temeram que o barco virasse, mas Jesus andou sobre a água na direção deles e, ao ver que estavam com medo, acalmou a tormenta. Jesus não acalmou a tempestade por estar com medo, mas porque amava os discípulos.

Deus ama tanto você que a salvará da destruição e não a deixará no lugar onde você está. Ele começa o processo de transformação em sua vida assim que você o convida a isso.

Seja qual for a tempestade que esteja caindo sobre sua vida, peça a Deus que a acalme.

Ele a acalmará.

Ele ama você a ponto de fazer isso.

DEUS EXTRAIRÁ COISAS BOAS DE SITUAÇÕES RUINS

Todas nós enfrentamos situações aflitivas por causa de uma decisão errada que tomamos, por mau julgamento de outras pessoas ou por algo que nos aconteceu sem que a culpa fosse nossa, e tivemos de arcar com as consequências. Ao longo de uma caminhada de muitos anos com Deus, aprendi que, por mais impossível que uma situação me pareça, mesmo que eu não consiga ver como superá-la, ela não é impossível para ele. Aprendi a confiar nele em todas as circunstâncias.

Nunca se esqueça de que *com Deus, nada é impossível*, porque o Senhor é o Deus dos impossíveis para os que nele creem.

O próprio Jesus disse: "... para Deus todas as coisas são possíveis" (Mt 19.26).

Nada pode ser mais claro que isso.

Deus pode transformar o deserto de nossa vida numa existência frutífera quando vivemos em seus caminhos. A Bíblia diz a respeito do Senhor: *Transforma o deserto em açudes* e a terra ressecada, em fontes" (Sl 107.35).

Uma das maiores garantias do amor de Deus é que ele age em tudo para o nosso bem quando o amamos e vivemos nos planos e propósitos que ele tem para nós (Rm 8.28). Os versículos anteriores a esse falam de oração. Em minha opinião, não podemos ver tudo de bom que Deus reservou para nossa vida se não o amarmos o suficiente para orar, buscar sua ajuda e acatar sua vontade.

DEUS SEMPRE ESTARÁ COM VOCÊ QUANDO VOCÊ ESTIVER COM ELE

Deus a conhece melhor que você mesma. Sabe sempre onde você se encontra, vê o que você está fazendo e tudo o que está acontecendo em sua vida, mas responde às suas orações. Ficará fora de sua vida se você não o convidar para participar dela. Trata-se daquela antiga questão do livre-arbítrio. Se quiser excluir Deus de sua vida, perderá as bênçãos e os benefícios que ele tem para você.

Davi disse:

SENHOR, *tu me sondas e me conheces.* Sabes quando me sento e quando me levanto; *de longe percebes os meus pensamentos.* Sabes muito bem *quando trabalho e quando descanso*; todos os *meus caminhos são bem conhecidos por ti.* [...] Tu me cercas, por trás e pela frente, *e pões a tua mão sobre mim.*

Salmos 139.1-5

Deus toma conta de você.

A mão dele está sempre sobre você, quer você a sinta, quer não. Se mostrar a ele gratidão todos os dias, o Senhor a conduzirá com amor pelo caminho que você deve seguir. Mesmo quando parecer que suas orações não são respondidas, não duvide de que Deus as ouve e vê sua situação. Continue a orar e a olhar para ele.

No começo de minha caminhada com Deus — antes de ser liberta da depressão, da ansiedade e do sofrimento emocional —, eu gostava de estar na igreja e sentir a presença de Deus nos cultos e nas aulas bíblicas. Aguardava com grande expectativa o momento da oração, no qual a congregação formava pequenos círculos e orava uns pelos outros. Mesmo quando receava orar em voz alta pelos outros, eu necessitava tanto da oração que me dispunha a fazer o que fosse necessário — ainda que parecesse tola —, porque aquela era a única ocasião em que alguém orava por mim.

Num domingo de manhã na igreja, as pessoas à minha volta viraram-se e separaram-se em círculos de oração, e eu fui deixada de lado. Comecei a chorar porque naquele dia meu sofrimento emocional era tão grande que eu não conseguia sequer falar ou pedir para fazer parte de um dos grupos. Deus, porém, enviou um homem que atravessou o corredor para orar comigo. Não sei quem ele era e nunca mais o vi. Nem sei como ele me viu, porque eu estava cercada de muitas pessoas, e *nenhuma delas* me viu. Senti-me invisível. Eu *era* invisível. Mas não para Deus. Ele me viu e enviou alguém para orar comigo.

Quando você se sentir abatida a ponto de nem sequer tentar conversar com alguém sobre seu problema, não fique isolada. Peça ajuda a Deus. Se clamar a ele, sei que ele fará por você o mesmo que fez por mim.

Davi disse:

122 ESCOLHA O AMOR

Para onde poderia eu escapar do teu Espírito? *Para onde poderia fugir da tua presença?* Se eu subir aos céus, lá estás; se eu fizer a minha cama na sepultura, também lá estás. Se eu subir com as asas da alvorada e morar na extremidade do mar, *mesmo ali a tua mão direita me guiará* e me susterá.

Salmos 139.7-10

Uma vez que o tenhamos aceitado, Deus nunca nos abandona. Temos de crer nisso todos os dias.

Mesmo quando os outros a abandonarem, Deus nunca a abandonará. Davi comentou: "*Ainda que me abandonem pai e mãe, o SENHOR me acolherá*" (Sl 27.10). Se você foi rejeitada ou abandonada por sua família, Deus agora é sua família e ele nunca a deixará. Deus está sempre ao seu lado, a não ser que você o exclua de sua vida. De fato, ainda que você o faça, ele não a abandonará, mas seu poder em sua vida se manifestará somente quando você confiar nele.

O Espírito de Deus veio sobre o profeta Azarias, e ele disse ao rei Asa: "*O SENHOR está com vocês, quando vocês estão com ele.* Se o buscarem, ele deixará que o encontrem, mas, se o abandonarem, ele os abandonará" (2Cr 15.2). Essa é uma séria verdade. Deus está sempre conosco, mas não intervém em nossa vida se não lhe fizermos o convite.

O problema é que *nós* não estamos sempre com *ele*.

Permitimos com frequência que distrações, tentações, ídolos secretos, preocupações e interesses façam parte de nossa vida. Algumas pessoas que rejeitam estar *com ele* são as primeiras a culpá-lo por não fazer o que elas querem. Responsabilizam-no por coisas que acontecem quando deveriam ter levado tudo a ele em oração. Deveriam ter confiado em seu amor e em sua obra na vida delas.

Não deixe que isso lhe aconteça.

Diga a Deus que você está com ele todos os dias e seja grata a ele por estar sempre com você.

DEUS SERÁ SEU ABRIGO EM TEMPOS DE AFLIÇÃO

Jesus não disse que não teríamos problemas. Disse que estaria conosco quando tivéssemos de enfrentá-los. A Bíblia nos assegura que "o justo passa por muitas adversidades, *mas o* SENHOR *o livra de todas*" (Sl 34.19).

Quando fazemos o bem, e não o mal, Deus nos liberta das adversidades. Quando estamos com o coração partido, Deus se aproxima de nós de modo especial. Quando nos humilhamos, Deus nos salva. "Os justos clamam, o SENHOR os ouve e os livra de todas as suas tribulações. *O* SENHOR *está perto dos que têm o coração quebrantado*, e salva os de espírito abatido" (Sl 34.17-18).

O amor de Deus lhe proporciona segurança. Davi disse: "[Deus] ouviu o meu grito de socorro. *Ele me tirou de um poço de destruição*, de um atoleiro de lama; pôs os meus pés sobre uma rocha e firmou-me num lugar seguro. [...] Como é feliz o homem que põe no SENHOR a sua confiança" (Sl 40.1-2,4).

Quando você faz de Deus seu abrigo, ele a cerca, e você fica escondida nele. "*Tu és o meu abrigo; tu me preservarás das angústias*" (Sl 32.7). Mesmo que lhe sobrevenha um dilúvio, Deus a protegerá erguendo-a dali ou ajudando-a a atravessá-lo. "Quando as muitas águas se levantarem, elas não os atingirão" (Sl 32.6). Por isso é importante ouvir a voz mansa do Espírito de Deus falando ao seu coração e dizendo-lhe o que fazer.

Sempre que você estiver sobrecarregada de aflições, clame ao Senhor e diga: "Ouve a minha oração, SENHOR! Chegue a ti o meu grito de socorro! [...] Inclina para mim os teus ouvidos;

124   Escolha o amor

quando eu clamar, responde-me depressa! [...] Meus dias são como sombras crescentes; sou como a relva que vai murchando" (Sl 102.1-2,11). Deus sempre ouve as orações daquele cujo coração é humilde, sincero e justo aos seus olhos.

Você nunca se arrependerá de ter depositado sua confiança em Deus. Davi afirmou: *"dos que [no Senhor] confiam nenhum será condenado"* (Sl 34.22, RA). Depositar a confiança em Deus não significa exigir que ele faça o que você lhe pedir. Significa contar a ele o desejo de seu coração e aguardar nele para saber a resposta. Descobri que quanto mais tempo passamos com Deus em oração, mais rápido ele responde quando algo inesperado acontece e o tempo é curto.

Deus não a abandonará na velhice

Deus jamais a deixará desamparada. Não é bom saber disso? Somente o mundo nos desampara. Somente o mundo ousa dizer: "Você não tem mais valor depois de uma idade avançada ou quando perde a força física". Aos olhos de Deus, você nunca envelhece. É sempre valiosa para ele. Deus nunca deixa de ter um propósito para sua vida e providenciará para que você produza fruto até o dia em que a chamar para morar com ele.

O salmista orou: *"Não me rejeites na minha velhice; não me abandones quando se vão as minhas forças"* (Sl 71.9). E também orou: "Agora que estou velho, de cabelos brancos, não me abandones, ó Deus, para que eu possa falar da tua força aos nossos filhos, e do teu poder às futuras gerações" (Sl 71.18).

Se você continua a respirar, Deus tem um propósito para sua vida. E ele colocará em seu caminho pessoas que necessitam ouvir a verdade e as boas-novas. E você será aquela que ele escolheu para transmitir sua mensagem e seu amor.

DEUS A CAPACITARÁ A TER A VIDA QUE ELE RESERVOU PARA VOCÊ

Outro aspecto maravilhoso a respeito de Deus é que ele não nos deixa aqui na terra para lutar sozinhas. Ele não diz: "Não me chame; eu a chamarei". Não nos diz: "Boa sorte. Só me chame quando você não encontrar nenhuma outra solução".

Deus faz exatamente o oposto.

Um sinal do grande amor de Deus por nós é que ele nos capacita a fazer o que não conseguimos realizar sozinhas. Quando conhecemos essa verdade, adquirimos confiança para enfrentar situações aparentemente impossíveis em nossa vida.

Não permita que o mundo, o governo, a imprensa ou pessoas ímpias lhe digam como será o seu futuro. *Deus* lhe reservou um futuro e uma esperança. *Deus* diz que abençoará os que olharem para ele. Apesar das adversidades que vemos à nossa volta, este pode ser o melhor momento de nossa vida se enxergarmos corretamente o que Deus está fazendo. Ele deu a José e ao Egito sete anos de fartura *antes* dos sete anos de fome. O Senhor sustentou seu povo nas duas ocasiões.

Deus também a sustentará em todas as ocasiões de sua vida. Nos tempos difíceis e nos tempos bons. Você não precisa temer o futuro, pois, na presença do amor de Deus, o medo desaparece. O amor perfeito de Deus por você lançará fora de sua vida todo medo (1Jo 4.18).

Deus diz: "De fato, eu, o Senhor, não mudo" (Ml 3.6). Significa que ele não muda de ideia a respeito de você. O apóstolo Paulo alegou: "Jesus Cristo é o mesmo, ontem, hoje e para sempre" (Hb 13.8). Não há nenhuma passagem da Bíblia que diga que a obra de Jesus foi realizada apenas enquanto ele esteve aqui na terra. Jesus afirmou: "Digo-lhes a verdade: *Aquele que crê em mim fará também as obras que tenho realizado. Fará* coisas ainda maiores do que estas, porque eu estou indo para o Pai" (Jo 14.12).

O mesmo Espírito Santo que age hoje em nossa vida e no mundo agiu na vida milagrosa de Jesus. O Espírito Santo também é o mesmo.

Paulo orou pelos efésios para que fossem fortalecidos "no íntimo do seu ser com poder, por meio do Espírito" (Ef 3.16). Paulo queria que os efésios aceitassem Cristo no coração para que o Espírito Santo habitasse neles e eles estivessem "arraigados e alicerçados em amor" de modo que compreendessem "*a largura, o comprimento, a altura e a profundidade*" do amor de Deus (Ef 3.17-18). Queria que conhecessem "o amor de Cristo que excede todo conhecimento" e fossem "cheios de toda a plenitude de Deus" (Ef 3.19).

Paulo orou para que eles fossem alicerçados no amor de Deus — não apenas no *conhecimento* do amor de Deus, mas também que *experimentassem* esse amor. Devemos orar da mesma forma por nós.

Deus a ama, por isso você tem a paz que excede todo conhecimento. A paz de Deus pode ser sua sempre. Jesus disse: "Deixo-lhes a paz; a minha paz lhes dou. [...] *Não se perturbe o seu coração, nem tenham medo*" (Jo 14.27). Disse também: "Eu lhes disse essas coisas para que em mim vocês tenham paz. *Neste mundo vocês terão aflições; contudo, tenham ânimo! Eu venci o mundo*" (Jo 16.33).

Jesus venceu o mundo e agora capacita você para fazer o mesmo.

A vida que Deus tem para você é uma vida frutífera.

Jesus descreveu a si mesmo como a videira verdadeira. Disse que, quando o aceitamos, tornamo-nos ramos enxertados nele.

Advertiu-nos que só poderemos produzir fruto se estivermos ligadas intimamente a ele como corda salva-vidas. Ele orientou: "*Se alguém permanecer em mim e eu nele, esse dará muito fruto; pois sem mim vocês não podem fazer coisa alguma*" (Jo 15.5). Se na vida não estamos produzindo frutos bons, é porque não estamos plugados na videira verdadeira.

Jesus disse ainda: "Eu sou a videira, e meu Pai é o agricultor. Todo ramo que, estando em mim, não dá fruto, ele corta; *e todo que dá fruto ele poda, para que dê mais fruto ainda*" (Jo 15.1-2). Para que possa produzir fruto, o ramo precisa ser podado. Significa que precisa ser cortado a fim de que as partes mortas ou improdutivas sejam eliminadas e ele fique mais forte. Não podemos nos podar de forma tão perfeita quanto *Deus* pode. Necessitamos dele para ver tudo o que está morto em nós e que precisa ser cortado. Ele eliminará tudo aquilo que nos impede de produzir mais fruto.

Se escolhermos não andar com Deus e continuarmos nesse caminho, seremos cortadas de nossa fonte de vida. Porém, se permanecermos ligadas a ele, ou voltarmos para ele com o coração arrependido, nossas orações serão respondidas. Jesus disse: "*Se vocês permanecerem em mim, e as minhas palavras permanecerem em vocês, pedirão o que quiserem, e lhes será concedido*" (Jo 15.7).

Permanecer no Senhor é o segredo para que suas orações sejam respondidas.

Jesus a salva *do muito*, e *para muito*, com um propósito. Ele quer que você produza fruto. E a capacitará a fazer isso porque a ama.

Deus a ama mais do que você imagina. Escolha abrir o coração e aceitar esse amor. Quando fizer isso, sua vida nunca mais será a mesma. E eu lhe garanto que você não vai querer que ela volte a ser a mesma.

Oração de amor

Senhor, é maravilhoso demais saber o que *podes fazer* e *farás* em mim porque me amas. Ajuda-me a entender o alcance de tua mão em minha vida. Capacita-me a lembrar-me disso quando eu estiver no meio de uma tempestade e necessitar que me acalmes (Sl 107.28-29). Obrigada porque podes transformar um deserto numa fonte de água fresca (Sl 107.35). Obrigada porque sempre me vês e sabes onde estou. Sou grata porque tua mão tem estado sobre mim desde que te convidei para ser o Senhor de minha vida. Eu te agradeço porque estou contigo e sempre estás comigo.

Fiz de ti meu abrigo nas horas de angústia e sei que "me cercarás de canções de livramento" (Sl 32.7). Obrigada porque, quando sinto medo, posso recorrer a ti e tu me livras de todos os meus temores (Sl 34.4). Só tu podes extrair coisas boas de situações difíceis quando as submeto a ti. Oro para que extraias coisas grandiosas das circunstâncias difíceis e aflitivas em minha vida.

Sou grata porque me amas, porque onde quer que eu esteja teu Espírito estará comigo (Sl 139.8-10). Obrigada porque nunca me deixarás nem me abandonarás, e até na velhice eu sempre terei um grande propósito. Ajuda-me a permanecer em ti para que eu sempre produza bom fruto em minha vida. Sei que, sem ti, não poderei fazer nada de bom e duradouro. Obrigada porque, graças ao teu amor por mim, me darás tudo de que necessito para ter a vida que planejaste para mim.

Oro em nome de Jesus.

Palavras de amor

No amor não há medo; ao contrário o perfeito amor expulsa o medo, porque o medo supõe castigo. Aquele que tem medo não está aperfeiçoado no amor.

1João 4.18

O mau se enreda em seu falar pecaminoso,
mas o justo não cai nessas dificuldades.

Provérbios 12.13

Da mesma forma o Espírito nos ajuda em nossa fraqueza, pois não sabemos como orar, mas o próprio Espírito intercede por nós com gemidos inexprimíveis. E aquele que sonda os corações conhece a intenção do Espírito, porque o Espírito intercede pelos santos de acordo com a vontade de Deus.

Romanos 8.26-27

A bênção do Senhor traz riqueza,
e não inclui dor alguma.

Provérbios 10.22

O choro pode persistir uma noite,
mas de manhã irrompe a alegria.

Salmos 30.5

Segunda escolha

Escolha expressar seu amor por Deus

8

⁘⁘⁘⁘⁘⁘⁘⁘⁘⁘⁘⁘⁘⁘⁘⁘⁘⁘⁘⁘⁘⁘⁘

Ame de todo o coração quem Deus é

A segunda decisão importante que você precisa tomar — depois da primeira decisão importante de *aceitar* o amor de Deus — é *amar* a Deus. Constantemente. Sem nenhuma dúvida. Com tudo o que existe em você. Sem cruzar os dedos. Sem afundar os pés no raso, mas mergulhar de cabeça na parte mais profunda do oceano da afeição divina por você.

Quando você entende quem Deus é e quanto ele a ama — e abre o coração para aceitar esse amor —, não há alternativa a não ser amá-lo cada vez mais. Isso acontece automaticamente.

O aspecto impressionante disso é que, quanto mais seu amor por ele aumentar, mais você esquecerá quem *pensa* que é e começará a entender quem ele queria que fosse quando a *criou*. Deus quer que você o ame muito e ande bem perto dele para permitir que o conhecimento de quem *ele realmente* é defina quem *você realmente é.*

Expressar nosso amor por Deus inclui mais que senti-lo. Mais do que murmurar um agradecimento a ele quando você pensa nisso. Não há nada de errado com essas duas coisas, mas há decisões específicas que precisamos tomar a respeito de como vivemos com Deus e nos relacionamos com ele.

A Bíblia não fala apenas de quanto Deus nos ama e de quanto ele fez para nos assegurar de seu amor; fala também que devemos sempre expressar amor por *ele* das maneiras que ele mais aprecia.

Jesus instruiu-nos a amá-lo com todo o nosso ser.

Ele disse: "Ame o Senhor, o seu Deus, de *todo o seu coração*, de *toda a sua alma*, de *todo o seu entendimento* e de *todas as suas forças*" (Mc 12.30).

Significa amá-lo de modo irrestrito, com tudo o que temos, de todas as formas possíveis, sem nenhum retraimento, mesmo que nosso teimoso júri interior ainda não tenha emitido seu veredicto a respeito dele.

Jesus nos instruiu a amá-lo mais do que amamos qualquer pessoa ou qualquer coisa.

Ele disse: "Quem ama seu pai ou sua mãe mais do que a mim não é digno de mim; quem ama seu filho ou sua filha mais do que a mim não é digno de mim" (Mt 10.37).

Não significa que não devemos amar nossos familiares. Significa que não permitimos que nosso amor por outra pessoa faça diminuir nosso amor por Deus. Em outras palavras, deixamos de nos envolver demais com outras pessoas com as quais nos preocupamos para nos envolver totalmente com *ele*. Buscamos seu reino em primeiro lugar, conforme ele nos pede, crendo que ele atenderá às necessidades daqueles que amamos assim como às nossas, porque estamos orando por eles. Isso mostra que confiamos que Deus cuida dos que amamos, sabendo que ele os ama mais do que nós os amamos.

Jesus nos instruiu a amá-lo mais do que amamos a riqueza.

Ele disse: "Ninguém pode servir a dois senhores; pois odiará um e amará o outro, ou se dedicará a um e desprezará o outro. Vocês não podem servir a Deus e ao Dinheiro" (Mt 6.24).

Ou seja, se amarmos o dinheiro e os bens materiais mais do que amamos a Deus, não amamos ao Senhor verdadeiramente, porque não é possível conciliar as duas coisas. Se nossa vida gira em torno de acumular riquezas, não gira em torno de amar a Deus. Se gira em torno de amar as riquezas, não gira em torno de enriquecer nas coisas do Senhor.

O fato de querer ganhar dinheiro suficiente para pagar suas contas não significa que você não ama a Deus. Mas o fato de entender de onde o dinheiro vem para pagar as contas indica que você sabe qual é a fonte de tudo o que possui. Quando você submete todas as suas posses a Deus e deseja que seus bens o glorifiquem, é sinal de que está sendo conduzida pelo amor de Deus, e não pelo amor do dinheiro. É *Deus* quem está dirigindo você, e não outra pessoa ou outra coisa.

Apaixonando-se por alguém especial

Precisamos conhecer a Deus intimamente para amá-lo de todo o coração. Isso exige grande entendimento e conhecimento de quem ele é e do que ele pensa sobre você.

Exige apaixonar-se por ele.

Num grande congresso para mulheres realizado uma semana depois de um Dia das Mães, eu estava falando sobre o amor de Deus. Pedi às mulheres que se lembrassem do que aconteceu quando se apaixonaram por alguém. Como se sentiram. Onde queriam estar. Como agiram em torno do objeto de sua afeição.

Descrevi a cena desta maneira. Veja se lhe parece correta.

Quando nos apaixonamos, aquela pessoa especial que amamos ocupa todos os nossos pensamentos a ponto de ser difícil nos concentrar em outra coisa. Queremos estar sempre com ela e não vemos a hora de estar novamente em sua presença. Emocionamo-nos com tudo o que lhe diz respeito. Isso é ou não é amor? Queremos saber tudo sobre aquela pessoa; por isso, estamos quase sempre olhando carinhosamente para ela à procura de pistas sobre quem ela *é* e como *será* um dia. Queremos abraçá-la com tanta força a ponto de nunca mais permitir que se afaste de nós. E, todas as vezes que a abraçamos, sentimos força renovada, satisfação renovada, alegria renovada e vida renovada fluindo dentro de nosso ser. Nossa ligação com ela passa a ser muito profunda, como nunca imaginamos, e nosso coração encontra um lar.

Enquanto fazia essa descrição, percebi que cada frase retratava perfeitamente como me senti no momento em que recebi um presente no Dia das Mães uma semana antes. Quando meu filho e minha nora me entregaram um pacotinho cor-de-rosa enfeitado com um laço da mesma cor, fiquei encantada. Ela pesava cerca de três quilos e, no momento em que a vi, foi amor à primeira vista. Eu era avó pela primeira vez. Minha neta tinha apenas alguns minutos de vida, mas trouxe tanta alegria e felicidade ao meu coração que eu sabia que carregava nos braços alguém que amaria para sempre.

Isso é ou não é amor?

Cada palavra que disse às mulheres naquele congresso para descrever como nos sentimos quando nos apaixonamos por alguém descreveu perfeitamente como me senti a respeito de minha neta. E, a partir do instante em que ela entrou em minha vida, eu sabia que nunca mais seria a mesma.

Disse ao meu filho e à minha nora que eles não deveriam sequer pensar em me dar um presente de Dia das Mães no futuro. Aquele presente bastaria para todos os Dias das Mães dali em diante. A menos que, claro, eles estivessem pensando em me dar outro semelhante. Quando eu disse isso, os olhos deles perderam um pouco o brilho, e eles fizeram uma pequena tentativa de dar um sorriso mais ou menos sincero. A chegada daquele bebê havia sido muito difícil para pensar na chegada de outro. Talvez daqui a alguns anos... Porém, mesmo que isso não aconteça, estou muito feliz com o que temos hoje.

É glorioso sentir esse tipo de amor profundo e dedicado. E é assim que Deus deseja que *o* amemos. *O tempo todo!*

Leia, por favor, mais uma vez o parágrafo que descreve a sensação de apaixonar-se. Apenas desta vez, pense nas palavras que expressam como Deus deseja que *você* se sinta a respeito *dele*.

O tempo todo!

IDENTIFICANDO SEU MAIOR TESOURO

Jesus disse: "Pois *onde estiver o seu tesouro, aí também estará o seu coração*" (Mt 6.21).

Jesus não está dizendo que não devemos ter bens materiais neste mundo ou que não devemos apreciar o que possuímos. Está dizendo que não devemos ser motivadas pelo egoísmo nem ser materialistas a respeito desses bens. Nosso tesouro não deve estar nos bens materiais, para que não nos apeguemos àquilo que perece. Deve estar na riqueza eterna que teremos no céu. Nosso coração não deve apegar-se aos bens materiais, mas àquele que é a fonte de tudo o que possuímos.

Precisamos reconhecer Deus como o maior tesouro em nosso coração.

Jesus contou a uma multidão a história do rico insensato que adquiriu muitos bens materiais nesta vida, porém não acumulou tesouros no céu.

[O homem] pensou consigo mesmo: "O que vou fazer? Não tenho onde armazenar minha colheita". Então disse: "Já sei o que vou fazer. Vou derrubar os meus celeiros e construir outros maiores, e ali guardarei toda a minha safra e todos os meus bens. E direi a mim mesmo: Você tem grande quantidade de bens armazenados para muitos anos. Descanse, coma, beba e alegre-se". Contudo, Deus

138   ESCOLHA O AMOR

lhe disse: "Insensato! Esta mesma noite a sua vida lhe será exigida. Então, quem ficará com o que você preparou?"

Lucas 12.17-20

Jesus respondeu a essa pergunta, dizendo: "Assim acontece com quem guarda para si riquezas, mas não é rico para com Deus" (Lc 12.21). Ele estava falando das pessoas que se preocupam mais com os bens materiais do que com Deus. Quando morrerem, seus bens não terão nenhuma utilidade para eles, mas os que usaram o que possuíam para glorificar a Deus terão uma recompensa no céu por toda a eternidade.

Jesus deu esta resposta a um jovem rico que obedecia a todos os mandamentos, mas queria fazer algo mais: "Se você quer ser perfeito, vá, venda os seus bens e dê o dinheiro aos pobres, e você terá um tesouro nos céus. Depois, venha e siga-me" (Mt 19.21). O jovem rico ficou triste com a resposta porque possuía muitas riquezas e não estava disposto a abrir mão delas.

Embora a riqueza adquirida com honestidade seja mencionada na Bíblia como bênção de Deus, o modo como lidamos com ela mostra o que se passa em nosso coração. Quando amamos a Deus, nosso coração serve a ele, e não ao dinheiro. Isso não quer dizer que não devemos possuir nenhum bem material. Quer dizer que não devemos pôr nossa segurança no que temos. Devemos pôr nossa segurança no Senhor.

A pergunta importante: *Onde está seu maior tesouro?*

A resposta: *Onde seu coração estiver.*

Não podemos amar a Deus de todo o coração se amarmos o dinheiro, os bens materiais e as riquezas mais do que o amamos.

Peça a Deus que lhe mostre onde está seu coração. Quanto mais conhecimento você adquirir de Deus, mais seu coração estará com *ele*. E a prova de seu grande amor por ele será o fato de ele ser seu maior tesouro.

Temos de abrir espaço na vida para o que é mais importante. Quando descobrimos nosso maior tesouro e o identificamos como tal, todas as outras coisas parecem insignificantes.

Assim que soube que seria avó, transformei o antigo quarto de minha filha (ela é casada hoje) num quarto de bebê. Quando amamos alguém, abrimos espaço na vida para essa pessoa especial. Fazemos o possível para agradá-la e para mostrar--lhe que a valorizamos muito e que ela não é um fardo para nós. Na verdade, encontramos tempo e energia que não imaginávamos ter para dedicar a essa pessoa que passamos a amar verdadeiramente.

Deus quer que você abra espaço em sua vida para *ele*. Quer que expresse seu amor por ele de todas as formas que ele aprecia. Ele lhe concederá o tempo e a energia que você não imaginava ter. E mais: ele a ajudará a demonstrar amor por ele de modo tal que, além de agradá-lo, isso será sua maior bênção.

Oração de amor

Senhor, eu amo quem tu és e tudo o que tens feito por mim. Amo todas as promessas que me fizeste e tudo o que planejaste para minha vida. Sou eternamente grata por ser herdeira do reino que concedeste àqueles que te amam (Tg 2.5). Porém, mais do que tudo, quero simplesmente amar-te de todo o meu *coração*, de toda a minha *alma*, de todo o meu *entendimento* e de todas as minhas *forças*, exatamente como desejas (Mc 12.30). Ajuda-me a amar-te com todo o meu ser, sem reservas. Ensina-me a fazer isso de todas as formas que sejam agradáveis a ti.

Não quero ser como os fariseus que tentaram fazer tudo de modo perfeito e rigorosamente na forma da lei, mas não cumpriram o mandamento de amar-te (Lc 11.42). Sei que conheces quem tem amor verdadeiro por ti no coração e quem não o tem (Jo 5.42). Não quero que me vejas oferecer-te um amor morno e indiferente. Quero ser capaz de mostrar minha adoração e expressar constantemente meu amor por ti das maneiras mais sinceras possíveis.

Senhor, tua Palavra diz que quem te ama é conhecido por ti (1Co 8.3). Quero ser profundamente conhecida por ti e também conhecer-te profundamente. Ajuda-me a estar arraigada e alicerçada em amor, para que tudo o que eu fizer reflita meu amor por ti (Ef 3.17). Obrigada porque me amaste antes de eu saber que te amava (1Jo 4.19). Agora amo tudo o que se refere a ti. Capacita-me a andar mais perto de ti todos os dias para conhecer-te melhor.

Oro em nome de Jesus.

Palavras de amor

O Senhor não vê como o homem: o homem vê a aparência, mas o Senhor vê o coração.

1Samuel 16.7

Assim conhecemos o amor que Deus tem por nós e confiamos nesse amor. Deus é amor. Todo aquele que permanece no amor permanece em Deus, e Deus nele.

1João 4.16

E a esperança não nos decepciona, porque Deus derramou seu amor em nossos corações, por meio do Espírito Santo que ele nos concedeu.

Romanos 5.5

Nós amamos porque ele nos amou primeiro.

1João 4.19

Quem não ama não conhece a Deus, porque Deus é amor.

1João 4.8

9

Siga o caminho do Senhor em qualquer circunstância

De tempos em tempos no Antigo Testamento, o povo de Deus — a nação de Israel — sofria porque não amava ao Senhor o suficiente para fazer o que ele lhe ordenava. Os israelitas deixaram de seguir o caminho de Deus. Não buscavam sua presença porque não o amavam de todo o coração. Faziam coisas que comprometiam seu relacionamento com Deus e se separaram dele.

O mesmo se aplica a nós hoje. Só nos separamos de Deus se assim *escolhermos*.

Ele nunca *nos* abandona.

Nós o abandonamos.

Fazemos isso porque vivemos em desobediência a seus caminhos. Nosso desprezo pelas leis de Deus ergue uma barreira entre nós e ele até o ponto de não mais ouvirmos o que ele fala ao nosso coração. E ele só ouvirá nossas orações quando retornarmos a ele e derrubarmos essa barreira.

Vejam! O braço do SENHOR não está tão encolhido que não possa salvar, e o seu ouvido tão surdo que não possa ouvir. Mas *as suas maldades separaram vocês do seu Deus; os seus pecados esconderam de vocês o rosto dele, por isso ele não os ouvirá.*

Isaías 59.1-2

A questão não é que ele não pode ouvir; a questão é que ele *não ouvirá*.

Deus não se recusa a ouvir nossas orações porque deixou de nos amar. Ele nos ama, *sim*. Se quisermos receber respostas às nossas orações, precisamos eliminar o pecado de nossa vida e nos arrepender dele. Esse é o caminho.

O pecado é demoníaco em sua origem. O inimigo vem para nos destruir e tenta nos guiar na direção oposta aos caminhos de Deus. Na verdade, a rebeldia senta-se à porta de nosso coração e espera até que aceitemos a mentira, a fim de que a separação de Deus se infiltre em nós. A princípio, é muito sutil.

Em geral, o pecado começa com a simples semente de um pensamento que não passa de uma mentira do inimigo de nossa alma. Foi idealizado para nos destruir. À medida que é alimentado por nossos desejos, o pensamento se desenvolve até o ponto de guiar nossas ações.

É comum ouvirmos falar de um líder cristão que teve uma aventura extraconjugal. É claro que o líder escolheu ocupar a liderança porque sentiu o chamado de Deus e quis servir a ele. Mas o que deu origem ao erro? Em algum ponto, esse indivíduo permitiu que um pensamento lhe entrasse na mente; tal pensamento encontrou moradia em seu coração e ali ficou até transformar-se em ação. E como todo pecado estabelece uma distância entre a pessoa e Deus, a voz mansa e suave do Espírito Santo não pôde ser ouvida. Ou, se foi ouvida, não havia amor suficiente a Deus para prestar-lhe atenção, por isso foi desprezada.

Isso pode acontecer a qualquer pessoa que fica cega pelo orgulho a ponto de pensar que suas necessidades estão acima das leis de Deus. Ela não ama a Deus acima de tudo. Talvez até o ame — mas não o suficiente.

A Bíblia diz que nossos pecados testificam *contra nós* até os confessarmos diante de Deus.

Separamo-*nos* de Deus por causa de nossos pecados; e, quando mentimos a nós mesmas sobre isso, estamos também mentindo ao Senhor. Convencemo-nos a acreditar em mentiras como: "O que estou fazendo não é tão errado assim"; "Mereço esta alegria"; "Não estou prejudicando ninguém"; "Ninguém vai saber". Tudo começa com um pensamento que não teve origem no amor a Deus e aos caminhos divinos e termina com um coração que não reconhece quem o Senhor realmente é.

A estratégia para impedir que isso aconteça é amar a Deus e amar sua Palavra o mais que pudermos.

Lembre-se, Jesus é a Palavra viva.

Ouço pessoas dizerem que se identificam com Jesus, mas não com Deus. Ou com Deus, mas não com o Espírito Santo. Esses pensamentos estão errados porque Deus, Jesus e o Espírito Santo são um só. São inseparáveis. Não podemos dividi-los e tomar partido. Eles são as três pessoas do único e verdadeiro Deus. Quando não entendemos isso, não recebemos a plenitude do *amor de Deus* por nós porque não compreendemos tudo o que Deus é e tudo o que ele faz. Nem demonstramos completamente *nosso amor* a Deus.

Em meu passado, não aprendi quase nada acerca da Palavra de Deus. De fato, só ouvi essa expressão depois de adulta. E também não recebi muita instrução sobre a vida; portanto, tive de aprender muitas coisas pelo caminho mais difícil.

Eu observava traços de caráter e hábitos bons e piedosos em meu pai. Por exemplo, ele era bondoso e não me maltratava — em marcante contraste com minha mãe. Meu pai trabalhava muito para sustentar a família, embora atravessasse uma dificuldade após outra. Num só ano uma nevasca recorde

SIGA O CAMINHO DO SENHOR EM QUALQUER CIRCUNSTÂNCIA **145**

matou seu gado durante o inverno e uma chuva de pedra sem precedentes destruiu sua plantação na primavera. Fomos forçados a abandonar nossa casa, mas nunca o ouvi reclamar de nada. Ele nunca usava linguagem torpe. Não era um alcoólatra violento nem usuário de drogas. Não era mulherengo e nunca abandonou nosso lar. Ensinou-me boas lições por meio de seu exemplo.

Minha mãe, ao contrário, era irracional e imprevisivelmente violenta. Durante seus episódios de loucura, usava palavras exageradamente torpes que nunca ouvi ninguém pronunciar desde então. Em geral, eram dirigidas a mim. Hoje, compreendo que aquilo fazia parte de suas doenças mentais, mas na época não entendia assim. Pensava que a culpa era minha — que minha existência a provocava a assumir atitudes extremas. Talvez isso fosse verdade.

Nunca fomos à igreja como família, pelo que me lembro. Meu pai evitava frequentar igrejas da mesma forma que alguém evita contato com uma doença extremamente contagiosa e mortal. Contava que, tão logo saíra da casa dos pais, prometera que nunca mais entraria numa igreja enquanto vivesse. E pelo que sei, cumpriu a promessa.

Em nossa casa havia uma Bíblia enorme que, até onde eu sabia, não era aberta havia anos. Quando eu tinha mais ou menos 14 anos, mudamos para outra cidade, e minha mãe fez o possível para ser normal. Parecia estar tentando recomeçar a vida. Ela e eu frequentávamos uma pequena igreja episcopal em cujo coral chegamos a cantar. Eu a vi abrir aquela Bíblia algumas vezes e lê-la, mas nunca desejei fazer o mesmo. A experiência de minha mãe com a Bíblia foi parcialmente positiva até o dia em que ela entrou intempestivamente na sala, abriu porta dos fundos e atirou a Bíblia no quintal de terra. E aquele foi a fim da Bíblia e da igreja. Ela só conseguiu guardar a Bíblia por algum tempo antes de se enfurecer com Deus. Dali em diante, desceu a ladeira e caiu no mundo escuro e violento. Infelizmente, nunca conheceu o amor e o poder de Deus que curam e transformam. É o que acontece quando o Espírito Santo é deixado totalmente fora da equação e Deus é mal compreendido.

Com exceção daquela breve experiência, nunca aprendi as lições da Bíblia. Se tivesse sido instruída especificamente nos caminhos de Deus, poderia ter evitado os erros terríveis que cometi. Embora se possa aprender muito com a observação e a experiência, se eu tivesse tido um conhecimento ainda que básico da Palavra de Deus, isso teria feito toda a diferença em mim para evitar fazer as coisas tolas e perigosas que fiz.

Há muitas coisas importantes que somente aprenderemos com a Palavra de Deus. É por isso que todas as vezes que lemos ou ouvimos as Escrituras com o coração e os olhos espiritualmente abertos, ocorre em nós uma transformação dinâmica.

A verdade é que nos tornamos escravas da pessoa a quem obedecemos. Podemos ser escravas de nosso pecado ou escravas do Senhor e de seu caminho. Se não conhecemos os caminhos do Senhor, qual será o resultado final?

Algumas pessoas acreditam erroneamente que são "livres"; portanto, não se submetem às regras e às leis de Deus, mas, na verdade, são escravas da própria ganância, da luxúria, das obsessões, da indulgência, do foco em si mesmas, da amargura, do rancor, dos maus hábitos, da apatia, da raiva ou de qualquer outra coisa que não seja a vontade de Deus para elas. A Bíblia diz que éramos *escravas do pecado*, mas, quando aceitamos o Senhor, tornamo-nos *escravas da justiça* (Rm 6.17-18).

Nosso amor a Deus — e a expressão desse amor a ele — estabelece nosso alicerce em Cristo e permite que nos tornemos escravas de sua justiça.

Essa é a *liberdade verdadeira*.

Mostre amor a Deus vivendo no caminho dele

Ler a Bíblia é como olhar no espelho de aumento que descrevi no capítulo 1. É exatamente assim que a leitura da Palavra de Deus expõe nossas imperfeições. Quanto mais buscamos a Deus em sua Palavra, mais ele mostra onde precisamos nos tornar mais semelhantes a *ele*. Todas as vezes que examinamos sua Palavra, Deus revela um pouco mais de quem *ele é*, mas revela também um pouco mais quem *nós somos*. Então, ele nos faz crescer para refletir sua natureza e seu caráter.

Se vivermos de acordo com sua Palavra, ganharemos seu favor por causa de nossa obediência. "*O Senhor me tratou conforme a minha justiça*; conforme a pureza das minhas mãos recompensou-me. Pois *segui os caminhos do Senhor*; não agi como ímpio, afastando-me do meu Deus" (Sl 18.20-21).

Jesus deixou claro que, quando vivemos em seu caminho, demonstramos nosso amor por ele.

Disse Jesus:

Quem tem os meus mandamentos e lhes obedece, esse é o que me ama. Aquele que me ama será amado por meu Pai, e eu também o amarei e me revelarei a ele. [...] Se alguém me ama, obedecerá à minha palavra. Meu Pai o amará, *nós viremos a ele e faremos morada nele.*

João 14.21,23

Existe uma clara ligação entre nossa obediência à Palavra e a presença de Deus em nossa vida. O Pai, o Filho e o Espírito

Santo farão morada em nós quando mostrarmos amor por Deus obedecendo aos seus mandamentos.

Não há nada mais claro que isso.

Lemos a Bíblia não apenas para obter informação, mas também para conhecer a revelação de Deus. Todas as vezes que lemos sua Palavra, sentimos a presença dele. E, quando nos familiarizamos com a voz de Deus que nos fala por meio das Escrituras, somos capazes de reconhecer sua voz falando ao nosso coração até mesmo quando *não* estamos lendo a Palavra.

João, irmão de Jesus, disse: "Porque *nisto consiste o amor a Deus: em obedecer aos seus mandamentos*. E os seus mandamentos não são pesados" (1Jo 5.3).

Os mandamentos de Deus não são muito difíceis, pois ele nos ajuda a cumpri-los quando lhe pedimos.

Mostre amor a Deus pedindo-lhe que a ajude a obedecer à Palavra

Outra coisa grandiosa que Deus faz por nós é que ele não apenas nos orienta a ter uma vida *agradável* — por meio de seus mandamentos, regras, preceitos e leis —, mas também nos *ajuda* a obedecer.

Deus capacita-nos a viver em seus caminhos quando lhe pedimos isso.

Ele conhece nossas fraquezas, tendências que nos levam a fazer coisas que não queremos fazer. Quando, porém, nosso *desejo* e *satisfação* é obedecer à sua Palavra, isso lhe agrada porque demonstra nosso amor por ele.

Sejam praticantes da palavra, e não apenas ouvintes, enganando-se a si mesmos. *Aquele que ouve a palavra, mas não a põe em prática, é semelhante a um homem que olha a sua face num espelho* e, depois de olhar para si mesmo, sai e logo esquece a sua aparência.

Tiago 1.22-24

Aqui está a ilustração do espelho novamente.

Se apenas ouvirmos a Palavra e não *obedecermos* a ela, não poderemos ver nossa verdadeira imagem refletida claramente e não entenderemos qual era o plano de Deus para nós quando nos criou. Se, contudo, observarmos *atentamente a lei perfeita, que traz a liberdade,* se não *esquecermos o que ouvimos, mas praticá-lo,* seremos felizes naquilo que fizermos (Tg 1.25).

Significa que esquecemos quem somos quando apenas ouvimos ou lemos as leis divinas. É no ato de *praticá-las* que nosso conhecimento da Palavra de Deus cria raízes e passamos a entender qual era o plano dele ao nos criar.

As leis de Deus acionam nossa consciência. Há uma batalha constante entre nossa nova natureza e nossa antiga natureza (Rm 7.19-25). A mente deseja obedecer a Deus, mas a carne deseja satisfazer a própria vontade.

Jesus quis saber por que as pessoas o chamavam de "Senhor" e não faziam o que ele lhes pedia (Lc 6.46). Evidentemente, não temos o direito de chamá-lo de Senhor se não vivemos nos caminhos *dele.* Nossa rebelião contra as leis de Deus significa que ele não ocupa lugar de destaque em nosso coração e em nossa vida.

Mostramos amor a Deus quando nos recusamos a viver em desobediência a ele e também quando reconhecemos que *não podemos* viver em seus caminhos sem a *ajuda* dele.

Paulo adverte que não podemos resistir à luxúria e à idolatria sem o poder de Deus para nos dar força. O Senhor nos capacita a agir corretamente quando assim lhe pedimos. Paulo disse:

150 ESCOLHA O AMOR

Assim, *aquele que julga estar firme, cuide-se para que não caia*! Não sobreveio a vocês tentação que não fosse comum aos homens. E Deus é fiel; ele não permitirá que vocês sejam tentados além do que podem suportar. Mas, *quando forem tentados, ele mesmo lhes providenciará um escape*, para que o possam suportar.

1Coríntios 10.12-13

Podemos optar por obedecer, mas é o poder do Espírito Santo em nós que nos capacita a isso. Com seu poder agindo em nós, podemos resistir a qualquer coisa.

MOSTRE AMOR A DEUS RECUSANDO-SE A PROVOCAR SOFRIMENTO A SI MESMA

Neste livro, cito com frequência os exemplos de vida do rei Davi porque ele foi um ser humano verdadeiro e falível, que amava a Deus e queria agir de modo correto, mas caiu na tentação de não viver nos caminhos do Senhor e sofreu desnecessariamente por isso. Há outras pessoas na Bíblia que passaram por sofrimento desnecessário, mas não escreveram seus sentimentos e experiências de maneira tão clara, profunda e descritiva como Davi. Quando ele se arrependeu do que fez, foi de modo sincero — dilacerante, podemos dizer —, e Deus o perdoou.

Davi era muito semelhante a nós. Também nos impomos sofrimento desnecessário.

Pode ser que não tenhamos feito algo tão errado quanto Davi, mas certamente tivemos de nos arrepender na vida.

Davi reconheceu que seu sofrimento fora causado por desobediência e que ele estava se afogando nas consequências de sua escolha. *"As minhas culpas me afogam; são como um fardo pesado e insuportável.* Minhas feridas cheiram mal e

SIGA O CAMINHO DO SENHOR EM QUALQUER CIRCUNSTÂNCIA   151

supuram por causa da minha insensatez. *Estou* encurvado e *muitíssimo abatido*; o dia todo *saio vagueando e pranteando*" (Sl 38.4-6). "Pois *incontáveis problemas me cercam*, as minhas culpas me alcançaram e já não consigo ver. Mais numerosos são que os cabelos da minha cabeça, e *o meu coração perdeu o ânimo*" (Sl 40.12).

Um fardo pesado demais para carregar, feridas supurando, tristeza, culpa, pranto e coração desanimado, tudo por causa do pecado não confessado? Não vale a pena. Arrependamo--nos o mais rápido possível. Peçamos a Deus que grave sua lei em nosso coração como uma tatuagem, para que nunca mais saiamos de casa sem ela.

Por várias vezes, Davi chegou a pensar que Deus deixara de vê-lo e de ouvi-lo por não ter conseguido viver em seus caminhos. Deus, porém, *ouviu* as orações de Davi por causa de seu coração arrependido. "Alarmado, eu disse: Fui excluído da tua presença! Contudo, ouviste as minhas súplicas quando clamei a ti por socorro" (Sl 31.22).

Deus nos ama a ponto de permitir que cruzemos o fogo quando deseja nos purificar. Permite que atravessemos enchentes que nos purificam. Permite que soframos quando molda nosso coração para seu reino. "Pois tu, ó Deus, nos submeteste à prova e nos refinaste como a prata. [...] *passamos pelo fogo e pela* água, *mas a um lugar de fartura nos trouxeste*" (Sl 66.10,12).

Quantas vezes também temos dito: "Deus não ouve minhas orações. Não vê minha necessidade"? A verdade é que ele *ouve* e *vê*, mas às vezes não confessamos nosso pecado nem nos arrependemos de tê-lo cometido: dúvida, dificuldade em perdoar, raiva não resolvida, mentira... a lista é infinita. Temos de pedir a Deus que nos mostre de que se trata.

152   Escolha o amor

Às vezes o pecado não é o problema. Ocorre apenas que Deus deseja que aguardemos nele com fé pelas respostas às nossas orações. Nessas ocasiões, precisamos, portanto, perguntar a Deus se ele está aguardando uma atitude *de nossa parte*. Está aguardando que lhe obedeçamos? Espera ouvir de nós que precisamos de sua direção? Aguarda que joguemos fora nossos ídolos? Ou está pondo nossa fé e nossa obediência à prova?

Tendo perguntado quem habitaria com Deus, o próprio Davi respondeu: "Aquele que *é íntegro* em sua conduta e *pratica o que é justo*, que *de coração fala a verdade*" (Sl 15.2). Pergunte a Deus se você está sempre falando a verdade no coração. Para que seu coração não se torne enganoso, é preciso lavá-lo todos os dias na Palavra.

As Escrituras dizem que Deus nos guia sob suas vistas (Sl 32.8, RA). Isso significa que precisamos sempre olhar para ele.

Significa que precisamos também examinar sua Palavra.

Mostre amor a Deus pedindo-lhe que revele o que se passa em seu coração

Nem sempre podemos ver nossos pecados; por isso, precisamos pedir a Deus que ele os revele a nós. "*Quem pode discernir os próprios erros? Absolve-me dos que desconheço!*" (Sl 19.12). Deus odeia o pecado, e não queremos que exista alguma coisa em nossa vida que Deus odeie. Abandonar o pecado é uma das maneiras mais importantes de mostrar amor ao Senhor. É assim que nos refreamos quando somos tentadas a pecar.

Amamos muito a Deus para nos permitir cair em tentação.

Mostramos amor a Deus pedindo-lhe que nos mostre se existe algo em nosso coração que não deveria estar ali. Davi disse: "*Sonda-me, ó Deus, e conhece o meu coração; prova-me, e* conhece as minhas inquietações. *Vê se em minha conduta algo te ofende*, e dirige-me pelo caminho eterno" (Sl 139.23-24).

Tão logo Davi pediu, Deus mostrou o que havia no coração do salmista. O problema era que Davi deveria ter feito esse pedido muito tempo antes. Deveria tê-lo feito na noite em que estava no terraço do palácio, observando a mulher da casa ao lado tomar banho. Na verdade, em primeiro lugar ele não deveria estar ali naquela noite. Deveria estar guerreando no campo de batalha com seus soldados.

Quando Deus revelou o que se passava no coração de Davi, este se arrependeu, e Deus lhe perdoou. Mas o rei deveria ter feito isso o mais breve possível.

Nós também podemos pedir a Deus que revele o que se passa em nosso coração enquanto lemos sua Palavra. E podemos pedir-lhe que nos ajude a nos libertar daquilo que não vem dele.

Jesus instruiu: "Se vocês permanecerem firmes na minha palavra, verdadeiramente serão meus discípulos. E *conhecerão a verdade, e a verdade os libertará*" (Jo 8.31-32).

Isso não significa que somos libertas por uma verdade *qualquer*. Podemos conhecer a verdade sobre muitas coisas e nunca ser libertas. Só seremos verdadeiramente livres se conhecermos a verdade *de Deus*.

Para sermos libertas pela verdade de Deus, precisamos implantar sua Palavra no coração. A Palavra de Deus diz: "*aceitem humildemente a palavra implantada em vocês*, a qual é poderosa para salvá-los" (Tg 1.21). Se regarmos, nutrirmos e amarmos a Palavra implantada, ela crescerá e se transformará em grande força, sabedoria, coragem e noção do que é correto.

Jesus também disse:

Se vocês obedecerem aos meus mandamentos, permanecerão no meu amor, assim como tenho obedecido aos mandamentos de meu Pai

154 ESCOLHA O AMOR

e em seu amor permaneço. Tenho lhes dito estas palavras para que a minha alegria esteja em vocês e a alegria de vocês seja completa.

João 15.10-11

Jesus provou seu amor por nós indo à cruz para pagar as consequências de nossos pecados. "Ninguém tem maior amor do que aquele que dá a sua vida pelos seus amigos" (Jo 15.13). Precisamos provar nosso amor por ele colocando-nos ao pé da cruz e pedindo-lhe que nos escancare o coração e nos liberte de tudo aquilo que nos impede de viver na plenitude de seu amor.

Verdadeiramente, não há amor maior.

MOSTRE AMOR A DEUS PERMITINDO QUE ELE A TRANSFORME

Quando você ama a Palavra de Deus, ela a transforma todas as vezes que a lê. Talvez você esteja um pouco ansiosa, mas, ao ler as Escrituras, sente o amor de Deus levando embora todos os seus medos. Quanto mais você sente o amor de Deus, mais seu amor por ele aumenta, e mais isso a transforma.

Separe um tempo todos os dias para ser transformada pela Palavra de Deus. Peça-lhe que fale a você enquanto a lê. Diga-lhe que escolheu viver em seus caminhos, e não no sentido contrário. Não aceite fazer parte de nada que seja questionável. Você se verá crescendo no Senhor na mesma proporção em que cresce em sua Palavra. Sem fincar as raízes na *verdade do Senhor*, você não amadurecerá na verdade; apenas tomará conhecimento dos fatos. Não há nada de errado com isso, mas, para ser transformada, você precisa receber mais. É possível ter conhecimento da Palavra, mas não ser tocada nem transformada por ela. E você quer ser transformada, e não apenas *bem informada*.

Siga o caminho do Senhor em qualquer circunstância   155

A Bíblia diz que produziremos fruto e floresceremos na velhice para poder declarar que o Senhor é bom e que ele é o alicerce no qual permanecemos. "[Os justos serão] plantados na casa do Senhor, florescerão nos átrios do nosso Deus. *Mesmo na velhice darão fruto, permanecerão viçosos e verdejantes*" (Sl 92.13-14).

A única maneira de produzir fruto na velhice é ter a certeza de que as sementes da Palavra de Deus estão plantadas em nosso coração, para que cresçam e produzam grande fruto. Peça a Deus que retire de seu coração tudo aquilo que esteja impedindo o desenvolvimento dessas sementes. Diga a Deus todos os dias: "Tenho prazer nos teus mandamentos; eu os amo" (Sl 119.47).

E aja de acordo com essas palavras.

Oração de amor

Senhor, oro para que me ajudes a viver sem reservas em teus caminhos. Ensina-me tuas leis e mandamentos, para que fiquem gravados em meu coração. "A tua palavra é lâmpada que ilumina os meus passos e luz que clareia o meu caminho" (Sl 119.105). Guia-me todos os dias no caminho que devo seguir. Tuas leis são boas e mais desejáveis que ouro puro, e tens uma grande recompensa para aqueles que obedecem a elas (Sl 19.9-11). Obrigada porque, por eu andar em teus caminhos, tu me ungiste "com óleo de alegria" (Sl 45.7).

Amo tuas leis porque sei que são corretas e me impedem de tropeçar, e "os que amam a tua lei desfrutam paz" (Sl 119.165). Sei que "todos os teus mandamentos são verdadeiros", sempre o foram e o serão eternamente (Sl 119.151). "Eu me regozijo na tua promessa como alguém que encontra grandes despojos" (Sl 119.162). Ajuda-me a sempre me sentir assim. Aumenta-me a fé enquanto leio e ouço tua Palavra (Rm 10.17).

Amo teus caminhos e *"odeio todo caminho de falsidade.* [...] Rios de lágrimas correm dos meus olhos, porque a tua lei não é obedecida" (Sl 119.128,136). Entristece-me profundamente ver pessoas desobedecerem às tuas leis. Sei que também te entristeces mais ainda quando faço o mesmo. Tu vês meus "pecados secretos" (Sl 90.8), por isso peço-te que os revele se eu estiver abrigando em meu coração e mente algo que não deveria estar ali. Confessarei meu pecado diante de ti para ser perdoada e peço que elimines a separação que porventura exista entre ti e mim. "Tu és o meu abrigo e o meu escudo; e na tua palavra coloquei minha esperança" (Sl 119.114).

Oro em nome de Jesus.

Palavras de amor

Os que amam a tua lei desfrutam paz,
e nada há que os faça tropeçar.

SALMOS 119.165

Meu filho, não se esqueça da minha lei,
mas guarde no coração os meus mandamentos,
pois eles prolongarão a sua vida por muitos anos
e lhe darão prosperidade e paz.

PROVÉRBIOS 3.1-2

Afasto os pés de todo caminho mau
para obedecer à tua palavra.

SALMOS 119.101

Dá-me entendimento para aprender
os teus mandamentos.
Quando os que têm temor de ti me virem,
se alegrarão,
pois na tua palavra
coloquei a minha esperança.

SALMOS 119.73-74

Se a tua lei não fosse o meu prazer,
o sofrimento já me teria destruído.
Jamais me esquecerei dos teus preceitos,
pois é por meio deles
que preservas a minha vida.

SALMOS 119.92-93

10

---

*Aprenda a adorar ao Senhor
com todo o seu ser*

Uma das maneiras mais poderosas de expressar amor a Deus é por meio da adoração. E essa é a forma mais pura de manifestar esse sentimento, porque nos concentramos totalmente em Deus, e não em nós.

A Bíblia diz: "Tudo o que tem vida louve o Senhor!" (Sl 150.6). Enquanto estivermos respirando aqui na terra, devemos louvá-lo "pelos seus feitos poderosos" e "segundo a imensidão de sua grandeza" (Sl 150.1-2). Em outras palavras, louve-o *pelo que ele tem feito* e *por ele ser quem é*.

Deus não pede que o adoremos porque ele tem um ego que precisa ser afagado, mas porque deseja que o honremos com o respeito que lhe é devido. E mais: na expressão de nosso amor, adoração e respeito por Deus, ele abre um canal por meio do qual nos ligamos a ele e nos aproximamos dele o máximo possível.

Você é transformada ao mostrar amor a Deus em adoração

Todas nós adoramos alguma coisa, quer percebamos, quer não. Algumas pessoas adoram o dinheiro, os bens materiais, elas próprias, seus animais de estimação ou seu partido político. Outras idolatram o trabalho, os filhos, seu talento, os amigos, o sol, a lua, o mar, um esporte, uma ocupação, a natureza, a beleza, a música, as celebridades, os passatempos ou as diversões. A lista não tem fim. Seja qual for o objeto dessa idolatria, trata-se de uma tentativa de preencher a necessidade humana de adorar alguma coisa ou alguém.

Aquilo que adoramos torna-se o maior motivador de tudo o que fazemos e exerce a maior influência em nossa vida.

A verdade é que há apenas um que é digno de nossa adoração, e, se não entendermos isso, perderemos a grande bênção que não se pode receber de outra forma.

Nascemos para adorar a Deus. É assim que ele se reparte conosco. Quando o adoramos, ele se derrama dentro de nós — seu amor, poder, alegria, paz e sabedoria — e, nesse processo, nos transforma na pessoa que ele intencionou que fôssemos ao nos criar. Tornamo-nos semelhantes a quem ou àquilo que adoramos; portanto, quanto mais adoramos a Deus, mais nos assemelhamos a ele (Sl 115.4-8). E, sem que isso aconteça, não podemos ser a pessoa que deveríamos ser.

Um dos aspectos mais extraordinários a respeito de Deus é que, embora nossa adoração e nosso louvor sejam dirigidos unicamente a ele, somos nós que nos beneficiamos disso. Não é maravilhoso saber que nosso Deus amoroso faz daquilo que é de pleno direito dele o segredo para a nossa maior bênção?

O ato de expressar amor a Deus em adoração e louvor nos preenche de maneira que nunca imaginamos porque nem sequer sabíamos que estávamos vazias. É por isso que o Senhor deseja nos conceder determinadas bênçãos que só recebemos quando o estamos louvando. Todas as vezes que o adoramos, algo se modifica em nós — em nossa mente, emoções, atitudes, desejos ou objetivos.

160 ESCOLHA O AMOR

Quanto mais você entender quem Deus é, mais o amará. Quanto mais perto andar dele, mais o adorará e será transformada por ele.

LOUVE AO SENHOR EM QUALQUER SITUAÇÃO

Todas as vezes que louvamos e adoramos ao Senhor, convidamos o reino de Deus para entrar em nossa vida de maneira poderosa. A adoração demonstra nosso amor a Deus e abre caminho para que ele trabalhe poderosamente em nossa vida a fim de transformar-nos e mudar nossas situações impossíveis. Por isso, é da vontade de Deus que lhe agradeçamos e o louvemos em *qualquer situação*. Quando não fazemos isso, fechamos as portas para as extraordinárias coisas que ele deseja fazer em nossa vida. A adoração pode até deter ou reverter algo que está sendo conduzido na direção errada.

Em minha vida como cristã, houve inúmeras ocasiões em que orei várias vezes por um problema, louvando ao Senhor para que ele cuidasse de uma situação particular, e o Senhor foi maior que o problema que eu enfrentava. Houve ocasiões, porém, em que Deus instruiu meu coração dizendo que eu deveria continuar a louvá-lo independentemente do que acontecesse. Eu deveria confiar que ele tinha a resposta para meu problema e o poder para mudar a situação, e que seu tempo e julgamento eram perfeitos. Assumi a posição de confiar nele até finalmente receber a resposta.

A adoração estabelece uma atmosfera na qual Deus atua poderosamente. Vi acontecer coisas que sei que não aconteceriam sem essa dinâmica poderosa.

Deus exige adoração e louvor de todos os que creem nele porque deseja que nos entreguemos totalmente a ele. E faz isso porque tem muitas coisas que almeja nos dar e realizar em nossa vida, e precisa confiar que faremos bom uso das bênçãos que receberemos.

"*Louvem-te os povos*, ó Deus; louvem-te todos os povos. *Que a terra dê a sua colheita*, e Deus, *o nosso Deus, nos abençoe!* Que Deus nos abençoe, e o temam todos os confins da terra" (Sl 67.5-7). As bênçãos são concedidas às pessoas que adoram ao Senhor.

Que pai ou mãe não deseja que os filhos lhes expressem amor e gratidão sem querer nada em troca? Deus também deseja isso. Precisamos, portanto, fazer da adoração a ele uma prioridade, e não apenas algo que possamos lembrar ou não. A adoração precisa transformar-se num modo de vida.

Fomos criadas para adorar a Deus e, quando cumprimos a missão para a qual *fomos criadas*, rapidamente passamos a atuar também em outros aspectos de nosso propósito neste mundo.

No dia em que Deus libertou Davi de seus inimigos, o salmista adorou a Deus *antes* da vitória, dizendo: "O Senhor é a *minha rocha*, a *minha fortaleza* e o *meu libertador*; o meu Deus é o meu rochedo, em quem me refugio. Ele é o meu *escudo* e o poder que me salva, a *minha torre alta.* Clamo ao Senhor, que é digno de louvor, e estou salvo dos meus inimigos" (Sl 18.2-3).

Davi não esperou o momento da vitória, a resposta à oração ou que tudo desse certo. Adorou a Deus até receber a vitória. Precisamos fazer o mesmo.

Deus quer que o adoremos com todo o nosso ser. Isso significa dar tudo de nós, não reter nada, oferecer liberalmente com as duas mãos, não economizar nada e dar com generosidade sem levar em conta o custo.

Quando você exalta a Deus dessa maneira, falando de seu amor, adoração, afeição, devoção, paixão, respeito, admiração

162 ESCOLHA O AMOR

e reverência a ele, tenha certeza de que haverá mudanças extraordinárias em você e em sua vida.

Quando você louva, ama, valoriza, reverencia e glorifica ao Senhor por tudo o que ele tem feito, seu coração se enche do amor, da alegria, da paz e do poder de Deus e também de compaixão e amor pelos outros. Tudo isso será inoculado em você como um soro que transmite vida. Determinará quem você será. Não determinará a pessoa que Deus pretendeu que você fosse, mas essa pessoa será percebida de modo mais completo. E isso só acontecerá com alguém que possui um coração que adora ao Senhor com todo o seu ser.

Por causa de uma *escolha* que você fez, a adoração sempre será seu maior ato de amor a Deus. Se escolher não louvar nem adorar a Deus até que tudo corra de acordo com seus próprios desejos ou até que suas orações sejam respondidas, você perderá o que o Senhor quer fazer em sua vida.

Adore ao Senhor *o tempo todo* porque ele é sempre — em cada momento do dia — digno de sua adoração. Que o louvor a ele esteja continuamente em seu coração e em sua boca. Em breve você não conseguirá parar de adorá-lo.

NÃO EXISTE NENHUMA OCASIÃO EM QUE VOCÊ NÃO NECESSITE ADORAR A DEUS

Aqueles que não adoram a Deus logo se esquecem de tudo o que ele tem feito.

Quando os israelitas deixaram de adorar a Deus, fizeram isso de maneira típica. Pararam de buscar a orientação divina. E agiram assim depois que Deus fez tantos milagres evidentes a fim de libertá-los. Reclamaram, cobiçaram outras coisas e não agradeceram tudo o que Deus lhes concedera. Deus, então, deixou que tivessem o que desejavam, mas o preço foi enorme.

"Mas logo se esqueceram do que ele tinha feito e *não esperaram para saber o seu plano.* Dominados pela gula no deserto, puseram Deus à prova nas regiões áridas. *Deu-lhes o que pediram, mas mandou sobre eles uma doença terrível"* (Sl 106.13-15).

Uma alma pobre e vazia nunca será satisfeita ou preenchida. Nunca haverá o suficiente. Ela será sempre infeliz.

Cada vez que adoramos a Deus de todo o coração, ele próprio preenche nosso vazio. "Que eles deem graças ao Senhor por seu amor leal e por suas maravilhas em favor dos homens, *porque ele sacia o sedento e satisfaz plenamente o faminto"* (Sl 107.8-9).

Não devemos jamais nos permitir entrar numa situação na qual venhamos a acreditar que não necessitamos adorar a Deus. Não podemos pensar, nem por um momento sequer, que nada nos abalará — que não necessitamos de Deus e que não fracassaremos. Não devemos ter a falsa sensação de segurança e supor que não necessitamos derramar nossa alma diante de Deus em louvor e nos esvaziar diante dele em humilde adoração. Não podemos imaginar, nem por um instante, que as regras de Deus não se aplicam a nós.

Mas foi o que Davi fez no dia em que ordenou o recenseamento de suas tropas. Davi deu ouvidos às mentiras do inimigo em vez de mostrar amor, adoração e agradecimento a Deus em forma de adoração. "Satanás levantou-se contra Israel e levou Davi a fazer um recenseamento do povo" (1Cr 21.1). Ele pediu a Joabe, líder de seu exército, que desse início à contagem das tropas. Joabe, porém, tinha o temor de Deus no coração e tentou convencer Davi a desistir da ideia porque sabia que aquilo desagradaria ao Senhor.

Joabe suplicou: "Por que o meu senhor deseja fazer isso? Porque deveria trazer culpa sobre Israel?" (1Cr 21.3). Mas Davi não desistiu e as tropas foram contadas.

164 ESCOLHA O AMOR

Davi pensava que era o número de seus soldados que lhe dava força e segurança. Esqueceu que *Deus* estava *com eles* e era Deus quem lhe dava a vitória.

Quando finalmente reconheceu seu pecado contra Deus, Davi "sentiu remorso" e angustiou-se muito por causa disso (2Sm 24.10). Confessou seu pecado e arrependeu-se diante do Senhor, mas teve de pagar as consequências: uma praga que matou setenta mil homens (2Sm 24.15).

Tudo isso aconteceu porque Davi não adorou humildemente a Deus. Esse ato teria abrandado seu coração para ouvir a voz de Deus, e ele não teria dado ouvidos à voz do inimigo.

Davi havia sido o grande e pródigo adorador, aquele que se entregava de corpo e alma para adorar a Deus, mas o orgulho lhe invadiu o coração. Em consequência disso, ele sofreu uma redução no número de suas tropas, exatamente aquilo de que mais se orgulhava. Pagou um preço muito alto — e seus homens também pagaram, devo acrescentar. Isso serve para mostrar por que a Bíblia nos instrui a orar por todas as pessoas que exercem autoridade sobre nós (1Tm 2.2).

Davi foi completamente restaurado por Deus graças a seu coração arrependido. Ele disse a Deus: "Mudaste o meu pranto em dança, a minha veste de lamento em veste de alegria, *para que o meu coração cante louvores a ti e não se cale*. SENHOR, meu Deus, eu te darei graças para sempre" (Sl 30.11-12).

Davi reconheceu que, quando tudo ia bem, ele imaginava que nada o abalaria. "Quando me senti seguro, disse: Jamais serei abalado!" (Sl 30.6). Muitas de nós também cometemos o mesmo erro quando deixamos de enxergar de onde vem a ajuda e não entendemos por que devemos olhar para o Senhor o tempo todo (Sl 121.1-2).

Precisamos nos perguntar se existe algo mais digno de nossa confiança que Deus para nos salvar. Será que estamos somando coisas a fim de nos fortalecer em vez de somar o que Deus *tem feito*, *está fazendo* e *fará* em nossa vida, e render graças a ele? Nunca haverá um tempo em que não precisaremos adorar a Deus. Se pensamos o contrário, estamos dando ouvidos à voz errada.

DEUS ABENÇOA AQUELES QUE O ADORAM JUNTOS

Algo poderoso acontece quando adoramos a Deus em companhia de outras pessoas. Isso não diminui a adoração que acontece em nosso coração quando estamos a sós com Deus, mas recebemos outra bênção poderosa quando adoramos em conjunto com outros cristãos em unidade de espírito e mente. E essa bênção não acontece de outra forma.

A Bíblia fala muito a respeito da importância da adoração com outras pessoas. "*Que o exaltem na assembleia do povo e o louvem na reunião dos líderes*" (Sl 107.32). "*Na presença dos que te temem* cumprirei os meus votos" (Sl 22.25).

Davi disse a Deus que não queria estar no "ajuntamento dos malfeitores", mas queria estar na casa do Senhor "cantando hinos de gratidão" e falando de todas as maravilhas de Deus. "*Eu amo, SENHOR, o lugar da tua habitação, onde a tua glória habita*" (Sl 26.5,7-8). "Os meus pés estão firmes na retidão; *na grande assembleia bendirei o SENHOR*" (Sl 26.12).

Quando estamos na casa do Senhor proclamando louvor e adoração a ele, estamos em sua presença com os pés firmes em terreno plano. Amar a casa de Deus não significa amar um edifício. Significa amar o lugar onde a presença de Deus é convidada a habitar e é exaltada entre as pessoas com louvor e adoração. A presença de Deus habita onde ele é adorado e

166 ESCOLHA O AMOR

convidado a estar. Na casa de Deus, sentimos o poder arrebata-
dor de sua presença em resposta à nossa adoração. Isso nos dá
força, nos rejuvenesce, nos traz sentido de clareza e propósito.
Somos capazes de ouvir melhor a voz de Deus. Ocorre uma
extraordinária reviravolta que não acontece em outros lugares.

Louvar ao Senhor em conjunto elevando nossas mãos a ele
em adoração é um ato de submissão e humildade (Sl 134.2).
É como dizer: "Eu desisto". Mas não estamos desistindo de
Deus. Estamos desistindo de tentar fazer as coisas sem ele.
Estamos nos submetendo a ele.

QUANDO LOUVAMOS A DEUS, A PRESENÇA DELE HABITA EM NÓS

O louvor é a maneira mais imediata e certa de sentir a presença
de Deus. Embora o Senhor esteja em toda parte, certas porções e manifestações de sua presença só são sentidas por aqueles que expressam amor a ele por meio do louvor e da adoração.

Deus habita nos louvores de seu povo. A Bíblia diz: "*Tu,
porém, és o Santo, és rei, és o louvor de Israel*" (Sl 22.3). Mas Deus
não faz uma visita nos momentos em que o adoramos e depois
vai embora. Ele *continua habitando em nós*. Jesus disse: "*Deus é
espírito, e é necessário que os seus adoradores o adorem em espírito e
em verdade*" (Jo 4.24). Quando expressamos amor a Deus com
nossa adoração, reconhecemos humildemente a verdade sobre
quem ele é e sobre quem somos em relação a ele, e recebemos
uma infusão poderosa e renovada da presença de seu Espírito,
que permanece conosco.

Nossa reverência a Deus demonstra humildade. Ele considera belo o coração humilde dedicado à adoração e ao louvor.
"Cantem de alegria ao SENHOR, vocês que são justos; aos que
são retos fica bem louvá-lo" (Sl 33.1). A beleza do Senhor nos

embeleza quando o adoramos. "O Senhor agrada-se do seu povo; ele coroa de vitória os oprimidos" (Sl 149.4).

A adoração nos embeleza porque, quando olhamos para Deus, sua beleza reflete em nós.

Quando você quiser estar mais perto de Deus, entre "por suas portas com ações de graças, e em seus átrios, com louvor" e dê-lhe graças e bendiga o seu nome (Sl 100.4). Quando você louvar a Deus, ele lhe manifestará seu poder e amor. O poder e o amor de Deus não esmaecem, nem sua presença, mas não podemos ter pleno acesso a eles quando não o louvamos nem o adoramos em nosso coração. É por isso que não o adoramos apenas uma vez e ponto final. Não invocamos sua presença como se ele fosse um gênio. Nós o louvamos continuamente.

Quando louvamos a Deus de todo o coração, ele nos presenteia generosamente com sua presença.

Oração de amor

Senhor, eu te adoro por seres quem tu és e te louvo por tudo o que tens feito em minha vida. Ensina-me a te adorar com tudo o que há em mim. Ajuda-me a sempre glorificar teu nome em adoração (Sl 86.12). Somente teu nome deve ser exaltado, e tua glória "está acima da terra e dos céus" (Sl 148.13). Que os "altos louvores estejam em meus lábios" e uma espada de dois gumes esteja em suas mãos (Sl 149.6).

Ajuda-me a jamais enumerar meus bens materiais como Davi fez e dar glória a alguém ou a qualquer coisa que não seja a ti, que és a fonte de todas as minhas bênçãos. Mostra-me se existe em minha vida algum lugar onde eu esteja fazendo isso. Não quero que a escassez invada minha alma. Quero apenas a plenitude de vida e de coração que tens para mim. Obrigada porque satisfazes minha alma faminta com tua bondade (Sl 107.8-9). Obrigada porque "quando clamei, tu me respondeste; deste-me força e coragem" (Sl 138.3).

Apresento-me perante ti com agradecimento e adoro somente a ti. "Tu és o meu Deus; graças te darei! Ó meu Deus, eu te exaltarei" e te louvarei acima de tudo (Sl 118.28). Rendo toda a glória que a ti é devida porque és digno de louvor. Adoro-te na beleza da tua santidade (Sl 29.2, RA). Proclamo que este é o dia que o Senhor fez e me alegro e exulto nele (Sl 118.24). "Sê exaltado, ó Deus, acima dos céus! Sobre toda a terra esteja a tua glória" (Sl 57.11).

Oro em nome de Jesus.

Palavras de amor

Bendiga o SENHOR a minha alma!
Bendiga o Senhor todo o meu ser!

SALMOS 103.1

O teu amor é melhor do que a vida!
Por isso os meus lábios te exaltarão.
Enquanto eu viver te bendirei,
e em teu nome levantarei as minhas mãos.

SALMOS 63.3-4

No entanto, está chegando a hora, e de fato já chegou, em
que os verdadeiros adoradores adorarão o Pai em espírito e
em verdade. São estes os adoradores que o Pai procura.

JOÃO 4.23

Cantarei ao SENHOR toda a minha vida;
louvarei ao meu Deus enquanto eu viver.
Seja-lhe agradável a minha meditação,
pois no SENHOR tenho alegria.

SALMOS 104.33-34

Como é bom render graças ao SENHOR
e cantar louvores ao teu nome, ó Altíssimo,
anunciar de manhã o teu amor leal
e de noite a tua fidelidade.

SALMOS 92.1-2

11

Procure meios de confiar plenamente em Deus

O amor e a confiança andam de mãos dadas.

Mostramos amor a Deus todas as vezes que depositamos confiança nele deliberadamente. E isso não nos causa decepção *"porque Deus derramou seu amor em nossos corações, por meio do Espírito Santo* que ele nos concedeu" (Rm 5.5).

O amor de Deus derramado em nosso coração por meio do Espírito Santo que habita em nós é infalível. É por isso que *ele* é infalível. Seu amor não é um sentimento que talvez, possivelmente, quem sabe, ocorra, nem algo que vem e vai embora. O Espírito Santo derramado em nosso coração é constante.

Deus se reparte conosco; por isso, podemos confiar nele sem reservas. Procurar meios de confiar plenamente nele não significa fazer um esforço enorme que exija de nós fé. Tudo o que fazemos que tenha algum valor exige que confiemos em Deus. Em geral, somos tentadas a desistir — ou nos dar por vencidas — exatamente quando deveríamos decidir confiar plenamente em Deus.

Haverá ocasiões em sua vida em que você terá de confiar em Deus na situação em que se encontrar. Não poderá fazer nada para mudá-la. Poderá até adoecer de preocupação, mas isso não mudará nada — você apenas adoecerá. É preciso confiar que

PROCURE MEIOS DE CONFIAR PLENAMENTE EM DEUS   171

Deus é a única fonte de poder para realizar o milagre de que você necessita.

Minha nora, Paige, apresentou sarcoma de Ewing, um tipo grave de câncer nos ossos, quando tinha 11 anos de idade. Ficou hospitalizada por quase um ano, passou por sessões de quimioterapia e várias cirurgias para substituir os ossos da perna e do joelho atingidos pelo câncer. Sua sobrevivência foi um milagre porque muitas crianças tinham morrido dessa doença, inclusive algumas que ela conhecia. E não havia estatísticas confiáveis sobre as possibilidades de ela ser capaz de gerar filhos. Não havia garantias de nenhum médico a esse respeito.

Depois que ela se casou com nosso filho, todos nós oramos muito para que ela pudesse engravidar, e, depois de dois anos de uma história que só ela é capaz de contar, a gravidez tornou-se realidade. Após a notícia, começamos a nos preocupar querendo saber se tudo correria bem para ela e para o bebê. Essa preocupação foi maior do que podíamos suportar, mas, em oração, concluímos que a recuperação e a vida de Paige já haviam sido um milagre, sua gravidez havia sido um milagre e que Deus não faz as coisas pela metade. Ele realiza milagres completos. Apesar de nossos temores, continuamos a orar e a confiar plenamente em Deus durante o parto, para que não houvesse complicações para Paige, e o bebê nascesse sadio. E foi exatamente o que aconteceu. Mãe e filha não tiveram nenhum problema, e sentimos paz o tempo todo.

Todas nós temos oportunidades como essa quando tomamos a decisão de *confiar plenamente em Deus* numa situação de grandes preocupações, mas também precisamos pedir a ele que nos mostre como enfrentar cada problema em oração. Em outras palavras, confiar não significa que podemos atravessar atabalhoadamente uma rua movimentada ou pular de um prédio confiando que Deus nos protegerá. O próprio Jesus não fez isso. Não ditamos as consequências de nossos atos a Deus. Perguntamos a ele como devemos orar e confiamos que ele nos responderá de acordo com sua vontade e em seu tempo.

Há muitas maneiras de decidir que vamos confiar em Deus na situação na qual nos encontramos. Apresentamos algumas a seguir.

Confie em Deus para livrá-la do perigo

Deus concede-nos um lugar secreto para habitarmos e nos mantém protegidas do perigo. *"Aquele que habita no abrigo do Altíssimo e descansa à sombra do Todo-poderoso pode dizer ao* Senhor: *'Tu és o meu refúgio e a minha fortaleza, o meu Deus, em quem confio'"* (Sl 91.1-2). Podemos nos esconder no Senhor e confiar que ele nos protegerá.

O segredo consiste em habitar todos os dias com o Senhor e permanecer sob o guarda-chuva de sua proteção, vivendo em seus caminhos. Ele se agrada quando lhe obedecemos diligentemente e tomamos a decisão de confiar nele para nos proteger.

Mesmo em tempos difíceis, Deus a manterá protegida porque ele passou a ser seu lugar de habitação.

Você se lembra de alguma ocasião na vida em que os anjos intervieram para protegê-la? Eu me lembro de muitas. Uma delas ocorreu durante o primeiro inverno depois que nos mudamos da Califórnia para o Tennessee. Até então eu imaginava que "tempestade de gelo" fosse uma metáfora para uma chuva gelada. Um dia aventurei-me a sair a fim de comprar alimentos para abastecer a casa. Eu ainda não sabia que, quando o homem do tempo prevê chuva de gelo, é preciso estocar mantimentos para um período de sete a dez dias. Quatro dias depois que o gelo da tempestade parecia ter derretido, decidi sair de casa. Enquanto dirigia o carro, não vi uma placa enorme de gelo negro. Nunca tinha ouvido falar de "gelo negro", ou, se existia, provavelmente pensei que fosse uma espécie de bebida congelada servida no Halloween. Afinal, eu era da Califórnia.

Enquanto dirigia lentamente por uma pequena ladeira, tive a intenção de parar no cruzamento onde o semáforo estava vermelho. Mas, para meu grande susto, e certamente para todos os motoristas ao redor de mim, em vez de parar, o carro derrapou em direção ao cruzamento e rodopiou no trânsito movimentado que seguia nas duas direções da rua que eu atravessava. Nunca havia tido a sensação de estar completamente fora de controle dentro de um carro. Muitos outros carros poderiam ter colidido com o meu, mas um veio exatamente em minha direção. Evidentemente, o motorista também não conseguiu frear por causa do gelo negro que cobria o cruzamento. Passei os braços ao redor do corpo para proteger-me do impacto e orei: "Socorre-me, Jesus" — a oração mais curta que conhecia —, e nossos carros não colidiram.

Tenho certeza de que o motorista do outro carro ficou tão surpreso quanto eu por não ter havido uma colisão. Foi como se um anjo tivesse esticado a mão para nos separar, à semelhança de um *air bag* invisível. Pude sentir o ar entre nós — ou a falta dele — empurrando os dois carros. Não há outra explicação.

Na Bíblia, temos a impressão de que existem pelo menos dois anjos destacados para nos proteger porque a palavra que designa "anjo" está no plural. A Bíblia diz que "*a seus anjos ele dará ordens a seu respeito*, para que o protejam em todos os seus caminhos; com as suas mãos eles o segurarão, para que você não tropece em alguma pedra" (Sl 91.11-12). Jesus costumava referir-se a múltiplos anjos quando esteve aqui na terra. Não sei se o outro motorista acreditava no Senhor ou se era uma pessoa de oração, mas acho que passou a ser naquele momento. Meu conceito de "oração fervorosa" também se tornou claro naquela ocasião.

A verdade é esta: Deus sabe como nos proteger do perigo e é capaz de fazer isso quando nos refugiamos nele.

Confie que Deus levará seu medo embora

A Bíblia diz que não temos de viver amedrontadas. Viver sem medo não significa ser uma pessoa estupidamente destemida. Há coisas das quais devemos ter medo, mas não temos de ser controladas pelo medo ou fazer dele um modo de vida.

Por exemplo, você deve ter medo de deixar a porta de sua casa aberta a noite inteira por causa do que pode acontecer com você e sua família. Mas pode também confiar que, se deixar a porta aberta acidentalmente, Deus responderá às suas orações contínuas pedindo proteção e lhe concederá graça por aquele descuido.

A Bíblia diz: "Você não temerá o *pavor* da noite, nem a *flecha* que voa de dia, nem a *peste* que se move sorrateira nas trevas, nem a *praga* que devasta ao meio-dia" (Sl 91.5-6). Mas como não ter medo se sempre há ameaças a nos rondar? Ameaças de atos terroristas, de pessoas malucas usando armas contra inocentes, de doenças e pragas e das forças destrutivas da natureza — estão presentes em nossa mente. Como lidar com esses possíveis riscos à nossa segurança?

Davi confiava que Deus ouvia suas orações e dava alívio para sua mente, alma e corpo angustiados. Ele disse ao Senhor: "*As angústias do meu coração se multiplicaram*; liberta-me da minha aflição" (Sl 25.17). Será que alguns de nossos problemas cardíacos, e as condições que os provocaram, não têm muito a ver com a maneira como lidamos com o estresse na vida? O estresse é uma forma de medo.

Meu marido e eu tínhamos um pequenino chihuahua de pelos longos chamado Sammy que não sabia lidar bem com o estresse. O trovão era o que mais lhe causava estresse na vida. Ao ver o simples clarão de um relâmpago, mesmo antes do ribombar do trovão, ele se agitava de modo tão violento que eu imaginava que só isso bastaria para seu coração parar de bater.

No entanto, se alguém deixasse o portão do quintal aberto, ele saía correndo pela calçada, atravessava a rua e percorria vários quarteirões, investigando este mundo fascinante sem olhar para trás. Damos graças a Deus porque, por sua misericórdia, um de nós (ou mesmo um vizinho simpático) sempre conseguia pegá-lo antes que uma tragédia acontecesse.

Sammy tinha medo de algo que não precisava temer, mas era destemido diante de coisas extremamente perigosas. Nunca esteve em perigo durante uma tempestade, mas não se convencia disso. Saía da segurança de sua casa num piscar de olhos, embora lá fora no mundo houvesse animais que poderiam fazer dele uma refeição e pessoas em carros grandes que não teriam tempo de vê-lo antes de passar por cima dele, sem falar de gente sem ética que poderia roubá-lo.

Sammy passou a apresentar um problema cardíaco que acomete muitos cães da raça dele com o passar dos anos. Seu coração foi aumentando até ele chegar aos 12 anos de idade. A essa altura, o coração ficou tão grande que começou a pressionar o esôfago, causando-lhe sufocação. Demos-lhe suplementos e remédios receitados pelo veterinário; contudo, isso só serviu para retardar o aumento do coração. Não podíamos deter a doença.

Cada tempestade acompanhada de raios e trovões provocava mais e mais terror nele, embora fizéssemos de tudo para protegê-lo. Eu o segurei durante muitas tempestades, mas de nada adiantou. O barulho era tremendamente assustador para

Sammy, e ele nunca parou de se agitar violentamente. O veterinário prescreveu um medicamento para acalmá-lo, mas ele estava muito fraco para ingeri-lo.

Uma noite, tentei segurá-lo durante uma dessas tempestades, porém ela durou horas, e ele ficou tão mal que eu sabia que, se lhe desse um tranquilizante, com certeza o remédio o mataria. Tive de permanecer acordada até tarde, tentando acalmá-lo, mas não resolveu; então o coloquei em nosso amplo *closet*, onde ele não poderia ver os raios nem ouvir os trovões. O *closet* era ligado ao banheiro, onde deixei sua tigela com água, porque ele ofegou com tanta força e por tanto tempo que ficaria sedento assim que os trovões cessassem.

Quando meu marido e eu despertamos de manhã, descobrimos que Sammy havia morrido durante o sono, na mesma posição em que gostava de ficar durante as tempestades — enrolado no próprio corpo — no canto mais afastado, onde poderia sair pela porta e esconder-se debaixo de algumas roupas compridas. Ficamos tão tristes que durante meses choramos sua perda. Ele foi um amigo carinhoso e fiel, um membro da família e um ótimo chefe de segurança para cuidar de nós.

Eu me pergunto quantas de nós encurtamos a vida um pouco por dia, igual a Sammy, quando vamos ao encontro daquilo que mais deveríamos temer, mas nos aterrorizamos a ponto de não sair do lugar diante daquilo que não deveríamos temer de maneira nenhuma. Acumulamos estresse na vida sem nenhuma necessidade em vez de levar a preocupação ao Senhor e entregá-la nas mãos dele. E quantas vezes caminhamos sem hesitação rumo a algo perigoso, sem olhar para trás nem uma vez sequer a fim de ver o que Deus pensa disso?

Sabíamos que nosso querido e pequenino Sammy não corria perigo por causa da tempestade, mas ele nunca entendeu isso.

Algumas de nós agimos da mesma maneira. Quantas de nós tomamos medicamento para acalmar nossos medos quando Deus quer que confiemos nele para nos proteger? Não estou dizendo que tomar remédio faz mal, ou que as pessoas nunca deveriam tomar remédio para acalmar seus receios ou que deveriam livrar--se imediatamente dos remédios que tomam. Estou dizendo que Deus deseja acalmar nossos medos, e precisamos confiar nele o suficiente para permitir que ele faça isso — mesmo que tudo comece com um pequeno passo por vez.

A Bíblia diz: "Mil poderão cair ao seu lado, dez mil à sua direita, mas nada o atingirá. [...] *Se você fizer do Altíssimo o seu abrigo, do SENHOR o seu refúgio*, nenhum mal o atingirá, desgraça alguma chegará à sua tenda" (Sl 91.7,9-10).

O segredo para libertar-se do medo é fazer do Senhor o seu refúgio.

Se Deus se tornar aquele em quem você coloca total confiança — levando seus cuidados e necessidades a ele, andando junto dele todos os dias e buscando-o constantemente —, ele será seu refúgio. Quanto mais perto estiver de Deus e de seu reino, mais você seguirá rumo ao abrigo da tempestade sob o guarda-chuva da proteção que ele oferece.

CONFIE QUE DEUS OUVE SUAS ORAÇÕES E RESPONDE A ELAS

Cada vez que você ora, demonstra seu amor por Deus ao declarar sua humilde dependência dele.

Jesus disse: "Mas quando você orar, vá para seu quarto, feche a porta e *ore a seu Pai, que está em secreto*. Então seu Pai, que vê em secreto, o recompensará" (Mt 6.6).

Enquanto *aguardamos a resposta de Deus às nossas orações*, ele nos tira de nossa situação instável e nos firma sobre uma rocha.

178 ESCOLHA O AMOR

Põe um cântico de louvor em nosso coração e, quando as pessoas veem isso, são atraídas a ele. Davi disse:

> *Coloquei toda minha esperança no SENHOR; ele se inclinou para mim e ouviu o meu grito de socorro. Ele me tirou de um poço de destruição,* de um atoleiro de lama; *pôs os meus pés sobre uma rocha e firmou-me num local seguro.* Pôs um novo cântico na minha boca, um hino de louvor ao nosso Deus. Muitos verão isso e temerão, e confiarão no SENHOR.
>
> Salmos 40.1-3

Esperar no Senhor depois de orar é outra maneira de mostrar amor a Deus.

Em casos de adoção, alguns lugares cancelam a antiga certidão de nascimento e dão outra ao órfão, na qual constam os nomes do novo pai e da nova mãe. Deus também faz isso conosco. Quando você nasce de novo, seu nome é escrito no livro da vida no céu. Deus se torna seu Pai celestial. Você passa a ter uma nova vida. Uma nova identidade. Não é mais a mesma pessoa. Portanto, não pense mais que possui a antiga identidade.

Se não entendermos que, quando estamos com Deus, ocorre um processo contínuo enquanto oramos, não teremos paciência para esperar. Queremos saber rapidamente se Deus vai responder ou não às nossas orações. Isso demonstra falta de confiança na capacidade divina de promover renovação dentro de nós.

Não sou mais a pessoa que acreditava que minhas orações jamais seriam respondidas. Sou nova criatura em Cristo. Não sou mais a pessoa que fazia escolhas tolas; sou uma pessoa que tem o Espírito de sabedoria dentro de mim. Não sou mais a pessoa para quem tudo dava errado na vida; sou uma nova pessoa que serve ao Deus que faz tudo certo.

Confie que Deus pode mudar tudo — inclusive você.

Esperar em Deus significa depositar toda a nossa fé nele. Significa que, quando oramos, confiamos que ele nos ouve e nos responderá à sua maneira e em seu tempo certo. Significa que estamos olhando para ele sem perder a coragem. A Bíblia diz: "Apesar disso, esta certeza eu tenho: viverei até ver a bondade do Senhor na terra. *Espere no Senhor. Seja forte! Coragem!* Espere no Senhor" (Sl 27.13-14).

Quando nos atormentamos querendo saber se Deus é quem diz ser, se ele se importa conosco, se ouve nossas orações ou se nos ama a ponto de nos resgatar e nos proteger, isso revela falta de confiança nele. Quando, porém, decidimos confiar em Deus o tempo todo, ele nos dá força no coração e capacidade de esperar nele.

A Bíblia diz que Deus ouve quando oramos *porque* nós o amamos. "*Porque ele me ama, eu o resgatarei*; eu o protegerei, pois conhece o meu nome. *Ele clamará a mim, e eu lhe darei resposta, e na adversidade estarei com ele; vou livrá-lo e cobri-lo de honra*" (Sl 91.14-15).

Deus não diz que nunca teremos problemas. Diz que estará conosco para nos levantar e nos proteger quando estivermos atravessando dificuldades, *porque nós o amamos.*

Você expressa amor a Deus quando confia nele em tudo. Deus não se agrada quando você julga necessitar dele apenas em casos de emergência ou de crise. Você mostra amor a Deus quando reconhece sua fraqueza e dependência dele. Com isso, está dizendo ao Senhor que não quer passar nem um dia sequer sem ele. Ao declarar sua dependência de Deus, e seu amor a ele, você estabelece corretamente suas prioridades e as torna claras — não apenas para Deus, mas para você também.

180 Escolha o amor

Amar a Deus e confiar nele não significa apenas orar quando você estiver enfrentando uma crise; significa também um modo de vida.

Quando surgir um problema em sua vida, diga deliberadamente a você que ponha a esperança em Deus para extrair algo bom disso. Desvie os olhos do problema e olhe para o Senhor. Não perca a esperança, por pior que o desfecho aparente ser. Não permita que as mentiras do inimigo a façam duvidar da Palavra de Deus. Diga: "Senhor, submeto minha vida a ti hoje e tudo o que existe nela — bom ou mau — sabendo que extrairás coisas boas de cada situação entregue a ti".

Quando colocamos nossa expectativa em Deus sabendo que ele é o único de quem sempre podemos depender, e quando confiamos plenamente nele e esperamos nele para nos ajudar, mostramos amor a ele.

E, ao expressarmos amor a Deus, somos transformadas.

Oração de amor

Senhor, deposito minha confiança em ti. Aquieto minha alma e espero que sejas minha torre alta, e não permitirei ser abalada (Sl 62.1-2). Revela se existe algum lugar em meu coração que me impeça de fazer isso por causa do medo. Ajuda-me a colocar-te em primeiro lugar em tudo o que eu fizer — dia e noite. Oro a ti como Davi orou: "Atenta para o meu grito de socorro, meu Rei e meu Deus, pois é a ti que imploro. De manhã ouves, Senhor, o meu clamor; de manhã te apresento a minha oração e aguardo com esperança" (Sl 5.2-3). Obrigada porque ouves minhas orações e respondes a elas.

Ajuda-me a fixar sempre os olhos em ti e a não focar em meus problemas. Ensina-me a orar continuamente (1Ts 5.17). Minha alma espera em ti pelas respostas às minhas orações, porque és meu auxílio e proteção (Sl 33.20). Sei que me fortaleces o coração quando ponho a esperança em ti (Sl 31.24). Sei que haverá paz em qualquer provação se, ao enfrentá-la, eu te convidar a estar comigo. Capacita-me a orar e a buscar sempre a paz em ti até encontrá-la.

Senhor, eu te agradeço porque teus pensamentos a meu respeito "são por demais numerosos" (Sl 40.5). Sou constantemente grata porque me amas. "Mostra-me, Senhor, os teus caminhos [...] a minha esperança está em ti o tempo todo" (Sl 25.4-5). Levanto meus olhos a ti porque és meu socorro e sei que não permitirás que eu tropece (Sl 121.1,3). Capacita-me a colocar minha inteira confiança em ti o tempo todo, independentemente do que estiver acontecendo.

Oro em nome de Jesus.

Palavras de amor

Tu, Senhor, guardarás em perfeita paz
aquele cujo propósito está firme,
porque em ti confia.

Isaías 26.3

Confie no Senhor de todo o seu coração
e não se apoie em seu próprio entendimento;
reconheça o Senhor em todos os seus caminhos,
e ele endireitará as suas veredas.

Provérbios 3.5-6

Escuta a minha oração, Senhor;
atenta para a minha súplica!
No dia da minha angústia clamarei a ti,
pois tu me responderás.

Salmos 86.6-7

Descanse somente em Deus, ó minha alma;
dele vem a minha esperança.
Somente ele é a rocha que me salva;
ele é a minha torre alta! Não serei abalado!

Salmos 62.5-6

Por que você está assim tão triste,
ó minha alma?
Por que está assim tão perturbada
dentro de mim?
Ponha a sua esperança em Deus!
Pois ainda o louvarei;
ele é o meu Salvador e o meu Deus.

Salmos 42.5

12

Confie firmemente na sabedoria divina

Deus é um Deus bondoso que nos ama. Jamais devemos permitir que as adversidades da vida nos façam duvidar disso e nos enfraqueçam a fé no Senhor e em sua infinita sabedoria.

Se nos humilharmos perante Deus nos tempos difíceis e esperarmos que ele revele seu propósito e seu plano para nós, mostraremos confiança em sua bondade e em sua infinita sabedoria. Quando, porém, nos encontramos no meio de um problema grave e não confiamos nele, isso pode ser sinal de que não entendemos que a sabedoria de Deus é totalmente sólida e confiável.

A sabedoria divina é perfeita e digna de toda a nossa confiança, porque o Espírito de sabedoria de Deus está em nós e é perfeito e infalível. Precisamos aprender a confiar nele mais do que confiamos.

Precisamos aceitar de bom grado a sabedoria de Deus e confiar nela em todo o tempo, por pior que seja a situação em que nos encontramos.

Confie que Deus sempre faz o que é certo

A história de Jó deixa claro que nem sempre entendemos o que Deus faz em nossa vida ou porque permite que algumas coisas aconteçam — pelo menos de acordo com o pensamento humano. Mas ele é soberano, onisciente e todo-poderoso; portanto, podemos confiar que sempre faz o que é certo.

184 ESCOLHA O AMOR

Algumas pessoas entendem a história de Jó como um julgamento de Deus, mas o livro trata da misericórdia de Deus. A misericórdia e o amor de Deus por Jó evidenciam-se na preservação e na restauração da vida desse homem. Talvez você pense igual a mim: "Eu preferiria não sofrer o que Jó sofreu e deixar de receber as bênçãos posteriores". Não gostaria de perder meus filhos, mesmo que tivesse outros mais tarde. O objetivo dessa história não é saber se estamos dispostas a ver todos os nossos filhos mortos e perder tudo. O objetivo é saber se continuaremos a confiar em Deus e em sua infinita sabedoria ainda que nossos maiores medos se tornem realidade.

Minha experiência e meu conhecimento da Palavra de Deus me ensinaram que passaremos por sofrimento na vida, mas, nessas ocasiões, é muito melhor confiar na sabedoria de Deus do que culpá-lo pelos problemas que tivermos de enfrentar.

O amor divino se manifesta no sofrimento e também nas bênçãos. "Como vocês sabem, nós consideramos felizes aqueles que mostraram perseverança. Vocês ouviram falar sobre a *perseverança de Jó* e viram o fim que o Senhor lhe proporcionou. *O Senhor é cheio de compaixão e misericórdia*" (Tg 5.11). Deus não estava infligindo castigo físico a Jó. Seu amor por Jó nunca diminuiu, da mesma forma que seu amor por *nós* nunca diminui. Precisamos nos apegar a essa verdade, principalmente quando estivermos atravessando o maior sofrimento de nossa vida.

Os amigos de Jó — Elifaz, Bildade e Zofar — disseram-lhe que ele estava sofrendo porque havia pecado. Disseram que as pessoas que pecam são castigadas e, portanto, era evidente que Jó estava sendo castigado. Para eles, as bênçãos materiais de uma pessoa eram manifestação do favor de Deus, e o castigo era recebido apenas *nesta* vida, e não na vida após a morte. Jó indignou-se com seus amigos por terem-no acusado em vez de consolá-lo.

Jó não havia pecado. Deus disse isso.

Deus disse que Jó era um homem "irrepreensível, íntegro" (Jó 1.8). Isso prova que devemos ser cuidadosas e não fazer julgamentos precipitados a respeito do motivo do sofrimento de outro cristão.

Outro homem — Eliú — disse a Jó que Deus era maior que o homem e que o homem não tinha o direito de questionar Deus nem de exigir explicações pelos atos divinos. Alegou que, se nos humilharmos e ouvirmos, Deus falará conosco. Advertiu que Jó precisava confiar em Deus durante o sofrimento, sem pedir explicações, e que deveria ter uma atitude humilde diante de Deus na situação.

Jó *foi humilde* perante Deus. O Senhor disse isso.

A verdade é esta: até as pessoas íntegras são postas à prova. Cada uma de nós tem um *advogado* e um *adversário*.

Jesus é nosso *advogado*.

Satanás é nosso *adversário*.

Combatemos nosso adversário quando permanecemos unidas ao nosso advogado em oração.

O sofrimento de Jó foi ideia de Satanás. Deus permitiu (Jó 2.3-6). Primeiro, Satanás destruiu os bens materiais de Jó e depois matou seus filhos, mas *Jó continuou a adorar a Deus*. "... Jó levantou-se, rasgou o manto e rapou a cabeça. Então prostrou-se com o rosto em terra, em adoração, e disse: 'Saí nu do ventre da minha mãe, e nu partirei. O SENHOR o deu, o SENHOR o levou; louvado seja o nome do Senhor'" (Jó 1.20-21).

Em tudo o que aconteceu, Jó não pecou. Nunca culpou Deus. *Ele o adorou!*

Então, Satanás atacou o corpo de Jó com feridas terríveis. Mas Jó *continuou a adorar a Deus*. Em meio a intenso sofrimento, Jó não lançou a culpa no Senhor.

186 ESCOLHA O AMOR

A mulher de Jó disse: "'Você ainda mantém a integridade? Amaldiçoe a Deus, e morra!'. Ele respondeu: '*Você fala como uma insensata. Aceitaremos o bem dado por Deus, e não o mal?*' Em tudo isso Jó não pecou com seus lábios" (Jó 2.9-10).

A mulher de Jó não entendeu, ou não tinha fé em Deus para trazer restauração; portanto, em vez de consolar o marido, ela o censurou e o desrespeitou. Jó, porém, não amaldiçoou a Deus conforme Satanás havia predito. Ao contrário, amaldiçoou o dia em que nasceu e pediu a morte.

Jó disse: "Por que se dá luz aos infelizes, e vida aos de alma amargurada, aos que anseiam pela morte e esta não vem [...]?" (Jó 3.20-21). Jó queria saber por que Deus não permitia que ele morresse para pôr um fim à sua agonia.

Jó proferiu, então, palavras que não desejamos jamais repetir: "Pois me vêm suspiros em vez de comida; meus gemidos transbordam como água. *O que eu temia veio sobre mim; o que eu receava me aconteceu*" (Jó 3.24-25).

Temos esta verdade: mesmo que nosso maior medo ocorra, e aquilo que mais temíamos aconteça, Deus abrirá um caminho e nos trará restauração. O segredo está em confiar em Deus, e não culpá-lo nem indignar-se com ele. Se confiarmos que Deus, em sua sabedoria, sempre faz o que é certo, seremos tocadas por sua mão curadora e restauradora.

Quando Deus finalmente respondeu a Jó no meio de um redemoinho, não explicou o sofrimento de seu servo. Disse apenas que não cabia a Jó entender o motivo. Jó devia entender que Deus se importava com ele e com sua vida, e que o sofrimento permitido pelo Senhor quase o levou à morte para que ele encontrasse tudo no Pai.

Deus repreendeu os amigos de Jó, afirmando que não disseram as palavras certas e que deveriam se arrepender disso.

Disse a Elifaz: "Estou indignado com você e com os seus dois amigos, pois vocês não falaram o que é certo a meu respeito, como fez meu servo Jó" (Jó 42.7). Deus aceitou a fidelidade de Jó e instruiu-o a orar por Elifaz, Bildade e Zofar (Jó 42.8).

Só quando Jó *orou por seus amigos sem fé,* foi que Deus restaurou tudo o que ele perdera — filhos e filhas, netos e bens materiais. "Depois que Jó orou por seus amigos, o SENHOR o tornou novamente próspero e lhe deu em dobro tudo o que tinha antes" (Jó 42.10). Jó precisou orar por aqueles que lhe haviam dado maus conselhos e causado mais sofrimento.

Jó provou que não se afastaria de Deus em tempos de adversidade, ao contrário do que Satanás previra — e o sofrimento de Jó foi infligido pelo próprio Satanás. Antes que você comece a se preocupar com o poder de destruição do maligno, lembre-se de que Jesus derrotou Satanás e todos os poderes do inferno. Basta mencionar o nome de Jesus e afirmar que você agora está em Cristo, e o inimigo fugirá. O segredo está em reconhecer o ataque do adversário e resistir às suas mentiras e tentações.

Quando o sofrimento chegou ao fim, todos os irmãos, irmãs e conhecidos de Jó foram comer com ele em sua casa e o consolaram. O Senhor abençoou os últimos dias de Jó mais que os primeiros, e ele teve sete filhos e três filhas, exatamente o número dos que perdera (Jó 42.10-13). "Depois disso, Jó viveu cento e quarenta anos; viu seus filhos e os descendentes deles até a quarta geração" (Jó 42.16). Deus concedeu a Jó uma vida plena e maravilhosa de total restauração.

O amor de Deus é mostrado de forma poderosa na extraordinária história de Jó. Jó pensou que sua vida chegara ao fim e aguardou a morte, mas Deus tinha uma vida abundante para ele. O amor de Jó por Deus foi responsável por ele não se afastar do Senhor, mas voltar-se para ele, confiando em sua sabedoria.

188 ESCOLHA O AMOR

Você ou eu poderíamos ter confiado em Deus depois de perder todos os nossos filhos, todos os nossos bens materiais e toda a nossa saúde? Sim, poderíamos, mas somente se tivéssemos total confiança no amor infalível de Deus, em sua misericórdia e infinita sabedoria. Se Deus, em sua sabedoria, entendimento e conhecimento, fez a terra e os céus, pode também nos sustentar em qualquer situação se continuarmos a adorá-lo, e não criticá-lo; se continuarmos a amá-lo, e não culpá-lo; se confiarmos em sua sabedoria, e não na sabedoria do mundo (Pv 3.19-20).

A SABEDORIA COMEÇA NA REVERÊNCIA A DEUS

Há dois tipos diferentes de sabedoria: a *sabedoria do mundo* e a *sabedoria de Deus*. Precisamos guardar sempre na mente a exata distinção entre as duas.

A sabedoria de Deus é o oposto da sabedoria do mundo. Por exemplo, a mensagem do sofrimento de Jesus na cruz e sua milagrosa ressurreição parece tolice aos incrédulos, mas, para nós que fomos salvas pelo sacrifício de Jesus na cruz, é o poder de Deus (1Co 1.18). Deus diz: "destruirei a sabedoria dos sábios e rejeitarei a inteligência dos inteligentes" (1Co 1.19-20) porque a sabedoria deste mundo não o conhece. Jesus é, ao mesmo tempo, o *poder* de Deus *e a sabedoria* de Deus, e por esse motivo o mundo não o reconhece. A sabedoria do mundo não serve para nada, mas a sabedoria divina dura para sempre.

Não podemos depender da sabedoria do mundo. Paulo disse que nossa sabedoria não deve basear-se "na sabedoria humana, mas no poder de Deus" (1Co 2.5).

Quando dependemos da sabedoria de Deus, e não da sabedoria do mundo, rejeitamos o caminho errado. Todas as vezes que buscamos a Deus e pedimos que seu Espírito de sabedoria nos guie, estamos pisando em solo firme. Podemos dizer: "Bendirei o Senhor, que me aconselha; na escura noite o meu coração me ensina! Sempre tenho o Senhor diante de mim. Com ele à minha direita, não serei abalado" (Sl 16.7-8)

A Bíblia diz: "*O temor do Senhor é o princípio da sabedoria*; todos os que cumprem os seus preceitos revelam bom senso" (Sl 111.10). A reverência a Deus é o primeiro passo para receber a sabedoria do Senhor, que nos é concedida por seu Santo Espírito que habita em nós. Isso não significa que você sabe tudo o que Deus sabe. Significa que terá sabedoria divina que não teria sem ele. Significa que terá bom senso para confiar na sabedoria infinita de Deus.

A verdadeira sabedoria vem de Deus. A Bíblia diz: "Na mão direita, a sabedoria lhe garante *vida longa*; na mão esquerda, *riquezas e honra*. Os caminhos da sabedoria são caminhos *agradáveis*, e todas as suas veredas são *paz*. A sabedoria é árvore que dá *vida* a quem a abraça; quem a ela se apega será *abençoado*" (Pv 3.16-18). A sabedoria de Deus nos dá vida longa, abundância, contentamento, força, paz e felicidade.

Quando temos a sabedoria divina, caminhamos em segurança, dormimos profundamente e vivemos sem medo. Temos a confiança de saber que Deus nos livrará do perigo se formos sábias o suficiente para buscá-lo em tudo, sábias o suficiente para ouvir sua voz de sabedoria falando à nossa alma, sábias o suficiente para fazer o que é certo. "Meu filho, guarde consigo a sensatez e o equilíbrio [...]. *Então você seguirá o seu caminho em segurança, e não tropeçará; quando se deitar, não terá medo, e o seu sono será tranquilo*" (Pv 3.21,23-24).

O mesmo capítulo diz que, quando caminhamos com sabedoria, não temos "*medo da calamidade repentina* nem da ruína que atinge os ímpios, *pois o SENHOR será a [nossa] segurança e [nos] impedirá de cair em armadilha*" (v. 25-26). Quantas vezes vimos acontecer uma desgraça a quem não buscou a sabedoria de Deus antes de tomar uma decisão importante? Isso não precisa acontecer.

Como é reconfortante saber que não teremos medo da calamidade repentina nem dos ataques de pessoas más porque Deus nos protegerá quando descansarmos em sua sabedoria e confiarmos no Espírito de sabedoria que habita em nós! Quando vivemos no temor do Senhor, reverenciando-o e temendo experimentar a vida sem ele, vivemos em segurança e com tranquilidade, sem recear o mal (Pv 1.33).

Deus quer que você busque sabedoria, entendimento e discernimento da mesma forma que buscaria um grande tesouro (Pv 2.4) e diz: "se [você] *der ouvidos à sabedoria* e inclinar o coração para o discernimento [...] então entenderá o que é temer o SENHOR e achará o conhecimento de Deus" (Pv 2.2,5).

Significa que precisamos nos entregar inteiramente ao Senhor com entusiasmo, para que não haja nada em nós que não seja dedicado a ele e de propriedade dele. Quando nosso amor e reverência a Deus são tão grandes a ponto de não querermos fazer nada que lhe desagrade, é sinal de que estamos começando a entender. Estamos começando a compreender o que significa temer ao Senhor: significa amá-lo, reverenciá-lo e confiar em sua sabedoria infalível — tanto *para* a nós como *em* nós.

Quando escolhemos andar com humildade diante do Senhor, a sabedoria de Deus se manifesta em nós.

Oração de amor

Senhor, eu amo tua sabedoria porque ela é eterna, verdadeira e sempre perfeita. Ajuda-me a buscá-la e a depender dela todos os dias. Espírito Santo de sabedoria, concede-me uma porção renovada de teu entendimento para que eu possa sempre ouvir teu conselho sábio falar a meu coração. Dependo de tua direção em todas as situações. Ensina-me a valorizar todos os meus dias na terra para que meu coração alcance sabedoria (Sl 90.12).

Sei que a orientação das nações de nada adianta, mas tu abençoas o povo que proclama que és o Senhor e que busca tua sabedoria — o povo que escolheste para te pertencer (Sl 33.11-12). Obrigada porque os teus planos permanecem para sempre (Sl 33.11). Entristeço-me ao ver que minha nação tem rejeitado tua sabedoria divina. Leva-nos de volta a ti, eu oro. Só em ti podemos sempre encontrar a sabedoria para tomar decisões certas. Sei que o homem, na arrogância de sua sabedoria, vem para destruir; porém, confio que tua sabedoria pode nos fazer capazes de sobreviver.

Eu te louvo e te adoro. Agradeço porque tua sabedoria em mim começa nessa reverência a ti. Ajuda-me a sempre te amar e a te valorizar acima de todas as coisas. Busco tua sabedoria acima da sabedoria do mundo porque sei que quem faz isso é abençoado. Não quero ser como aqueles que "desprezaram o conhecimento e recusaram o temor do Senhor" (Pv 1.29) porque não apreciaram tua presença e não tiveram as orações respondidas. Quanto a mim, confio plenamente em tua sabedoria, com entusiasmo e sem hesitação, porque te amo e confio em ti.

Oro em nome de Jesus.

Palavras de amor

O temor do Senhor é o princípio do conhecimento,
mas os insensatos desprezam a sabedoria e a disciplina.

PROVÉRBIOS 1.7

Pois a sabedoria entrará em seu coração,
e o conhecimento será agradável à sua alma.
O bom senso o guardará,
e o discernimento o protegerá.
A sabedoria o livrará [...]
dos homens de palavras perversas.

PROVÉRBIOS 2.10-12

A boca do justo profere sabedoria,
e a sua língua fala conforme a justiça.
Ele traz no coração a lei do seu Deus;
nunca pisará em falso.

SALMOS 37.30-31

Pois o Senhor é quem dá sabedoria;
de sua boca procedem o conhecimento e o discernimento.
Ele reserva a sensatez para o justo;
como um escudo protege quem anda com integridade.

PROVÉRBIOS 2.6-7

Pois a sabedoria é mais preciosa do que rubis;
nada do que vocês possam desejar compara-se a ela.

PROVÉRBIOS 8.11

13

Abandone definitivamente o mundo do inimigo de Deus

O inimigo *de Deus* é *nosso* inimigo. E *nosso* inimigo é inimigo *de Deus*. Deus nos liberta de *nosso* inimigo quando nos afastamos do inimigo *dele*.

Quando acolhemos o mal em nossa vida, em suas variadas formas, acolhemos o inimigo de Deus e passamos a necessitar do poder, da sabedoria, da orientação e da ajuda do Espírito Santo a fim de nos separarmos completamente daquele domínio. Isso não quer dizer que devemos nos isolar de todo aquele que não crê da maneira como *nós* cremos. Significa que não devemos dar nenhuma abertura ao inimigo em nossa mente e em nossa vida.

Jamais devemos ter um pé em cada reino.

Jesus advertiu: "… o príncipe deste mundo está vindo. *Ele não tem nenhum direito sobre mim*" (Jo 14.30). Satanás não tem nenhum poder sobre Jesus porque Jesus nunca pecou. Se não entregarmos nada de nossa vida ao inimigo, mas oferecermos tudo a Jesus, o inimigo também não terá autoridade sobre *nós*.

Deus quer que vivamos no mundo, mas não devemos sintonizar nosso coração com o sistema do mundo, porque isso se opõe ao reino de Deus, a seus mandamentos e a tudo o que Deus é e faz. No que se refere a nós, devemos permitir que somente pessoas piedosas e cheias de fé, que vivem na verdade de Deus, *exerçam influência* em nossa vida.

Davi disse: "*Meus olhos aprovam os fiéis da terra, e eles habitarão comigo*" (Sl 101.6). Nós também não devemos passar a maior parte do tempo com pessoas que nos influenciem a escolher os caminhos do inimigo, sejam estes quais forem.

Se de alguma forma *sintonizarmos nosso coração com o mal*, ele recairá sobre nós em forma de consequências negativas. Se, porém, expressarmos amor a Deus *resistindo ao mal*, o Senhor será nosso defensor.

Peça a Deus que a livre do mal

Jesus ensinou-nos a orar: "*Livra-nos do mal*" (Mt 6.13).

Davi orou: "*Livra-me, Senhor, dos maus*; protege-me dos violentos, que no coração tramam planos perversos [...] que pretendem fazer-me tropeçar" (Sl 140.1-2,4).

Nós também precisamos orar com frequência: "Livra-nos do mal" e "protege-nos dos maus", porque o *inimigo de Deus* atacará cada uma de nós. Jesus sabia disso, portanto nos ensinou a orar como ele orava. Sempre oro para que meus filhos também sejam libertados do mal porque o inimigo tentará seduzi-los.

Muitas pessoas não querem enxergar a realidade de que existe um inimigo que se opõe a nós. E há consequências negativas na vida de quem não faz caso do adversário e de suas táticas ou de quem preferiu permanecer alheio à sua existência. Seja qual for a religião dessas pessoas, ela não funciona.

Jesus nos ensinou a orar para que os planos do inimigo não tenham êxito em nossa vida.

Mostramos amor a Deus quando *oramos contra o mal*. Davi orou: "... *a minha oração é contra as práticas dos malfeitores*" (Sl 141.5). Podemos orar *a favor de* algumas coisas e *contra* outras. Habitue-se a orar contra a intromissão do mal em sua vida e na vida de quem você ama.

Jesus destruiu o poder do mal com sua morte e ressurreição. O mal, porém, continua aqui. A Bíblia nos assegura de que o mal não triunfará sobre nós *se resistirmos a ele*. *Precisamos exercer autoridade* no nome de Jesus e *recusar a estar em sintonia com o mal.* Deus *não* disse: "Finjam que o mal não existe, e ele irá embora". Ele disse: "*Resistam* ao Diabo, e ele fugirá de vocês" (Tg 4.7). Será que eu creio que existe um demônio atrás de cada arbusto? Não, mas creio que existe um número incontável de demônios em muitos lugares e em muitas pessoas.

O inimigo não está em toda parte, embora em alguns dias isso pareça ser verdade. É assim que ele deseja que pensemos. A verdade é esta: apenas Deus é onipresente. O inimigo, contudo, estará onde for convidado a estar. Deus também estará onde *ele* for convidado a estar, porém com muito, muito mais poder que o inimigo. Precisamos tomar cuidado para não permitir que algumas pessoas, alguns pensamentos, algumas palavras e algumas ações sejam convidados a entrar em nossa vida. Vemos nos noticiários pessoas que venderam a alma para o reino das trevas e são recompensadas com seduções mundanas, mas seu futuro eterno também será no reino das trevas.

Não podemos esquecer esse fato.

Precisamos fazer a escolha de nos afastar de qualquer *indício* do reino das trevas e viver na luz com Jesus porque nosso futuro depende disso.

AME A DEUS MANTENDO SEU CORAÇÃO SEPARADO DO MUNDO
Vivemos numa batalha espiritual entre Deus e o inimigo de Deus, e, quanto mais cedo reconhecermos isso, mais cedo

nos tornaremos as guerreiras de oração que o Senhor quer que sejamos. Nessa guerra espiritual, a oração é a forma de combatermos o inimigo. Mas primeiro precisamos distinguir claramente o que nos sintoniza com o inimigo e o que não nos liga a ele. Davi disse: "Grande será o sofrimento dos que correm atrás de outros deuses" (Sl 16.4). *Aqueles que correm atrás do inimigo não terão paz.*

Mostramos amor a Deus ao nos afastar de tudo o que nos afasta dele. Quando fazemos isso, Deus nos liberta das garras do inimigo. "Odeiem o mal, vocês que amam o Senhor, pois *ele protege a vida dos seus fiéis e os livra das mãos dos ímpios*" (Sl 97.10).

O mal conspira constantemente contra nós, e todas as vezes precisamos lembrar de recorrer a Deus em busca de ajuda para vencer as batalhas contra o inimigo. Deus nos *prepara* para a batalha. Ele nos *ensina* a guerrear contra o inimigo. Ele nos *liberta* do inimigo. E nos *dá a vitória.*

Deus não deseja apenas que resistamos ao inimigo, que apenas tentemos nos defender contra os planos do mal. Deseja que partamos para o *ataque* e oremos pela destruição dos planos do inimigo antes mesmo que ele tente executá-los.

Davi afirmou: "*Ele é o Deus que me reveste de força e torna perfeito o meu caminho. [...]* Persegui os meus inimigos e os alcancei; e não voltei enquanto não foram destruídos" (Sl 18.32,37). *Deus nos cobre de força e nos ajuda na batalha, capacitando-nos a fazer o que não conseguiríamos realizar sem ele.*

Deus nos protege de nosso inimigo e *nos ensina* a orar durante os ataques contra nós; ele também nos orienta a não desistir enquanto o inimigo não for derrotado. Mesmo quando o maligno nos assedia, podemos invocar o Senhor e seu nome para nos livrar.

Precisamos nos distanciar daqueles que rejeitam Deus e aos seus caminhos. O salmista disse: "Tenho vivido tempo demais entre os que odeiam a paz" (Sl 120.6).

O inimigo costuma se disfarçar, às vezes até o ponto de parecer quase um cristão. É assim que as seitas são formadas. Seus princípios são *mais ou menos certos, quase sempre certos* ou *possivelmente certos*. E apelam para aqueles que desejam ser os *mais certos* de todos. Desconfie de grupos que prometem ter recebido do Senhor uma revelação especial que ninguém mais recebeu, ou que alegam que somente eles receberam a verdadeira revelação divina. As seitas são construídas e organizadas sobre esses tipos de afirmações, e quem se filia a elas se torna cego para a verdade.

Todas nós podemos ser seduzidas a entrar no mundo do inimigo dessa forma se não formos diligentes em manter o coração puro perante o Senhor. Lembre-se: "*O coração é mais enganoso que qualquer outra coisa*" (Jr 17.9). Deus disse que sonda nosso coração e examina nossa mente, para nos recompensar de acordo com o que encontrar em nós (Jr 17.10). Há aqueles que *fingem* ser bons ou *imaginam* ser bons, mas *não o são*, e Deus conhece a verdade sobre cada um.

Às vezes Deus nos põe à prova para saber se nos associaremos aos perversos quando estes estiverem aparentemente vencendo. Por exemplo, quando as pessoas à nossa volta que servem ao mal ganham popularidade, será que abandonamos a Deus e nos sintonizamos com elas? Precisamos ser fortes para resistir ao mal. Todas as vezes que nos defrontamos com uma escolha, precisamos fazer a escolha certa. E todos os dias nossas escolhas devem ser claras. "O Senhor prova o justo, mas o ímpio e a quem ama a injustiça, a sua alma odeia" (Sl 11.5).

Deus prova aqueles que ele ama. Mostramos amor a Deus quando somos aprovadas no teste.

198 ESCOLHA O AMOR

Quando obedecemos ao que a Bíblia diz e amamos o Senhor de todo o nosso coração, de toda a nossa alma, de todas as nossas forças, não caímos no engodo do inimigo e somos aprovadas no teste de resistir a ele (Dt 6.5).

Diariamente podemos escolher a que ou a quem elevaremos nossa alma. Será a um ídolo ou ao Senhor? Davi disse: "A ti, SENHOR, elevo a minha alma. Em ti confio, ó meu Deus. *Não deixes que eu seja humilhado, nem que os meus inimigos triunfem sobre mim!*" (Sl 25.1-2). Quando elevamos a alma a qualquer tipo de ídolo, o inimigo sempre triunfa.

Amar a Deus significa separar-nos do sistema de valores do mundo e valorizar as coisas de Deus acima de tudo. Significa ouvir a voz de Deus acima de todas as outras vozes — inclusive a voz de nossos interesses.

Peça a Deus que lhe mostre frequentemente se em sua vida existe algum ídolo ao qual você tem elevado a alma. Talvez se surpreenda ao ver o que ele lhe mostrará. Até o fato de julgar a nós mesmas de acordo com a imagem mundana que dita como deveríamos ser ou agir pode vir a ser um ídolo para nós.

A Bíblia diz: "não deem lugar ao Diabo" (Ef 4.27). Por exemplo, se amarmos verdadeiramente a Deus, não haveremos de querer olhar para coisas ímpias e contrárias ao caminho dele. Quando olhamos para essas coisas, isso fere *nosso espírito* e entristece o *Espírito dele.* Se ocuparmos o pensamento com as coisas de Deus, impediremos a entrada do mal. Davi disse: "*Repudiarei todo mal.* Odeio a conduta dos infiéis; jamais me dominará! *Longe estou dos perversos de coração*; não quero envolver-me com o mal" (Sl 101.3-4). Precisamos dizer o mesmo.

Apesar de Davi, a certa altura da vida, ter pensado no mal e posto os olhos no mal, isso lhe causou uma tristeza tão profunda que ele se arrependeu diante de Deus e pagou um preço altíssimo por sua insensatez.

Temos de fazer um esforço consciente e contínuo para nos apartar do mal e fazer o que é certo. Peça a Deus que lhe mostre se existe algo em sua vida com o qual você alinhou seu coração e do qual precisa separar-se. Há grande liberdade e alívio quando você faz isso.

Deus nunca nos tira o direito de fazer escolhas boas ou más. Temos de desistir de ter uma vida de acordo com nossos padrões para ter uma vida de acordo com os padrões *dele*.

Não se irrite ao ver o mal prosperar

Vemos o mal prosperar no mundo todos os dias. E exatamente quando pensamos que já vimos tudo o que poderíamos ver, algo mais horrendo e inimaginável acontece. Observamos pessoas desumanas beneficiando-se de más ações e perguntamos: "Até quando o mal reinará e prosperará?".

Davi viu o mesmo acontecer em sua época e orientou: "*Não se aborreça por causa dos homens maus e não tenha inveja dos perversos*; pois como o capim logo secarão, como a relva verde logo murcharão" (Sl 37.1-2). Não é reconfortante saber que haverá um fim para o mal que presenciamos? É por isso que nunca devemos desejar as vantagens dele.

Queremos saber por que os perversos florescem, mas a Bíblia diz que "eles serão destruídos para sempre" (Sl 92.7). Deus lhes concede a oportunidade de voltar-se para ele, mas, quando se recusam, fica claro o lugar em que permanecem. Os inimigos de Deus *serão* destruídos, porque ele é todo-poderoso, não será ridicularizado e sempre tem a última palavra (Sl 92.8-9).

Em vez de irritar-se com o inimigo, veja algumas coisas que você pode fazer até que os maquinadores do mal sejam destruídos:

ESCOLHA O AMOR

- *Confie no SENHOR e faça o bem*; assim você habitará na terra e desfrutará *segurança* (Sl 37.3).
- *Deleite-se no SENHOR*, e ele atenderá aos desejos do seu coração (Sl 37.4).
- *Entregue o seu caminho ao SENHOR*; confie nele, e ele agirá: ele deixará claro como a alvorada que você é justo, e como o sol do meio-dia que você é inocente (Sl 37.5-6).
- *Descanse no SENHOR e aguarde por ele com paciência*; não se aborreça com o sucesso dos outros, nem com aqueles que maquinam o mal (Sl 37.7).
- *Evite a ira* e rejeite a fúria; não se irrite: isso só leva ao mal (Sl 37.8).

É fácil nos irritarmos ao ver como o mal prospera hoje em dia, mas, se escolhermos confiar no Senhor, fazer o bem e nos deleitar nele, entregar a vida a ele, descansar e aguardar por ele com paciência em vez de ser consumidas pela raiva, viveremos com a mente, as emoções, os pensamentos mais profundos e o "eu" espiritual focados inteiramente em Deus, e amando-o de todo o nosso coração.

A ira não produz a justiça de Deus; só o amor a produz.

Nestes tempos em que o mal domina cada vez mais, aproxime-se de Deus. Proclame-o como seu Senhor e Mestre. Reconheça todo o bem que há em sua vida e em seu mundo e que não existiria sem Deus. Diga: "Tu és o meu Senhor; não tenho bem nenhum além de ti" (Sl 16.2). Deleite-se no povo de Deus. "Quanto aos fiéis que há na terra, eles é que são os notáveis em quem está todo o meu prazer" (Sl 16.3).

Não ambicione o que os ímpios adquirem. "Melhor é o pouco do justo do que a riqueza de muitos ímpios" (Sl 37.16).

Você tem coisas mais importantes a fazer.

Deus libertou você de temer o inimigo

Um dos motivos para termos um inimigo é *porque* pertencemos ao Senhor. É por isso que não devemos apenas pedir que Deus nos livre dos planos malignos do adversário, mas que nos livre também de *temer* o adversário. Davi orou: "... *preserva-me a vida do terror do inimigo. Esconde-me da conspiração dos malfeitores*" (Sl 64.1-2, RA).

Davi sabia quem estava do seu lado. Ele disse: "Se o Senhor não estivesse do nosso lado quando os inimigos nos atacaram, eles já nos teriam engolido vivos, quando se enfureceram contra nós; as águas nos teriam arrastado e *as torrentes nos teriam afogado*" (Sl 124.2-4)

Você também precisa saber quem está do seu lado. Nunca permita que o terror do inimigo lhe sufoque a alma.

Lembre-se: Deus é todo-poderoso — e não pode criar nada que seja mais poderoso que ele; é impossível. Não se deixe enganar por perguntas tolas que algumas pessoas fazem a fim de que os cristãos pareçam idiotas. O inimigo não é nem de longe tão poderoso quanto Deus e nunca será. Ele tem poder apenas sobre pessoas que acreditam em suas mentiras em vez de acreditar na *verdade de Deus*.

Amamos a Deus, por isso escolhemos servir a *ele,* e não ao inimigo. Davi disse:

> O Senhor é a minha luz e a minha salvação; de quem terei temor? *O Senhor é o meu forte refúgio; de quem terei medo?* [...] *Ainda que um exército se acampe contra mim, meu coração não temerá*; ainda que se declare guerra contra mim, mesmo assim estarei confiante.
>
> Salmos 27.1,3

Davi sabia que Deus o esconderia e o protegeria.

O inimigo sempre tenta impedir tudo o que o Senhor deseja fazer em você e em sua vida. Não tenha medo. Esconda-se no Senhor em oração, em adoração e na Palavra. Se o ataque sobre você for grande, as bênçãos vindas do outro lado certamente serão grandes também. Os desafios que você enfrenta enquanto caminha rumo à terra prometida aonde Deus a está conduzindo produzirão em você a fé e a força para vencer. Às vezes nossos momentos de maior fraqueza antecedem a maior obra de Deus em nossa vida. Esses tempos de ataque do inimigo só servirão para aumentar sua confiança no Senhor e a paz que ele lhe dá.

Deus a protegerá dos semeadores do mal

Jesus venceu o inimigo. Agora o poder em você é maior que o poder do mal.

Sim, conhecemos maldades cometidas por indivíduos que se dizem cristãos — como ocorreu no Holocausto e no período da escravidão —, mas eles não eram cristãos. Essas pessoas não aceitaram Jesus nem seu sacrifício na cruz, e não estavam cheias do Espírito de sabedoria, consolação e amor que Jesus oferece aos que o amam. Não amavam a Deus acima de tudo e não queriam ser conduzidas por ele todos os dias.

Não chegaram nem perto disso!

As pessoas que fizeram essas coisas não receberam o poder de Deus nem foram movidas por seu amor. Faltava-lhes a fragrância e a beleza do Senhor. Amavam a si mesmas e promoviam o mal. Venderam o coração ao inimigo de Deus e serviram inteiramente ao inimigo e a elas próprias. Não há desculpa ou justificativa para esses atos, que nem de longe estão sintonizados com Deus. Trata-se de uma oposição marcante e brutal a tudo o que Deus é. Tais atos foram medonhos e exalaram a podridão do mal.

As pessoas piedosas são motivadas pelo amor de Deus em tudo o que fazem. As pessoas maldosas mostram falta de amor. É fácil conhecer quem se encontra assentado sobre o alicerce de palha em suas convicções — quem, pelo modo como ataca Deus, Jesus e o Espírito Santo, deixou o Senhor fora de sua "religião". Essa gente difama os cristãos, zomba de Deus e concentra seus esforços para destruir o nome do Senhor e de seu povo. Nem todas as religiões são iguais. Não se pode reuni-las no mesmo saco e dizer que são todas boas ou todas más. Quem faz isso revela enorme ignorância. Mas você pode olhar ao seu redor e, se vir que uma pessoa ou um grupo de pessoas está tentando destruir aqueles que não concordam com elas, então entenderá que estão pisando em terreno escorregadio no que se refere às suas crenças. Elas sabem disso e, consequentemente, têm de destruir quem não aceita seus argumentos. Vemos esse tipo de crueldade nos ditadores e líderes de falsas religiões.

Tome cuidado com aqueles que tentam destruir tudo o que você conhece a respeito de Deus. Se identificar quem faz isso, verá que são pessoas ímpias: estão servindo ao maligno e ao reino das trevas.

As pessoas que servem ao reino das trevas precisam eliminar os que servem à luz. Quando você vir pessoas tentando eliminar alguém que discorda delas ou se opõe a elas, é sinal de que estão servindo ao reino das trevas e do mal e mentindo em benefício próprio. Elas acreditam que, para governar e prevalecer, precisam eliminar a verdade.

As leis divinas são como a lei da gravidade: aplicam-se a tudo. As leis naturais foram estabelecidas por Deus, e suas regras são verdadeiras em todos os países e cidades. É sempre errado transgredir qualquer lei ou mandamento de Deus, porque as consequências se encontram embutidas neles. Se você vir alguém rejeitando as leis de Deus conforme mencionado na Bíblia, saiba que essa pessoa não é de Deus.

Deus lhe deu vontade própria, e você precisa escolher a quem servir e a quem não servir. Quer você saiba, quer não, estará servindo às forças das trevas e do mal se não estiver servindo ao Senhor de modo deliberado e ativo. Se não crer no Senhor, você viverá numa neblina de incredulidade. Não verá nada em linha reta. Será influenciada pela voz mais alta que desafia Deus.

Se, porém, amar e servir a Deus e expressar amor a ele, afastando-se de todo mal e resistindo ao avanço do maligno em oração e ação, você estará protegida. Se o seu coração estiver totalmente entregue a Deus, você não precisará ter medo de ser subornada pelo inimigo de forma nenhuma.

Oração de amor

Senhor, ajuda-me a expressar meu amor por ti. Para isso, preciso apartar-me completamente de tudo o que não agrada aos teus olhos. Se o inimigo de minha alma tiver qualquer poder sobre mim, revela-me agora para que eu me liberte dessa influência. Se, de alguma forma, meu coração ou meus pensamentos estiverem ligados aos caminhos do adversário — ou se me desviei de teu reino —, mostra-me isso, para que eu me arrependa e volte para ti e para tua cobertura protetora.

Capacita-me a permanecer firme ao resistir ao inimigo, para que ele fuja de mim. Não recorrerei a ninguém para ser meu salvador porque o socorro do homem é inútil se não for conduzido por ti (Sl 108.12). Ninguém pode agir contra o inimigo como tu ages. É por isso que meus olhos estão sempre voltados para ti (Sl 25.15). Obrigada, Jesus, porque derrotaste o inimigo e o colocaste sob teus pés. Ajuda-me a vestir o escudo da fé em ti, o qual me protege do ataque do inimigo (Ef 6.16). "... por tua justiça, tira-me desta angústia. E no teu amor leal, aniquila os meus inimigos; destrói todos os meus adversários, pois sou teu servo" (Sl 143.11-12).

Ajuda-me a resistir a todas as tentações. Não quero viver como aqueles que servem ao inimigo. Quando for tentada, eu te adorarei porque o louvor convida tua presença de maneira poderosa, e o inimigo odeia isso. Agradeço porque estás do meu lado e não preciso ter medo do que me pode fazer o homem (Sl 118.6). Agradeço porque teus mandamentos me tornam mais sábia que meus inimigos (Sl 119.98). Agradeço porque nenhuma arma forjada pelo inimigo contra mim prevalecerá (Is 54.17).

Oro em nome de Jesus.

Palavras de amor

Sei que me queres bem,
pois o meu inimigo não triunfa sobre mim.
Por causa da minha integridade me susténs
e me pões na tua presença para sempre.

Salmos 41.11-12

O que é nascido de Deus vence o mundo; e esta é a vitória
que vence o mundo: a nossa fé. Quem é que vence o mundo?
Somente aquele que crê que Jesus é o Filho de Deus.

1João 5.4-5

Um pouco de tempo,
e os ímpios não mais existirão [...].
Mas os humildes receberão a terra por herança
e desfrutarão pleno bem-estar.

Salmos 37.10-11

Os meus inimigos retrocederão,
quando eu clamar por socorro.
Com isso saberei que Deus está a meu favor.

Salmos 56.9

14

*Anseie continuamente pela vontade
e presença de Deus*

Algo acontece em nossa mente, alma e espírito quando não apenas almejamos um relacionamento mais profundo com Deus, mas chegamos ao ponto de não conseguir viver sem esse relacionamento. Finalmente percebemos que somente Deus é capaz de preencher o vazio em nós e não queremos mais perder tempo procurando em outros lugares. Chegamos ao limite e não queremos viver fora da vontade divina nem um momento sequer. Já tentamos isso e sabemos que não funciona.

Assim que tomamos a grande decisão de ter um relacionamento mais profundo com o Senhor e não temos como voltar atrás, nossa vida nunca mais será a mesma. Sabemos que ele é absolutamente importante em nossa vida e não questionamos isso.

A essa altura, há duas coisas que você deve ter:

1. O conhecimento de que está vivendo no centro da vontade de Deus.
2. A noção de que está na presença dele.

Ter esse conhecimento e essa noção todos os dias é como alimento para sua alma. E isso a alimenta com a plenitude que só Deus lhe pode dar. Quando amamos a Deus o suficiente para querer sua presença e perfeita vontade em nossa vida o tempo todo, é porque entendemos que, se não for assim, não estaremos tão perto dele como poderíamos.

Mostramos amor a Deus quando ansiamos cumprir sua vontade perfeita

A vida é curta. "Para sempre" é um tempo longo demais. É por isso que precisamos desejar apenas aceitar a vontade de Deus para nós. E não devemos ambicionar mais nada.

Deus é um Deus que pode ser conhecido.

Isso significa que a *vontade* dele também pode ser conhecida.

Jesus declarou: "A minha comida é fazer a vontade daquele que me enviou" (Jo 4.34). Assim como Jesus, precisamos desejar que a vontade de Deus seja feita em nossa vida da mesma forma que precisamos de alimento. Nosso amor a Deus é demonstrado pelo *desejo* de cumprir sua vontade. Precisamos saber que, ao fazer isso, a vontade dele será mais gratificante do que qualquer outra coisa.

Mostramos amor a Deus quando olhamos para ele em busca de orientação, sem presumir que sabemos qual é a vontade dele em relação a certas situações específicas de nossa vida. Todas nós sabemos, pela leitura da Palavra, que o Senhor não quer que ninguém minta, roube ou cometa assassinato. Isso se aplica a todas as pessoas. Mas será que ele deseja que você abandone aquele emprego e se mude para outra cidade? Talvez Deus queira que *você* faça isso, mas essa pode não ser a vontade dele para as outras pessoas. É preciso saber qual é a vontade dele em relação a você.

Quando você quiser saber qual é a vontade específica de Deus para sua vida, a única maneira é orar, orar e orar. E depois ore com outras pessoas cuja caminhada com Deus é intensa e verdadeira, pessoas que amam a Deus acima de tudo.

Quando não obedecemos à vontade de Deus ou nos desviamos dela, além de receber o castigo dele, perdemos o direito de receber as bênçãos que seriam nossas se tivéssemos vivido de acordo com o querer divino. Se vivermos fora dos limites da vontade de Deus, desagradando-lhe, expomo-nos às próprias consequências que queremos evitar.

É por isso que diariamente precisamos nos aproximar de Deus e saber qual é sua vontade. Para tanto, precisamos estudar sua Palavra e orar.

É comum aguardarmos que algo terrível nos aconteça para saber qual é a vontade de Deus — como uma tragédia ou calamidade. Ou talvez seja difícil despertarmos para o fato de que nos desviamos do caminho perfeito de Deus, onde estivemos um dia. Permitimos que nosso coração se tornasse fraco, monótono, medroso, venenoso, instável ou indiferente em relação ao Senhor. Graças, porém, à sua misericórdia e ao seu amor por nós, no momento em que voltamos ao caminho certo e o buscamos com o coração verdadeiramente arrependido e humilde, ele nos perdoa e nos aceita de volta sob o guarda-chuva protetor de sua vontade perfeita.

Não podemos presumir que sabemos qual é a vontade de Deus em todas as coisas sem perguntar a ele.

Presumir é ter uma atitude em relação a algo com base em certas probabilidades. É achar que já sabemos o que Deus tem a dizer e, portanto, deixar de ouvi-lo, mas isso não é certo. Leva-nos a ter falsa confiança porque acreditamos que algo é verdadeiro, mas esse algo não existe. Temos certeza de que determinada coisa faz parte da vontade de Deus, mas não faz.

Quando Jerusalém caiu nas mãos de seu inimigo, muitos israelitas foram levados cativos. Aqueles que sobraram pediram a Jeremias que orasse para que recebessem uma orientação clara quanto a se deveriam ir para o Egito ou ficar onde estavam.

Jeremias disse: "Eu os atenderei. [...] Orarei ao Senhor, ao seu Deus, conforme vocês pediram. E tudo o que o Senhor responder eu lhes direi; nada esconderei de vocês" (Jr 42.4).

Embora Jeremias desfrutasse do favor de Deus, a resposta de que os israelitas deveriam permanecer em Jerusalém demorou dez dias.

No entanto, os israelitas já haviam decidido que iriam para o Egito de qualquer maneira. Presumiram que conheciam a vontade de Deus ou não se importaram com ela. Qualquer que tenha sido o caso, foi uma escolha terrível.

O povo foi destruído porque não aguardou a orientação *de Deus*. Estas palavras foram ditas a respeito de Jerusalém: "... *ela não esperava que chegaria o seu fim*. Sua queda foi surpreendente; ninguém veio consolá-la" (Lm 1.9)

Os israelitas não pensaram em seu destino quando optaram por ignorar a vontade de Deus. Queriam que a *vontade deles* fosse feita. Imediatamente. Naquele momento, aguardar a resposta de Deus não fazia parte de seus planos.

Muitas de nós fizemos coisas sem pensar em nosso destino. Quantas vezes na vida você fez alguma coisa sem considerar as consequências? Não faria isso tantas vezes se tivesse confiado na sabedoria e na orientação de Deus e procurado conhecer qual era a perfeita vontade divina. Mas estou falando de um período *anterior*, antes de você conhecer o valor da Palavra de Deus, de sua sabedoria e de sua vontade. Quantas oportunidades de refazer as coisas você gostaria de ter se pudesse contar com uma máquina do tempo? Penso em tantas que fico apavorada. Graças a Deus por sua misericórdia, que nos faz passar por cima de nossos erros e falta de julgamento. Graças a Deus porque ele pode acertar tudo, curar tudo, restaurar tudo. Onde estaríamos sem a redenção e a restauração de Deus?

Para não ter esses tipos de arrependimento, é preciso viver de acordo com a vontade de Deus e recusar-se a viver de outra maneira. Se você já tomou um grande gole da experiência de *não* obedecer à vontade de Deus (e o sabor foi tão amargo que seu desejo é evitar beber daquela taça novamente), custe o que custar, você fará o possível para nunca mais ficar fora da vontade de Deus — nem por um momento sequer.

Mostramos amor a Deus quando fazemos as escolhas certas

Embora seja verdade que podemos ler a Palavra de Deus para saber qual é sua vontade para grande parte de nossa vida, há escolhas que precisamos fazer, e é necessário ouvir o que Deus tem a nos dizer especificamente a respeito delas. Não podemos presumir que conhecemos sua vontade sem ouvi-lo e sem receber sua paz. Não podemos presumir que Deus agirá de determinada maneira porque foi exatamente assim que ele agiu no passado. Não podemos tentar colocar Deus dentro da caixa de nossos desejos. Não podemos querer saber o que ele está dizendo sem perguntar qual é sua vontade para uma situação específica.

Deus deseja que você ande com ele, que mantenha os olhos fixos nele, que ouça sua voz a conduzi-la e que procure saber qual é sua vontade em todos os momentos. O Senhor não deseja que você aja precipitadamente por conta própria, achando que já descobriu tudo, que sabe tanto quanto ele e, portanto, não precisa mais saber qual é sua vontade. E definitivamente Deus não deseja que você seja semelhante aos israelitas ao decidir fazer o que *você* quer sem levar em conta o que *ele* quer.

As consequências são desastrosas quando deixamos de pensar em nosso destino.

Precisamos ter um coração que verdadeiramente ouça Deus revelar sua vontade para nós. E não podemos ter ouvidos seletivos — ouvir apenas o que queremos e no momento em que estivermos preparadas para ouvir.

A escolha por não ouvir o que Deus tem a dizer sempre nos trará consequências, e o preço sempre será muito alto.

Jesus disse: "Pois desci dos céus, *não para fazer a minha vontade, mas para fazer a vontade daquele que me enviou*" (Jo 6.38). Até Jesus buscou a Deus a fim de fazer a vontade de seu Pai celestial.

Mostramos amor a Deus quando desejamos fazer sua vontade. E isso significa sermos completamente sinceras com ele. Se recorrermos a Deus com motivos que não sejam perfeitos, questionaremos por que ele não responde às nossas orações.

Algumas pessoas acreditam que o fato de dizermos alguma coisa negativa a nosso respeito é sinal de falta de fé. Portanto, não podemos dizer: "Estou doente", "Estou com medo" ou "Estou triste". Fazer isso significa dar-se por vencido — até para proferir essas palavras em oração. Mas eu digo que, se você não falar a verdade em oração, não dará a Deus a chance de responder. A responsabilidade passa a ser *sua*. O salmista disse: "Eu cri, ainda que tenha dito: Estou muito aflito" (Sl 116.10). Ele acreditou em Deus, por isso falou a verdade a respeito de si mesmo e de sua aflição.

É melhor orar: "Senhor, é isto o que está acontecendo comigo, e é isto que desejo ver acontecer nesta situação, mas, acima de tudo, desejo o que *tu* desejas".

Tive amigos que morreram de enfermidades e que não queriam nem pedir às pessoas que orassem por eles porque teriam de confessar que estavam enfermos. A cura de Deus é um ato de misericórdia sobre nós. Não é algo que *fazemos acontecer* por causa de nossa grande fé. *Deus* decide quem ele cura e quando é chegada a hora de morrer. Devemos deixar que Deus seja Deus e parar de tentar fazer as coisas acontecerem sem o poder divino.

A vontade de Deus não gira apenas em torno de nós. Há coisas que ele almeja fazer neste mundo, e ele quer usar cada uma de nós como seus instrumentos para executá-las. Deus não necessita de nós. Pode fazer sozinho o que faz, mas escolhe trabalhar em *parceria conosco* para fazer sua vontade na terra. Não podemos cumprir nosso chamado se não formos as primeiras a buscar a vontade do Senhor para nossa vida.

Você precisa ser sincera ao buscar conhecer a vontade de Deus sobre algo específico e pessoal. Conte a ele como se sente a respeito disso, mas diga que deseja o que *ele* deseja, mais que qualquer outra coisa. Quando você procurar saber qual é a intenção divina para cada aspecto de sua vida, ficará maravilhada ao ver as portas se abrindo para você fazer a vontade de Deus em favor de outras pessoas.

MOSTRAMOS AMOR A DEUS QUANDO ANSIAMOS POR SUA PRESENÇA

Precisamos ter paixão pela presença de Deus. Fazemos isso quando sentimos paixão por Jesus, paixão por seu Espírito em nós, paixão por servir e agradar a ele, e paixão pela Palavra de Deus.

Assim que sentir a presença de Deus em sua vida, você desejará tê-la todos os dias. Desejará sempre viver naquele lugar de paz. Quando buscamos a presença de Deus mais que tudo, não queremos mais voltar a viver de outra maneira. Não existe nada mais aceitável que isso. Passamos a depender da presença dele como se fosse um vício (e tomara que jamais nos recuperemos disso).

Moisés advertiu aos israelitas que não subissem à terra prometida, que o Senhor lhes dera por herança, porque era tarde demais. Eles não confiaram quando Deus outrora lhes pedira que subissem. Mas agora estavam *presumindo* que essa continuava a ser a vontade do Senhor e não o consultaram.

Moisés disse: "Por que vocês estão desobedecendo à ordem do Senhor? Isso não terá sucesso!" (Nm 14.41). Moisés avisou-os de que seriam derrotados pelos inimigos *porque o Senhor não estava mais com eles* (Nm 14.42).

Os israelitas não tinham mais a presença de Deus em razão da desobediência e da falta de fé. Poderia haver maior tristeza em nossa vida que não ter mais a presença de Deus depois de senti-la?

Moisés lhes disse: "…vocês cairão à espada. Visto que deixaram de seguir o Senhor, *ele não estará com vocês!*" (Nm 14.43). Os israelitas, porém, não deram ouvidos a Moisés e agiram por conta própria. Resultado: os inimigos os atacaram e os afugentaram.

Perdemos a proximidade da presença de Deus quando não o buscamos acima de todas as coisas, e desrespeitamos seus caminhos quando vivemos longe da vontade dele. Quando, porém, submetemos nosso espírito a ele e recebemos uma porção renovada de seu Espírito em nós todos os dias, e procuramos sua orientação em tudo, *ele nos capacita a agir corretamente.*

Deus não promete que viveremos num constante mar de rosas nem diz que nossa vida será sempre um inferno. Diz que passaremos por provações, mas que podemos encontrar alegria e paz em meio a elas se buscarmos sua presença, qualquer que seja a situação.

Na comunidade cristã, há um movimento entre os reacionários ao evangelho da prosperidade. Os defensores do evangelho da prosperidade acreditam que a pessoa pode reivindicar tudo o que desejar, e Deus atenderá ao seu pedido. Os reacionários a essa crença partiram para outro extremo e afirmam que existe um evangelho de infortúnio e sofrimento, como se não pudéssemos esperar nada melhor que isso na terra. Para eles, é uma heresia alguém sentir felicidade ou alegria nesta vida. Não acredito em nenhum desses extremos, nem você deveria acreditar. Não vejo nenhum desses casos na Bíblia. Deus concede felicidade *e* também permite o sofrimento para cumprir seus propósitos. E é errado afirmar que nunca sentiremos felicidade ou sofrimento. É o mesmo que colocar Deus numa caixa e determinar o que ele pode ou não pode fazer.

Deus não é um gênio que aparece e ajeita tudo quando cruzamos os dedos espirituais em oração. Não é Papai Noel nem ditador. Deus é o Deus de amor, de paz e de alegria que deseja que depositemos nossa confiança nele. Deus quer que o busquemos intensamente, que ansiemos mais e mais por sua presença, que derramemos nosso amor por ele em porções generosas de louvor e adoração, que devoremos sua Palavra como alimento para a alma e que paremos de controlar tudo o que ele faz em nossa vida. É o mínimo que podemos fazer, considerando tudo o que ele tem feito por nós.

VIVER NA PRESENÇA DE DEUS CONDUZ VOCÊ
AO SEU DESTINO

Jesus nos instruiu a buscar primeiro o reino de Deus, e então receberemos tudo de que necessitamos (Mt 6.33). Em outras palavras, busque a Deus em oração e em sua Palavra e não se preocupe com o porvir. Não estou dizendo que não devemos fazer *planos* ou nos *preparar* para o futuro; estou dizendo que devemos fazer o que Deus pede e *confiar o futuro a ele.*

Quando buscamos Deus em primeiro lugar, nos colocamos na posição correta e miramos na direção certa para viver o futuro que ele nos reserva.

Deus diz que o futuro que ele tem para nós é bom.

Se você fizer de Deus uma prioridade, permitindo que ele saiba diariamente quanto necessita dele, mostrando que está com os olhos fixos nele e que anda com ele em todos os passos de sua vida, você se manterá no caminho que leva ao futuro que ele lhe reservou.

Você precisa decidir a confiar no Senhor e a não andar ansiosa por coisa nenhuma, *"mas em tudo, pela oração e pelas súplicas, e com ação de graças"*, apresentar seus pedidos a ele (Fp 4.6). A promessa nesse versículo é que, quando você entregar nas mãos de Deus, em oração, a situação com a qual se preocupa, *"a paz de Deus, que excede todo o entendimento"* guardará seu coração e sua mente em Cristo Jesus (Fp 4.7). Que promessa maravilhosa! Recebemos paz em troca de oração a Deus e confiança nele.

Deus nos mostrará o caminho certo a seguir, mas temos de olhar para ele para enxergar esse caminho. Ele diz: "Eu o instruirei e o ensinarei no caminho que você deve seguir; *eu o aconselharei e cuidarei de você"* (Sl 32.8).

Quando era criança, nosso filho teve de ser visivelmente disciplinado para agir corretamente. Com nossa filha, bastava um olhar de desaprovação meu e de meu marido para resolver o assunto. É que ela olhava para nós para saber qual seria nossa conduta. Nosso filho nem pensava em olhar para nós. Estava ocupado fazendo o que lhe parecia ser uma boa ideia na ocasião. Ele precisou aprender a olhar para nós para receber orientação.

Nós também precisamos olhar para Deus para receber sua aprovação do que estamos fazendo. Significa ter um coração sensível em relação ao Senhor e olhar sempre para ele para saber se o que estamos fazendo lhe agrada. Não queremos ser como um cavalo selvagem que não pode ser domado sem freio nem rédea. Queremos ser sensíveis ao Senhor. Evitaremos muito sofrimento se fizermos isso, porque a misericórdia envolve aqueles que confiam em Deus, e eles cantam de alegria (Sl 32.9-11).

Para mim, esse é um bom motivo. E para você?

Oração de amor

Senhor, anseio cumprir teu querer o tempo todo. Fazer tua vontade é alimento para minha mente, para minha alma e para meu espírito, e me dá força e paz. Não quero jamais estar longe de tua perfeita vontade para minha vida, por isso peço que me ajudes a olhar sempre para ti em busca de orientação e conselho. Senhor Jesus, sei que não procuraste fazer tua vontade na terra, mas a vontade do Pai celestial que te enviou (Jo 5.30). Capacita-me também a submeter toda a minha vontade ao Pai celestial. Senhor, oro para que sempre me enchas do pleno conhecimento de tua vontade perfeita (Cl 1.9).

És vida para mim. Não posso viver sem sentir tua presença em minha vida. "Estendo as minhas mãos para ti; como a terra árida, tenho sede de ti" (Sl 143.6). Sei que "os homens íntegros viverão na tua presença" (Sl 140.13). Ajuda-me a agir corretamente para que eu não deixe de sentir tua presença. Sou grata porque nunca me deixas nem me abandonas, pois teu Espírito habita em mim, mas não quero fazer nada que entristeça teu Espírito nem perder a sensação de proximidade contigo.

Senhor, sei que existe uma ligação entre viver em tua perfeita vontade e sentir tua presença em minha vida. Sei que estás em toda parte, mas a proximidade de tua presença só é sentida por aqueles que se achegam a ti e procuram cumprir o teu querer. Ajuda-me a nunca sacrificar a proximidade de tua presença por pretender agir à minha maneira, e não de acordo com tua vontade. Submeto minha vida a ti.

Oro em nome de Jesus.

Anseie continuamente pela vontade e presença de Deus

Palavras de amor

O mundo e a sua cobiça passam, mas aquele que faz a
vontade de Deus permanece para sempre.

1João 2.17

Portanto, não sejam insensatos, mas procurem compreender
qual é a vontade do Senhor.

Efésios 5.17

Não se amoldem ao padrão deste mundo, mas transformem-
-se pela renovação da sua mente, para que sejam capazes
de experimentar e comprovar a boa, agradável e perfeita
vontade de Deus.

Romanos 12.2

Nem todo aquele que me diz: "Senhor, Senhor", entrará no
Reino dos céus, mas apenas aquele que faz a vontade de meu
Pai que está nos céus.

Mateus 7.21

Como a corça anseia por águas correntes,
a minha alma anseia por ti, ó Deus.
A minha alma tem sede de Deus, do Deus vivo.

Salmos 42.1-2

Terceira escolha

ESCOLHA AMAR OS OUTROS DE FORMA QUE AGRADE A DEUS

15

❖❖❖❖❖❖❖❖❖❖❖❖❖❖❖❖❖❖❖❖❖❖

É possível amar os outros sempre?

Ninguém é capaz de amá-la mais — ou melhor — que Deus. Você não consegue resistir a seu amor incondicional e infalível assim que começa a entendê-lo plenamente. Esse entendimento faz nascer dentro de você um amor profundo e contínuo por *ele*. E a maneira como você expressa amor por Deus influencia a pessoa em que você se torna. É no próprio processo de mostrar amor por Deus que ele derrama seu amor dentro de você.

Assim que sentimos amor por Deus em resposta a seu amor por nós, queremos mostrar esse sentimento por ele de todas as formas possíveis. Uma das mais importantes maneiras de expressar amor por Deus é amando os outros. E essa é a terceira escolha que precisamos fazer. Na verdade, o amor a Deus não será pleno se não amarmos os outros. Quando escolhemos amar os outros, nosso chamado e propósito se completam e esclarecem o motivo pelo qual estamos aqui. A Bíblia diz: "*Amados, visto que Deus assim nos amou, nós também devemos amar uns aos outros*" (1Jo 4.11).

Embora você possa pensar que eu esteja insinuando que você não sabe amar os outros sozinha, isso não é verdade. Sei que é capaz de fazer isso, da mesma forma que sei em relação a mim. Mas temos a tendência de nos impor limites a esse respeito e traçar uma linha divisória em nossa vida. Nada disso foi estabelecido por Deus. Assim que recebi uma profunda revelação de Deus enquanto lia o capítulo do amor na Bíblia (1Co 13), eu me dei conta de que não sabia amar os outros com a intensidade e a consistência que agradam plenamente ao Senhor. É assim que ele *nos* ama.

Eu amo meus filhos, claro. Quem não ama a própria cria? Mas posso deixar de amar alguém que me magoou. E posso amar de longe aqueles que traíram minha confiança. Isso ocorre quando tento amá-los sem a ajuda de Deus. Na verdade, é impossível amar os outros da maneira que Deus deseja sem que ele *nos capacite.*

É com o amor que Deus derrama em nosso coração que somos capazes de amar os outros.

Sem a orientação diária do Espírito Santo, nem sempre nos portamos de modo amoroso com aqueles que amamos. Mas *o amor de Deus em nós possibilita que amemos ainda mais aqueles que nos são queridos.*

Toda situação com a qual deparamos exige uma escolha de nossa parte quanto a semear amor ou não. E só podemos fazer a escolha certa mediante a direção do Espírito em resposta às nossas orações. Se estivermos dispostas a olhar para o Senhor, ele nos ajudará a mostrar amor em cada situação e a cada pessoa.

A verdade é esta: Deus deseja que passemos o maior tempo possível com ele para amarmos os outros com um coração amoroso semelhante ao dele. Deus nos convida a recorrer a ele todos os dias para recebermos dentro de nós uma dose renovada e revigorante de seu Espírito de amor. Deus é amor — e seu Espírito de amor habita *em* nós —, por isso somos capazes de amar da maneira que lhe agrada.

Nosso amor pelos outros é o sinal mais importante de que conhecemos a Deus e nascemos espiritualmente em seu reino.

O amor é um fruto do Espírito. "Mas o fruto do Espírito é amor, alegria, paz, paciência, amabilidade, bondade, fidelidade, mansidão e domínio próprio" (Gl 5.22-23). Cada vez que manifestamos um desses frutos sinalizamos que temos o Espírito Santo em nós.

Ninguém viu a Deus, mas quando mostramos amor pelos outros, eles veem o coração de Deus. Foi assim que vi o amor de Deus pela primeira vez — mediante o amor de amigos cristãos e do pastor. "Ninguém jamais viu a Deus; *se amarmos uns aos outros, Deus permanece em nós, e o seu amor está aperfeiçoado em nós*" (1Jo 4.12). Aceitei o Senhor porque senti um amor que nunca sentira. Aquele, porém, foi apenas o começo.

Deus se revela aos outros mediante o amor que ele derrama em *nós* e *por meio* de nós a eles. As pessoas se aproximam do Senhor por causa do amor que lhes estendemos.

Durante o tempo em que Jesus esteve na terra, as pessoas eram atraídas por seu amor. Amavam seus milagres, claro, mas havia algo mais. Jesus mostrou amor a todos os que se voltavam para ele e para seu Pai celestial. Pode até ter sido duro com aqueles cujo coração se opunha violentamente a Deus, mas estava revelando quem e o que eles eram, bem como os ídolos e falsos deuses a quem serviam.

Paulo advertiu: "... *e vivam em amor, como também Cristo nos amou* e se entregou por nós..." (Ef 5.2). O apóstolo João instruiu: "Amados, *amemos uns aos outros, pois o amor procede de Deus. Aquele que ama é nascido de Deus e conhece a Deus*" (1Jo 4.7).

Em geral, os que não reagem positivamente ao amor têm medo de confiar nele porque no passado foram chamuscados por algo que imaginaram ser amor. Mas era um amor sem

226 ESCOLHA O AMOR

consistência, superficial ou falso. Não era amor verdadeiro. Era uma fraca tentativa de demonstração do amor humano no que ele tem de pior. Ou não era amor de jeito nenhum. O amor verdadeiro origina-se de Deus e manifesta-se naqueles que o conhecem.

SEM A MOTIVAÇÃO DO AMOR, NÃO REALIZAMOS NADA

Por mais eloquente que sejamos, se não tivermos amor no coração, nossas palavras não terão nenhum significado. Quando interagimos com as pessoas, as palavras que proferimos não terão nenhum efeito se não contiverem amor. Podemos falar todas as línguas da terra, mas se o amor não acompanhar nossas palavras, elas não passarão de ruídos (1Co 13.1). Podemos até dizer a alguém as expressões mais doces que há, mas, se não tivermos amor no coração, elas cairão sem vida ao chão.

Podemos até manifestar grandes dons espirituais, ter conhecimento profundo e exibir fé suficiente para mover montanhas, mas isso de nada adiantará se não for feito com amor (1Co 13.2).

O amor é a base de todos os dons espirituais. Se alguém disser que tem — ou aparenta ter — dons espirituais de qualquer tipo, mas não exibir o amor de Deus, esses dons não significarão nada. É possível avaliar o espírito motivador de alguém; para isso, é necessário saber se essa pessoa demonstra o amor de Deus trabalhando nela e por meio dela. Toda manifestação de dons espirituais que não demonstra o amor de Deus é suspeita.

Somente aquilo que fazemos por amor dura para sempre. O resto é temporário.

Podemos chegar ao extremo de dar tudo o que possuímos para alimentar, vestir e abrigar os pobres, ou podemos nos sacrificar da forma mais heroica possível, até abrir mão de nosso corpo ou de nossa vida, mas, se em nosso coração não houver amor puro, nada disso nos valerá (1Co 13.3).

É o amor que dá significado a tudo o que fazemos.

Todas as pessoas precisam saber que Deus continua a amá-las. Elas não querem ser constantemente lembradas dos erros que cometeram. Nós, os cristãos, temos o segredo para a vida: podemos transmitir o amor de Deus a elas, mas, em geral, esse gesto contém julgamento, e isso se torna uma arma contra os outros. Quem age assim pensa que é capaz de mudar as pessoas envergonhando-as e usando seus fracassos como prova contra elas. Essa tática é errada e *não funciona.*

O que me levou a aceitar o Senhor não foi um cristão a me dizer que eu era uma criatura infeliz e fracassada. Aceitei o Senhor porque me disseram que Deus me ama. E eles transmitiram o amor de Deus a mim de forma clara e confiável. Eu sabia que o amor que me envolvia era muito, muito maior que o amor de outro ser humano.

Se quisermos amar realmente as pessoas, temos de dizer a elas que Deus as ama. Temos de esclarecer que ele abriu um caminho para elas permanecerem longe do inferno. Temos de explicar a elas como ter vida eterna com o Senhor e também como viver melhor aqui e agora.

As pessoas querem saber que *você* também as ama. E uma das melhores maneiras de mostrar amor aos outros é falar que Deus os ama muito. Mesmo que não se sinta à vontade para fazer isso, lembre-se de que você não é o centro da situação. Bem, não inteiramente. O centro de tudo é Deus *enchendo-a com seu amor* e conduzindo-a a *tocar outras pessoas* com esse amor de uma forma capaz de transformar vidas. E, enquanto você fala do amor de Deus aos outros, ele *a* transforma.

Quanto mais você mostrar amor aos outros com o amor que Deus lhe deu, mais será transformada para ser semelhante a ele.

PRECISAMOS REAGIR POSITIVAMENTE AO GRANDE MANDAMENTO DE JESUS

Jesus disse que devemos viver em seu amor, obedecendo aos seus mandamentos, e, quando fizermos isso, encontraremos alegria (Jo 15.9-11). Nossa maior prioridade ao amá-lo é obedecer ao seu mandamento de *amar uns aos outros como ele nos ama* (Jo 15.12). Jesus provou seu amor por nós ao sofrer tortura insuportável e morte agonizante e ao tomar sobre si as consequências de nossos pecados coletivos. Você ou eu seríamos capazes de tal sacrifício? Deus exige isso de nós? Não. Porque ele já fez isso. Está consumado. Ele cumpriu essa missão.

Não temos de fazer o que Jesus fez, mas ele nos *pede* que lhe entreguemos nossa vida amando as outras pessoas. E estamos muito longe de fazer isso sem que seu Espírito Santo nos capacite. É ele, afinal, quem derrama o amor de Deus em nós quando lhe abrimos o coração. Mas devemos sempre ser conduzidas por ele ao mostrar seu amor — e agora o nosso também — aos outros.

MOSTRAMOS AMOR AOS OUTROS QUANDO ORAMOS POR ELES

A melhor e mais importante maneira de mostrar amor pelos outros é orando por eles. A oração é um de nossos maiores dons de amor às pessoas, e a maioria de nós não faz isso com frequência. Somos parcimoniosas. Trata-se de um dom que temos *sempre* conosco e, apesar de ser muito valioso, custa-nos apenas um pouquinho de tempo.

A verdade é esta: aprendemos a amar aqueles por quem oramos fervorosamente.

Coisas incríveis acontecem quando oramos pelos outros, e não acontecem apenas a eles, mas a *nós* também. Todas as vezes que oramos por alguém, Deus nos dá seu coração de amor por essa pessoa. Sim, porque estamos passando tempo com o Deus de amor e, em razão disso, ocorre uma transferência extraordinária de amor entre o coração dele e o nosso.

Quanto mais perto de Deus você andar e quanto mais tempo passar com ele, mais rápido seu coração se sintonizará com o dele, até que o coração de amor de Deus passe a ser o seu também.

Deus deseja que amemos as pessoas o suficiente para que falemos dele a elas, mas antes precisamos orar para que o coração delas seja aberto. Ele também deseja que saibamos orar na hora certa. Não podemos aguardar tal tempo *perfeito* porque isso talvez nunca chegue. E o que parece ser um tempo imperfeito para nós pode ser o tempo perfeito aos olhos de Deus. É por isso que temos de pedir que ele nos conduza a quem necessita ser tocado por seu amor. A pressa em falar com alguém antes que se ore por isso pode ter efeitos destrutivos.

DEVO AMAR MEUS INIMIGOS TAMBÉM?
VOCÊ SÓ PODE ESTAR BRINCANDO!

Quando estudamos as palavras, as instruções e os mandamentos de Jesus sobre como amar os outros, logo percebemos que não há como fazer isso sozinhas. Ele quer que façamos mais do que somos capazes de realizar naturalmente.

Jesus disse:

Vocês ouviram o que foi dito: "Ame o seu próximo e odeie o seu inimigo". Mas eu lhes digo: *Amem os seus inimigos e orem por aqueles que os perseguem* [...]. *Se vocês amarem aqueles que os amam, que recompensa vocês receberão?* [...] *Portanto, sejam perfeitos como perfeito é o Pai celestial de vocês.*

Mateus 5.43-44,46,48

Repito: é impossível fazer isso sozinha — não há nenhuma chance de conseguirmos. Mas com Deus tudo é possível. Quando Jesus diz que devemos ser perfeitos como Deus é perfeito, está se referindo ao fato de amarmos os outros como ele ama.

O amor de Deus por nós não significa que ele nos dá tudo o que queremos quando queremos. Não seria bom para nós. Portanto, amar os outros não significa dar tudo o que querem quando querem. Também não é bom para eles. Como, porém, conciliar isso com o versículo que diz que devemos dar a quem pede (Mt 5.42)?

Jesus sabe que não podemos realizar isso por conta própria, mas, sob a orientação de seu Espírito, podemos amar os outros com o *perfeito amor* que ele coloca em nós.

Jesus também ensinou:

Vocês ouviram o que foi dito: "Olho por olho e dente por dente". Mas eu lhes digo: *Não resistam ao perverso. Se alguém o ferir na face direita, ofereça-lhe também a outra. E se alguém quiser processá-lo e tirar-lhe a túnica, deixe que leve também a capa. Se alguém o forçar a caminhar com ele uma milha, vá com ele duas. Dê a quem lhe pede, e não volte as costas àquele que deseja pedir-lhe emprestado.*

Mateus 5.38-42

Quem é capaz de agir assim?

Devemos permitir que uma pessoa perigosa nos machuque, nos processe ou leve nossa roupa embora? Se emprestarmos a todo aquele que nos pede, sem esperar recompensa, e dermos a qualquer um o que ele pede de nós, não estaríamos em breve falidas, sem casa, nuas ou mortas?

Não temos de convidar assassinos e estupradores para entrar em nossa casa, permitir que tenham acesso aos nossos filhos e deixar que durmam em nossa cama, mas podemos orar por eles para que conheçam a verdade da Palavra de Deus e nosso Pai celestial, Jesus e o Espírito Santo. O simples fato de orar para que uma pessoa perversa venha a conhecer o Senhor é um grande passo de amor para a maioria de nós. Há os que recebem o chamado para ministrar a pessoas perigosas, e Deus os capacita a realizar essa missão. Preste atenção ao que o Espírito Santo diz a respeito de *seu* chamado, e não dê um passo sequer nessa direção sem ouvir a clara orientação divina e receber a confirmação de líderes confiáveis.

Você não precisa amar o inimigo *de Deus*, que também é *seu* inimigo, mas precisa pedir a Deus que a ajude a amar e a orar pelas pessoas que são *influenciadas pelo inimigo* e caem em sua armadilha de ódio. Amar o inimigo não significa amar alguém de quem você não gosta. Essa pessoa não é sua inimiga. O inimigo verdadeiro é seu adversário declarado, que planejou o mal contra você e contra os que a rodeiam.

Vivemos numa época em que há gente gastando mais horas planejando meios de fazer um número cada vez maior de maldades. Nossos atos de amor e bondade podem fazer diferença? Podemos tentar ser mais semelhantes a Deus em nosso amor pelos outros para compensar os que odeiam a Deus? Em certos casos extremos, provavelmente não. Mas em muitos outros, é possível. Quando lemos a respeito de igrejas cristãs sendo bombardeadas por homens perversos que matam homens, mulheres e crianças cristãos, não parece haver possibilidade

232 ESCOLHA O AMOR

nenhuma. Mas sabemos que a morte desses mártires cristãos é preciosa aos olhos de Deus, e eles estão continuamente na presença do Senhor, recompensados por toda a eternidade.

Se você é cristã e ama a Deus, como pode viver entre aqueles que arrogantemente desprezam o Senhor e seus caminhos? A resposta é: mostrando amor por eles. Eles não sabem o que fazer com isso. Ficam desarmados. O amor vindo de você — que se origina do amor de Deus dentro de você — tem poder tal que até mesmo os incrédulos mais ferrenhos não conseguem negar; porém, precisa ser conduzido pelo Espírito Santo. Você precisa saber que o Espírito está direcionando suas palavras e seus atos.

Um dos maiores atos de amor que podemos fazer a quem nos odeia é orar para que o coração dessa pessoa seja quebrantado por Deus e abrandado o suficiente para receber o amor que ele sente por ela.

Provavelmente nunca saberemos o bem que fazemos quando oramos por nossos inimigos declarados. Mas isso não importa. Deus sabe.

Quanto mais conhecemos a Deus, mais o amamos e começamos a sentir pelas pessoas um amor maior ainda do que sentíamos. Passamos a amar pessoas que nem sequer conhecemos, porque Deus nos dá seu coração para o entregarmos a elas. Às vezes, contudo, é mais fácil amar pessoas que não conhecemos exatamente por esse motivo. Não sabemos até que ponto elas são irritantes, egoístas e insensíveis. Não sabemos até que ponto nos podem magoar.

A revelação que Deus me deu naquele dia em que tornou vivo o texto de 1Coríntios 13 para mim — de uma forma nova e surpreendente — foi que eu não devia esperar que ele aperfeiçoasse minha capacidade de amar as outras pessoas. Em outras palavras, eu não deveria esperar até "sentir". Deveria escolher obedecer ao mandamento de Jesus de "fazer".

Amar constantemente os outros não é apenas possível; é uma exigência.

Jesus nos deu essa ordem.

E ele nos deu seu Santo Espírito para nos capacitar a cumpri-la.

Pelo fato de o Senhor nos dar o livre-arbítrio, podemos escolher amar, lembrando que aquilo que fazemos por amor dura para sempre. Se perdermos as recompensas de mostrar amor pelos outros aqui na terra, perderemos as recompensas disso na eternidade.

O preço é alto demais, e as consequências são definitivas.

Oração de amor

Senhor, sei que sem ti não tenho condições de amar os outros da maneira que desejas. Somente por meio do amor terapêutico e restaurador que me guia pelo poder de teu Espírito é que tenho a capacidade e a força para mostrar amor de tal modo que transforme vidas. Oro para que derrames teu amor em meu coração e que me dês a capacidade de amar as pessoas da forma que tu as amas. Capacita-me sempre a mostrar amor de maneira que seja agradável a ti.

Oro por todos os cristãos que estão sendo perseguidos por causa da fé que professam. Ajuda todos nós que temos liberdade de culto a não esquecer aqueles que não a têm. Não sei por quanto tempo terei a liberdade de te prestar culto porque as forças do mal estão por toda parte e abrigam o espírito do anticristo em seu coração. Trabalham noite e dia contra aqueles que te amam e te servem, mas aguardo teu retorno. Ajuda teu povo a não esperar com apatia, como se não tivesse nenhuma contribuição a dar neste mundo. Ajuda-nos a lembrar que nosso amor e nossas orações em teu nome são sempre mais poderosos que o ódio dos malvados.

Senhor Jesus, ajuda-me a obedecer ao teu mandamento de amar os outros como tu me amas. Ensina-me a viver em teu amor de maneira tão completa que não seja um desafio para mim, mas um estilo de vida. Capacita-me a amar aqueles que tenho dificuldade de amar. E mostra-me como expressar maior amor àqueles que já amo.

Oro em nome de Jesus.

Palavras de amor

Assim sabemos que amamos os filhos de Deus: amando a
Deus e obedecendo aos seus mandamentos.

1João 5.2

Como vocês querem que os outros lhes façam, façam
também vocês a eles.

Lucas 6.31

Ele nos deu este mandamento: Quem ama a Deus, ame
também seu irmão.

1João 4.21

Acima de tudo, porém, revistam-se do amor, que é o elo
perfeito.

Colossenses 3.14

Este é o meu mandamento: Amem-se uns aos outros.

João 15.17

16

E se eu não conseguir ser sempre paciente e bondosa?

Quando você terminar de ler este e os próximos capítulos e conhecer todas as formas pelas quais Deus deseja que mostremos seu amor pelos outros, tenho certeza de que entenderá, como eu entendi, por que é impossível fazer isso sem a ajuda dele.

Acima de tudo, somos pessoas finitas e às vezes instáveis e temperamentais. Outras vezes somos egoístas, e em certas ocasiões a ideia de negar a nós mesmas em favor de outra pessoa é a última coisa que queremos fazer. Somos mal-humoradas e ressentidas. Guardamos rancor mesmo depois de pensar que já tínhamos esquecido por completo uma ofensa ou injúria.

Somos impacientes e indelicadas e atribuímos a nós mesmas uma importância muito maior que deveríamos. Somos negativas e desalentadas e não valorizamos os planos de Deus para nós tanto quanto deveríamos. Somos irritantes muito mais que percebemos.

Felizmente, Deus entende nossas limitações humanas, por isso nos transmite um pouco de sua força quando recorremos a ele com humildade. Deus se agrada quando somos um canal de seu amor aos outros. E essa é uma das formas pelas quais ele se revela às pessoas no mundo. Quando nos reprimimos e não tomamos a firme decisão de amar os outros, impedimos a propagação do reino de Deus — pelo menos na parte que nos cabe.

O amor é paciente

Ser paciente com os outros é um ato de misericórdia. E você sabe como Deus se sente a respeito da misericórdia: ela é um sinal de seu grande amor. Mostramos amor e misericórdia quando somos pacientes com os outros. De fato, esse aspecto nos ajuda a ser pacientes quando lembramos que, ao agir assim, estamos expressando amor a Deus.

Assim como o amor, a paciência é um fruto do Espírito. Somente o Espírito Santo pode produzi-lo em nós. Não podemos desenvolvê-la sem a ajuda de Deus. Quando convidamos o Espírito Santo para habitar em nós, assumir o controle total de nossa vida e trabalhar em nós de acordo com sua perfeita vontade, ele produz todos os frutos do Espírito — inclusive a paciência.

A Bíblia diz: "O amor é paciente" (1Co 13.4). Outra palavra para "paciência" é "longanimidade". Adoro a palavra "longânime" porque ela diz tudo. Significa sofrer durante longo tempo por causa de uma pessoa ou de uma situação.

A paciência e a longanimidade podem ser intercambiáveis. Mas, na cultura moderna, paciente é o termo que define a mulher cujo marido se esquece de passar no supermercado no caminho de volta para casa e não compra a comida que ela lhe pediu. Longânime é a postura dessa mulher quando o marido volta a beber e ela toma a decisão de orar mais por ele, a fim de encontrar ajuda para o problema em vez de abandoná-lo.

Temos paciência com uma criança pequena porque a amamos. Queremos que ela conheça o que é certo, e sabemos que aprenderá melhor num ambiente de amor e aceitação. Mas se,

Deus nos livre, ela crescer e tornar-se rebelde a ponto de esgotar nossa paciência, tornamo-nos longânimes em orar por ela a fim de que volte para a família, para Deus e para o juízo perfeito.

Paciência é a capacidade de ser vítima de injustiça, passar por aborrecimento, enfrentar contrariedade ou desgastar-se e, mesmo assim, esperar em Deus que aquela pessoa ou situação melhore, sem retaliar, sem castigar e sem desistir.

Outras palavras para "paciente" são tolerante, perdoador, misericordioso, magnânimo, generoso, solidário, compreensivo, resignado, firme, constante, resoluto, incansável, otimista e leniente.

Ter paciência é ser indulgente, extrair o melhor da pessoa ou da situação, mostrar satisfação com um sorriso, e não reclamar. Somos sempre assim com todos? Provavelmente não.

Poderíamos pegar cada um dos sinônimos de "paciente" e procurar seu significado mais completo, mas não é necessário. Já nos convencemos depois de conhecê-los. Cada palavra indica que não podemos ser pacientes ou longânimes por conta própria — pelo menos não nos termos que Deus deseja que sejamos — sem que o amor divino seja derramado dentro de nós pelo Espírito Santo. Precisamos que a paciência de Deus seja derramada dentro de nós.

Mostrar paciência não é ser uma pessoa resignada. É a antecipação jubilosa do que Deus vai fazer não apenas na pessoa com quem você está sendo paciente, mas também em você.

Às vezes somos impacientes com Deus. Queremos que ele responda às nossas orações *agora* e da maneira como desejamos. Mas nosso amor *por* ele tem de ser maior do que o que queremos *dele*. Tenho visto muitas pessoas se afastarem de Deus porque ele não respondeu às suas orações da forma que desejavam. Não o amaram o suficiente para ter paciência e esperar sua resposta do *modo dele* e no *tempo dele*. Conheço alguém que decidiu ser ateu porque, quando orou por uma pessoa da família, ela morreu. Ele não conhecia Deus o suficiente para amá-lo o suficiente.

Orar não é dizer a Deus o que ele deve fazer. É aproximar-se dele com humildade e gratidão, que são sinais de amor, e contar-lhe os desejos de nosso coração — confiando que ele sabe muito mais que nós.

Amar a Deus significa respeitar sua soberania e sua vontade e respeitar também o fato de que é *ele* quem decide quem morre (e quando morre). Não demonstramos amor a Deus quando o culpamos por não agir de acordo com os pedidos que lhe impomos nas orações.

Ser paciente com alguém não é deixar que a pessoa continue a fazer algo que seja importuno ou perigoso para ela ou para os outros. Não devemos abrir mão da capacidade que a pessoa tem de ser livre, mas não podemos permitir que ela continue a praticar atos errados contra nós, contra os outros, contra si mesma ou contra Deus. Não devemos deixar que ninguém nos ofenda ou ofenda outra pessoa em termos verbais, físicos, mentais ou emocionais. Permitir esse tipo de ação não é amor nem paciência. Nesse caso, livrar-se da pessoa não é ser impaciente; é ser sábio.

Como reconhecer o limite de alguém que continua a viver no erro, no pecado ou na rebeldia? Quando dizer "basta" a uma pessoa que insiste em pular de um penhasco e você não quer presenciar essa cena, fazer parte dela nem pular junto? Quando sua paciência parece ser uma aprovação ao erro no qual a pessoa está vivendo?

240 ESCOLHA O AMOR

Você só saberá a resposta correta a cada uma dessas perguntas se ouvir a orientação do Espírito Santo. Se ele disser que você deve demonstrar amor com firmeza, diga à pessoa: "Tenho sido paciente com você e com este assunto, mas você sabe como me sinto ao vê-la continuando a agir desta forma. Embora eu a ame, não quero ficar observando e dando a entender que aprovo, de um jeito ou de outro, o que você está fazendo. Eu a amo e vou orar por você para que dobre os joelhos diante de Deus e se arrependa de estar vivendo longe do caminho dele. Entreguei sua vida nas mãos de Deus e oro para que ele lhe fale e que você o ouça com clareza".

Evidentemente, se você disser isso a um filho de 2 anos de idade, prepare-se para receber um olhar de perplexidade. Chego a pensar que um adulto poderá lançar-lhe o mesmo olhar, mas pelo menos você estabeleceu uma fronteira, conhece seus limites e envolveu Deus na situação.

Às vezes o ato mais carinhoso que se pode fazer por alguém é orar para que ele caia nas mãos do Deus vivo e tenha um grande despertamento. Algumas pessoas só recorrem a Deus depois de receber uma dura lição. Você pode amá-las orando para que isso aconteça e, ao mesmo tempo, orando para que o inimigo não as destrua nesse ínterim.

Isso também é amor.

O AMOR É BONDOSO

Mostrar amor pelos outros significa ser bondoso, e há numerosas maneiras de fazer isso. Uma delas é reconhecer quando os outros necessitam de afirmação. No vocábulo "louvor" há também um elemento que significa *acalmar, pacificar* ou *aquietar* com nossas palavras. Não significa lembrar-se de alguma coisa a respeito de alguém e dizer-lhes mentirinhas para fazê-lo sentir-se bem. Devemos dizer a verdade. Se você não for capaz de ver nada de bom naquela pessoa, peça a Deus que lhe mostre o que *ele* vê nela. O grandioso e louvável tesouro que se pode encontrar numa pessoa é surpreendente quando você a enxerga pela perspectiva de Deus.

A Bíblia nos instrui a agradecer dia e noite o amor e a bondade de Deus. "Como é bom render graças ao SENHOR [...], anunciar de manhã o teu amor leal e de noite a tua fidelidade" (Sl 92.1-2). Aprendemos a amar com Deus. Quando o louvamos e agradecemos seu amor e bondade para conosco, ele toca e amplia nosso coração para recebê-los.

Mostrar bondade significa não ser controlador. Há uma diferença entre amor e controle. Não forçamos as pessoas a nos amar e não as forçamos a receber o que queremos dar a elas. Quando tentamos controlar as emoções, pensamentos ou ações de alguém, isso não é amor. Até Deus, que nos criou, não tenta nos controlar. Ele nos ama incondicionalmente e nos dá livre-arbítrio para escolher se queremos receber seu amor e amá-lo em retribuição. Precisamos permitir que os outros façam o mesmo.

Mostrar bondade significa estender a mão a outras pessoas de maneira visível para elas. É uma escolha que significa sacrificar o que queremos fazer naquele momento. É um ato de amor, tendo em mente que Deus nos chama para dedicar a *ele* a vida que ele nos deu e abençoar os outros com seu amor por *eles*, manifestado por nosso intermédio.

Jesus não nos libertou para fazermos o que queremos. Libertou--nos para fazer o que ele quer.

Mostrar bondade significa passar tempo com os outros a fim de influenciar a vida deles.

242 ESCOLHA O AMOR

Todas nós já vimos pessoas que se concentram em ter uma experiência pessoal com Deus de maneira empolgante e para as quais o ato de se doar aos outros não faz parte do relacionamento com Deus. Mas uma grande parte da experiência com Deus consiste em mostrar amor e paciência aos demais. Na verdade, deixar de mostrar aos outros amor diligente limita a profundidade de nossa experiência na presença de Deus.

Se nossa vida consiste apenas em ter uma experiência com Deus sozinhas — ou até com uma pessoa querida — e nada mais, estamos limitando profundamente o que Deus deseja fazer em nós e por nosso intermédio. Tornamo-nos egoístas, pensando apenas em nossa vivência com o Senhor. Sim, Deus deseja que experimentemos sua presença pessoalmente, mas não devemos parar por aí. Ele nos edifica para que possamos edificar os outros.

Precisamos estar convencidas de que Jesus é a resposta para tudo e, ao mesmo tempo, ter em mente que ele o é também para as outras pessoas, e elas necessitam saber disso.

Jesus disse que, se sacrificarmos a vida por ele, nós a ganharemos (Mt 16.25). Encontramos coisas incríveis e maravilhosas na vida quando dedicamos tempo e esforço para mostrar amor pelos outros. Temos de amar as pessoas o suficiente para querer saber onde passarão a eternidade e que rumo a vida delas está tomando.

Mostrar bondade aos outros é algo que deveríamos querer sempre. Significa dizer ao Senhor: "A quem devo mostrar amor e bondade hoje?".

Jônatas foi o amigo mais íntimo de Davi, mas tanto o próprio Jônatas quanto seu pai — o rei Saul — e seus irmãos foram assassinados por seu inimigo (1Sm 31.1-6). Depois de ser coroado rei, Davi perguntou: "Resta ainda alguém da família de Saul a quem eu possa mostrar lealdade, por causa de minha amizade com Jônatas?" (2Sm 9.1).

Davi descobriu que Jônatas teve um filho chamado Mefibosete, que sobreviveu por ter sido escondido quando sua família foi assassinada. Davi o levou para morar em sua casa.

"'Não tenha medo', disse-lhe Davi, 'pois é certo que *eu o tratarei com bondade* por causa de minha amizade com Jônatas, seu pai. Vou devolver-lhe todas as terras que pertenciam a seu avô Saul, e você comerá sempre à minha mesa'" (2Sm 9.7). Davi tratou o filho de Jônatas como se fosse seu filho (2Sm 9.11).

Davi perguntou especificamente a Deus a quem ele deveria mostrar bondade. E é o que nós devemos fazer também. Peça a Deus que lhe mostre quem necessita de um ato de bondade hoje e qual seria esse ato. Para muitas pessoas, um simples sorriso e uma palavra bondosa de encorajamento fazem toda a diferença. Assim que me mudei para uma região diferente, eu me senti triste e perdida. Então, um estranho sorriu para mim e disse algumas palavras bondosas. Esse gesto significou muito mais para mim do que eu imaginava. Nunca me esqueci disso. Alguém ao seu redor pode estar precisando saber que você o vê e que ele tem valor.

Outras palavras e expressões para "bondoso" são benevolente, prestativo, agradável, perdoador, conciliatório, generoso, não ressentido, não vingativo, tolerante, cordial, amistoso, pacificador, amável, benevolente, condescendente, simpático, de bom coração, solidário, caridoso, ponderado, compassivo, gentil, afável e sensível.

Somos sempre assim com todo mundo? Qual desses significados precisamos que Deus trabalhe em nós hoje?

Mostrar bondade significa não criticar os outros. Todas nós já estivemos em companhia de pessoas que procuram pontos negativos nos outros e os observam atentamente a fim de encontrar motivos para criticá-los. Talvez você esteja em companhia de alguém assim neste momento. Essas pessoas dizem que são críticas porque desejam o bem do outro; porém, percebemos falta de amor nessa atitude. Sentimos isso. A crítica estraga o ambiente. É sufocante. Destrói relacionamentos. E não mata apenas os outros, mas também provoca morte na vida do crítico. Ninguém deseja estar na presença de alguém cuja vida é marcada pela falta do amor e da bondade de Deus. Esse é um caminho que impede as bênçãos de Deus e a intensidade de sua presença na vida de quem age assim.

Ser bondoso significa perdoar aos outros. Podemos perdoar porque Deus nos perdoou. "Tu és bondoso e perdoador, Senhor, rico em graça para com todos os que te invocam" (Sl 86.5). Recebemos a misericórdia e o perdão de Deus; portanto, podemos mostrar gratidão a ele, repassando a misericórdia e o perdão aos outros. O amor, a bondade, a misericórdia e o perdão de Deus fluem copiosamente sobre nós. Deus é muito generoso quanto a isso. E deseja que façamos o mesmo em relação aos outros.

Não saberemos como o Senhor deseja que mostremos seu amor e bondade aos outros a não ser que lhe perguntemos. Temos de fazer o que Deus pede que façamos. Paulo usou a palavra *ágape* para descrever o amor. Essa atitude é uma escolha e não se baseia em saber se a pessoa merece ou não o nosso amor. Da mesma forma que necessitamos do poder de Deus trabalhando em nós para pôr a fé em prática e permanecer firme nela, necessitamos também do amor de Deus em nós para amar os outros de maneira que seja agradável a ele.

Oração de amor

Senhor, peço-te que me concedas hoje uma porção renovada de teu Espírito e de teu amor. Ajuda-me a cultivar uma natureza mais semelhante à tua. Minha paciência é limitada, e minha capacidade de transmitir amor e bondade aos outros é, na melhor das hipóteses, imperfeita. Sei que o que eu fizer ou disser não significará nada e não levará a nada se eu não tiver teu amor em meu coração. Capacita-me a dizer e a fazer tudo com um coração que tenha sido derretido e modelado conforme o teu.

Elevo o coração a ti e peço-te que o preenchas com tua paciência, misericórdia e bondade. Mostra-me cada dia quem precisa de um ato ou palavra de bondade de minha parte e qual deveria ser esse ato ou palavra. Torna-me sensível às necessidades dos outros e dá-me a sensibilidade para que teu Espírito fale ao meu coração e me conduza. Sei que a paciência, a bondade e o amor estão interligados (2Pe 1.7). Há grandes recompensas quando os repasso aos outros.

Ajuda-me a ser misericordiosa e a perdoar aos outros. Capacita-me a ser tolerante, magnânima, sensível, incansável e compassiva com as pessoas, tal qual és comigo. Habilita-me a ser paciente e bondosa com todos e a glorificar teu nome enquanto ajo dessa forma.

Oro em nome de Jesus.

Palavras de amor

O amor é paciente, o amor é bondoso. Não inveja, não se vangloria, não se orgulha. Não maltrata, não procura seus interesses, não se ira facilmente, não guarda rancor. O amor não se alegra com a injustiça, mas se alegra com a verdade. Tudo sofre, tudo crê, tudo espera, tudo suporta.

1Coríntios 13.4-7

O teu amor é melhor do que a vida!
Por isso os meus lábios te exaltarão.
Enquanto eu viver te bendirei,
e em teu nome levantarei as minhas mãos.

Salmos 63.3-4

Se alguém quiser acompanhar-me, negue-se a si mesmo, tome a sua cruz e siga-me. Pois quem quiser salvar a sua vida, a perderá, mas quem perder a sua vida por minha causa, a encontrará.

Mateus 16.24-25

Portanto, como povo escolhido de Deus, santo e amado, revistam-se de profunda compaixão, bondade, humildade, mansidão e paciência. Suportem-se uns aos outros e perdoem as queixas que tiverem uns contra os outros. Perdoem como o Senhor lhes perdoou. Acima de tudo, porém, revistam-se do amor, que é o elo perfeito.

Colossenses 3.12-14

17

De que maneiras eu revelo falta de amor?

Há oito características que descrevem o que o verdadeiro amor *não* faz (1Co 13.4-6). Se você, eu ou alguém mais apresentar uma dessas características, será sempre um sinal explícito de falta de amor. Embora seja fácil observar essas tendências nos outros, nem sempre é fácil reconhecê-las em nós. Podemos, porém, pedir a Deus que nos mostre a trilha que estamos percorrendo e nos ajude a seguir o caminho que ele deseja para nós. Sei que isso requer coragem, mas, se não tivermos amor no coração, fecharemos as portas para as bênçãos que o Senhor tem para nós. Todas as vezes que uma dessas características é revelada em nós, perdemos algumas coisa, e o nome de Deus não é glorificado nem santificado.

A INVEJA REVELA FALTA DE AMOR PELOS OUTROS
O amor não inveja.

Deveríamos querer o melhor para os outros em vez de invejá-los pelo que possuem. O salmista disse que invejava os arrogantes quando viu a prosperidade dos ímpios (Sl 73.3). Aquelas pessoas pareciam não ter problemas. Chegavam até a falar mal de Deus e, aparentemente, não eram castigadas; continuavam a aumentar sua riqueza e prosperidade (Sl 73.9,12). O salmista sentia que fora inútil manter o coração puro, visto que ele sofria grandemente e era punido e disciplinado (Sl 73.13-14).

Não nos sentimos assim de vez em quando? Vemos alguém tendo uma vida próspera, aparentemente sem nenhum problema, enquanto tentamos sempre agir corretamente e servir a Deus da melhor maneira possível. Mesmo assim, passamos por grandes sofrimentos, somos atacadas pelo inimigo e enfrentamos problemas em muitas áreas da vida. E sofremos por isso. A vida parece ser fácil para os outros e difícil para nós. Não queremos nos livrar da culpa, mas achamos que o simples fato de *pensar* em fazer alguma das coisas que as pessoas que não servem a Deus fazem nos levaria a cair de joelhos perante Deus em arrependimento e sofrer imediatamente as consequências.

A verdade é esta: Deus está conosco em todas as nossas lutas e extrai coisas boas de nossas situações difíceis. Ele nos disciplina porque nos ama e deseja o melhor para nós, e nossa vida se aperfeiçoa por causa disso.

O salmista continua a dizer que também se sentia assim até que entrou no santuário de Deus, e então compreendeu o destino dos ímpios (Sl 73.17). Assim que conseguiu ver a situação pela perspectiva *divina*, ele viu o castigo dos que viviam longe de Deus: pisariam "em terreno escorregadio", o Senhor os faria "cair na ruína", eles seriam "destruídos de repente" e ficariam "completamente tomados de pavor", como se fosse um sonho mau, mas a situação seria real e se estenderia por toda a eternidade (Sl 73.18-20).

O salmista reconheceu a tolice de invejar os ímpios, porque Deus estava sempre com ele, sempre o sustentava e sempre o dirigia com conselhos. Davi admitiu que seu destino seria estar com o Senhor para sempre (Sl 73.21-24). O salmista viu que os que vivem longe de Deus perecerão e viverão para sempre sem sua presença, mas ele se aproximaria cada vez mais de

Deus até estar em sua santa presença por toda a eternidade. Os ímpios serão consumidos com tortura e terror e não terão condição de levar consigo suas riquezas e fascínio. Porque deveríamos invejá-los?

Outras palavras e frases para "inveja" são cobiçar o bem alheio, desejos egoístas, despeito, sentimento de não ter valor ou de não ser aceito, rivalidade, olho-grande, admiração obsessiva, mesquinhez ou comparar sempre o que possui com o que os outros possuem e sentir-se inferiorizado.

Todas essas descrições revelam falta de amor pelos outros e falta de gratidão e de apreço pelos planos de Deus quando nos criou. Não devemos jamais permitir que façam parte de nós.

Se manifestarmos qualquer uma dessas características, nos julgaremos feias, autocentradas e insignificantes. E isso indicará que não nos entregamos inteiramente a Deus porque não confiamos toda a nossa vida a ele. Não queremos agir assim.

O plano do inimigo é lançar as sementes da inveja em sua mente e retirar todas as bênçãos de sua vida.

Peça a Deus que lhe mostre se uma dessas palavras ou expressões poderia ser usada para descrevê-la. Se vir uma dessas características em você, confesse isso a Deus. Peça-lhe que a ajude sempre a ser feliz com os outros quando forem bem-sucedidos. Se achar que sente inveja dos *ímpios*, confie que Deus concede dons e bênçãos a cada um de seus filhos e um caminho para seguir, algo que nos mantém dentro de sua vontade. Quando Deus abençoa seus outros filhos, não significa que não abençoará você. Deus também tem bênçãos para sua vida. "Humilhem-se debaixo da poderosa mão de Deus, para que os exalte no tempo devido" (1Pe 5.6).

Quando invejamos alguém, revelamos falta de amor por essa pessoa. Se não conseguimos ser felizes diante do sucesso

250 ESCOLHA O AMOR

ou das bênçãos de outros, precisamos passar mais tempo com Deus agradecendo-lhe tudo o que ele nos concedeu e sendo aquecidas por seu amor.

A OSTENTAÇÃO INDICA FALTA DE AMOR PELOS OUTROS

O amor não se vangloria.

Você já viu alguém que sempre se veste para ser o centro das atenções? Não estou falando de tentar parecer bonita e agradável, estar bem-arrumada com roupas de bom gosto. Estou falando de uma pessoa que grita em silêncio: "Olhe para mim! Olhe para mim!". Ela usa roupas muito decotadas e justas demais. É extravagante. Os outros se sentem desconfortáveis perto dela. Não estou falando de apresentadoras de televisão e celebridades cuja função é atrair a atenção quando estão trabalhando. Elas são pagas para ser atraentes. Mesmo assim, algumas se mostram extravagantes e insensatas, mas isso só acontece com quem vive longe de Deus.

Se sempre atraímos a atenção para nós de forma desagradável, isso demonstra que em nosso coração falta amor pelos outros. Estamos dizendo: "Vamos falar de mim", e não "Como vai você?". Se amarmos os outros de verdade, não vamos querer fazê-los sentir-se diminuídos, inferiores quando comparados a nós.

Quando nos vestimos apropriadamente, demonstramos amor e respeito pelos outros. Não estou dizendo para usar roupas desalinhadas só para que as outras pessoas se sintam melhores. Estou dizendo que devemos nos apresentar de forma que glorifique a Deus e demonstre respeito pelos sentimentos e pelas necessidades dos outros.

Outras palavras ou expressões para "vangloriar-se" são ufanar-se, tornar-se vaidoso, ser exibido, mostrar-se com ostentação, ser pomposo, pavonear-se, encher-se de soberba, olhar por cima do ombro, elogiar a si mesmo.

Tenho outra definição — qualquer coisa que grite: "Eu! Eu! Eu!".

O importante aqui é a intenção do coração. Já cometi erros na vida nos dois extremos. Vesti-me com aprumo exagerado numa ocasião que pensei que seria muito requintada. Deveria ter verificado antes com mais cuidado. Senti-me desconfortável e constrangida e, por causa disso, não dei tanta atenção às outras pessoas como teria feito normalmente.

Também cometi erro no outro extremo. Compareci a um evento trajando roupas esportivas e constatei que a ocasião exigia roupas elegantes e formais. Senti que meus trajes simples foram uma afronta às pessoas presentes, como se eu não tivesse pensado em me vestir melhor para aquele momento. Igualmente, eu deveria ter verificado com antecedência se a roupa que usaria era adequada.

Seja qual for a situação, precisamos pedir a Deus que nos torne sensíveis às pessoas que nos rodeiam, a fim de que não atraiamos atenção indesejável para nós. Esse é também um ato de amor.

O orgulho denota falta de amor pelos outros

O amor não se orgulha.

Ter o peito estufado de orgulho mostra uma tremenda falta de amor por Deus e pelos outros. Significa que somos arrogantes diante de Deus e nos iludimos por nos considerar melhores do que somos. "*O orgulho vem antes da destruição; o espírito altivo, antes da queda*" (Pv 16.18).

Toda forma de orgulho é sinal de rebeldia contra Deus. Foi esse o pecado de Lúcifer antes de ser expulso do céu. Ele pensou que poderia ser Deus e assumir o controle do mundo de

252 ESCOLHA O AMOR

Deus, mas foi destituído de seu lugar e de seu propósito. O orgulho sempre destrói a pessoa e suas intenções. *"Não seja sábio aos seus próprios olhos;* tema o SENHOR e evite o mal. *Isso lhe dará saúde ao corpo* e vigor aos ossos" (Pv 3.7-8).

Algumas pessoas se esforçam muito para agir corretamente e buscar Deus com paixão no início de sua caminhada com ele; mas, depois que se firmam nas coisas de Deus e se tornam bem-sucedidas, isso às vezes passa a ser uma ponta de orgulho. Esse é um terreno perigoso, principalmente quando acham que são especiais e que as regras de Deus não se aplicam mais a elas. Deus não tolera esse comportamento, e o futuro dessa gente será, no mínimo, turbulento. *"Não vou tolerar* o homem de olhos arrogantes e de coração orgulhoso" (Sl 101.5). Deus está perto dos humildes, mas distante dos arrogantes (Sl 138.6). O orgulho revela falta de amor.

Aqueles que amam verdadeiramente a Deus não devem ser orgulhosos, e aqueles que amam verdadeiramente os outros não devem ser arrogantes.

Outras palavras ou expressões para "arrogante" são inflado, enfatuado, aquele que despreza os outros, presunçoso, pedante, pretensioso.

Outras palavras ou expressões para "orgulhoso" são soberbo, ostentador, pomposo, cheio de empáfia, esnobe, pavão, cheio de si, envaidecido, vanglorioso, petulante, jactancioso.

Quando os discípulos perguntaram a Jesus quem era o maior no reino do céu, ele respondeu: "Portanto, *quem se faz humilde como esta criança,* este é o maior no Reino dos céus" (Mt 18.4). A criança é *humilde, dócil* e *submissa.* O arrogante não pode sequer compreender o reino de Deus, muito menos habitar nele, porque "Deus se opõe aos orgulhosos, mas concede graça aos humildes" (Tg 4.6).

O orgulho nos faz pensar: "Não necessito de Deus. Posso fazer isto sozinha". Essa atitude caminha lado a lado com o espírito indócil. As pessoas que pensam que não necessitam de Deus para nada não sentem a grandeza do Senhor em relação a elas. Você não se espanta ao ver pessoas que imaginam que não necessitam de Deus? Como não conseguem ver que, desprovidas da proteção e do amparo divinos, estão a um passo da tragédia a qualquer momento? Oremos para que possamos reconhecer o orgulho em nós e para que confessemos esse pecado imediatamente ao Senhor. A última coisa que desejamos é cair em qualquer tipo de pecado.

O ATO DE MALTRATAR DENUNCIA FALTA DE AMOR PELOS OUTROS

O amor não maltrata.

Quando não temos boas maneiras e não somos corteses com os outros, demonstramos clara falta de amor. Sempre. Quando somos conscientemente grosseiras e rudes com alguém, manifestamos que o amor de Deus não está em nós. Quando temos o amor de Deus no coração, somos atenciosas porque amamos as outras pessoas e nos preocupamos com elas.

Conheço um homem que sempre maltrata a esposa, mesmo diante dos outros. Essa atitude a deixa constrangida e faz os outros se constrangerem também. Deus não aprova maridos e esposas que se tratam com grosseria. Na verdade, isso impede que as orações deles sejam respondidas. Grosseria é sinal de arrogância. Qualquer um que pense que terá vantagens se maltratar os outros — principalmente o cônjuge — está enganado. Deus não abençoa a grosseria.

Outras palavras e expressões para "maltratar" são mostrar-se rude, ser desalmado, magoar, injuriar, ofender, fazer ameaças,

254 ESCOLHA O AMOR

desacatar, engrossar a voz, mostrar os dentes, cerrar os punhos, intimidar, execrar.

Qualquer um desses significados indica falta do amor de Deus no coração da pessoa que se comporta desse modo. Precisamos pedir a Deus que nos mostre se agimos (ou se somos tentadas a agir) dessa maneira. Os cristãos que maltratam os outros revelam grave falta de maturidade nas coisas de Deus. Não o entendem nem entendem seus caminhos. A falta de amor sempre limita o que Deus deseja fazer na vida desses indivíduos.

O EGOÍSMO SINALIZA FALTA DE AMOR PELOS OUTROS

O amor não procura seus interesses.

Procurar os próprios interesses sem pensar nas necessidades dos outros mostra uma clara falta de amor de nossa parte. Se em nosso coração houver amor pelos outros, daremos mais atenção àquilo que abençoa ou ajuda essas pessoas.

Quando exigimos constantemente nossos direitos, ou insistimos em ter o melhor, ou queremos o maior e o melhor de tudo para nós, sem pensar nas necessidades dos outros, estamos buscando nossos interesses. A pessoa que sempre pega o melhor para si e nunca pensa em oferecer o melhor para o outro é egoísta.

Amar nunca significa pensar em si mesmo. Isso não é bom. Significa pensar nos outros além de pensar em nós. Amar não é cogitar: "Eu primeiro" ou "O que posso conseguir para mim?".

Outras expressões para "procurar seus interesses" são pensar só em si, não ter coração para os outros, ser narcisista, mostrar-se possessivo, comportar-se como inimigo do bem comum, ser desalmado, ter atitude comodista, manter-se preocupado consigo mesmo.

Quando falamos de tal maneira que faça alguém se sentir má pessoa e queremos parecer bons aos olhos dela, revelamos falta de amor e não agradamos a Deus. "Farei calar ao que difama o próximo às ocultas" (Sl 101.5). Definitivamente, Deus não se agrada disso.

O egoísmo gira em torno de atrair tudo para si mesmo, como direitos, foco, atenção e coisas materiais. O egoísta está sempre dizendo: "O que há nisto para *mim*?", "Como isto pode *me* promover?", "Até que ponto isto serve a *meus* interesses?", "Em que grau isso *me* faz parecer importante?", "Como isto atende às *minhas* necessidades?".

Quando não buscamos os próprios interesses, mas procuramos fazer a vontade de Deus antes de tudo, ele nos enche com seu amor para que possamos prestar atenção às necessidades dos outros.

A IRA DESMEDIDA REVELA FALTA DE AMOR PELOS OUTROS

O amor não se ira facilmente.

Você já observou alguém que se ira com facilidade, está sempre irritado, magoado, ofendido, melindrado? Pessoas assim não estão dispostas a permitir que nenhum incidente as atinja, por mais insignificante que seja. *Procuram* situações para se irritar com elas e não querem saber se quem que lhes provocou a ira teve ou não essa intenção. Tudo lhes causa contrariedade. Na verdade, elas gostam de encontrar motivos para se aborrecer.

Não estou dizendo que você seja uma pessoa sem amor por ter sentido isso algumas vezes. Todas nós temos esses sentimentos de vez em quando (e por motivos justos). Mas algumas pessoas fazem desse tipo de comportamento um modo de vida. Pensam secretamente que têm esse direito. Aqui também, o que está em ação é a síndrome do "tudo gira em torno de mim".

Outras palavras e expressões para "irar-se" são esbravejar, enfurecer-se, enervar-se, apoquentar-se, perder a paciência, ficar encolerizado, mostrar-se insultado, exasperar-se, aborrecer-se, perder as estribeiras.

Somos responsáveis por identificar esses sinais de falta de amor em nós. Se nos iramos facilmente, isso indica que o amor de Deus não se manifestou claramente em nós. Sim, há pessoas que são irritantes ou provocadoras, mas precisamos agir com amor, qualquer que seja a situação. Precisamos aprender a passar por cima das coisas que as pessoas dizem, sem nos abater com isso. Seremos mais felizes assim.

Peça a Deus que a ensine a lidar com pessoas irritadas e sem amor no coração. É melhor tocar no assunto? Ou é melhor orar em silêncio? Deus lhe mostrará. Nesse meio-tempo, peça ao Senhor que coloque amor em seu coração para saber tratar as pessoas irritantes, exasperadas e aborrecidas que convivem com você — aquelas que se iram facilmente, você sabe quem são.

Maus pensamentos evidenciam falta de amor pelos outros

O amor não guarda rancor.

As pessoas que guardam rancor têm, em geral, maus pensamentos a respeito dos outros — ou fazem algo que os prejudique. Quem guarda rancor é ardiloso. Em outras palavras, tem um plano insidioso para fazer mal a alguém, tentando enganá-lo com astúcia.

Se não temos nenhum motivo oculto, nenhum objetivo egoísta, nenhum plano ou esquema secreto, nenhuma trama para atender às nossas necessidades egoístas à custa dos outros, significa que não somos ardilosas.

Outras palavras para "ardiloso" são astuto, desleal, manhoso, patife, embusteiro, velhaco, enganoso, traiçoeiro, falso, de má-fé, leviano, calculista, sagaz, matreiro, ladino.

Se amamos alguém, não paramos para pensar até que ponto não gostamos dessa pessoa, até que ponto gostaríamos que ela sumisse de nossa vida e que maldade poderíamos fazer para prejudicá-la. Quando manifestamos amor, não mantemos registro de todos os erros que foram cometidos contra nós nem das pessoas que os cometeram. Não nos permitimos agir com rancor e sentimento de vingança. Livramo-nos dos ressentimentos e seguimos a vida em frente.

Quando temos maus pensamentos, eles se revelam em nosso rosto, em nossa personalidade e na maneira como nos relacionamos com os outros. As pessoas notam o mau pensamento em nós, mesmo que não consigam identificar qual é — e isso as deixa desconfortáveis.

Jesus declarou: "Vocês ouviram o que foi dito: 'Não adulterarás'. Mas eu lhes digo: Qualquer que olhar para uma mulher para desejá-la, já cometeu adultério com ela no seu coração" (Mt 5.27-28). Isso mostra que os pensamentos podem ser tão pecaminosos quanto as ações. E quem, então, está livre de ter maus pensamentos? Quem entre nós já não pensou — mesmo por um instante — que o mundo seria melhor se determinada pessoa desaparecesse de repente da face da terra? Quando temos pensamentos semelhantes a esse, precisamos nos arrepender imediatamente perante Deus e pedir-lhe que nos dê um coração de amor, um coração puro no qual os pensamentos maus jamais penetrem.

Satisfação pela queda de alguém sinaliza falta de amor pelos outros

O amor não se alegra com a injustiça, mas se alegra com a verdade.

A frase anterior significa que odiamos o que Deus odeia e amamos o que ele ama. Deus ama sua verdade e seu povo.

Se ficamos felizes quando alguém é injustiçado, ou contentes quando alguém erra ou seus defeitos são revelados, ou não vemos a hora de espalhar más notícias sobre alguém, estamos nos alegrando com a injustiça. Se, ao contrário, não vemos a hora de comentar *boas* notícias a respeito de pessoas e situações, e alegramo-nos com toda manifestação de verdade e ficamos insatisfeitas com o sofrimento ou a ruína de uma pessoa, em nosso coração há amor por ela. Se desprezamos a desigualdade de tratamento ou qualquer erro ou ilegalidade, se desprezamos algo que não deveria ser levado em conta e se não comemoramos a maldade, o engano, a vilania, as abominações, as atrocidades, a desgraça, a ilegalidade, a transgressão, as violações, a fraqueza moral, a perversidade, a corrupção ou o pecado, isso agrada a Deus e mostra nosso amor por ele e pelos outros.

Outras palavras e expressões para "injustiça" são ilegalidade, ilegitimidade, arbitrariedade, ato ilícito, ato furtivo, abominação, depravação, corrupção, atividade criminosa, negligência, condenação, vilania, infâmia.

Alegrar-se com a verdade significa comemorar a verdade *de Deus* a respeito de alguém, e não a maneira ofuscante e estarrecedora pela qual essa pessoa se manifesta. Significa ver nos outros o potencial para o sucesso, e não para o fracasso. Significa reconhecer o que *Deus* diz a respeito deles, e não o que os outros dizem para depreciá-los.

O racismo se opõe ao amor e sinaliza tudo o que Jesus não é. Vai contra tudo o que Deus é e faz. É do mal. É demoníaco em sua origem e em sua prática. É um ardil do inimigo para roubar, matar e destruir todas as pessoas envolvidas — quem odeia e quem é odiado. É crueldade vinda de lugares sombrios, "porque de antros de violência se enchem os lugares sombrios do país" (Sl 74.20). O racismo é um antro de crueldade.

Resume perfeitamente tudo o que gira em torno de comemorar o mal. Ilustra o significado de alegrar-se com a injustiça. É vil e maldoso; quem o pratica pagará um preço alto e muito se arrependerá disso.

Todos esses comentários sobre o que o amor *não é* nos mostram como reconhecer o desamor em nosso coração. Ajudam-nos também a reconhecer a falta de amor nos outros, mas com o propósito de orar para que eles recorram ao Senhor a fim de que sejam libertos.

Há um preço a ser pago pela falta de amor, mas a boa notícia é que não temos de viver carentes dessa atitude. Deus nos livra de tudo isso e mantém nosso coração repleto de seu amor. Mas cabe a nós escolher vivenciar isso. Devemos permitir que nosso coração transborde do amor de Deus, que expressemos nosso amor por ele e que nosso coração transborde de amor para os outros. As pessoas veem isso na maneira como falamos e agimos em relação a elas, e essa atitude não apenas as agrada como também a Deus.

Oração de amor

Senhor, ajuda-me a reconhecer qualquer coisa que revele em mim um coração no qual falta amor pelos outros. Ensina-me a entender o que o amor *é* e também o que o amor *não é*. Ajuda-me a não invejar os outros, mas a ser feliz por tudo o que eles *têm* ou *são*. Obrigada porque me deste tudo de que necessito e pelo qual sou grata. Livra-me de ser uma pessoa convencida, de vangloriar-me ou de chamar a atenção para mim. Torna-me consciente da maneira como me apresento diante dos outros para que eu não os faça sentir-se mal, mas que se sintam amados.

Ajuda-me a querer o que *tu* queres mais do que aquilo que *eu* quero. Livra-me de irar-me facilmente, de viver irritada ou magoada. Elimina todo orgulho de meu coração. Sei que esse sentimento só produz destruição porque se trata de uma rebelião visível contra ti. Salva-me de ser arrogante e de viver em sintonia com o inimigo. Impede-me de ser sábia a meus olhos porque sei que és misericordioso com os humildes e humilhas os de olhos altivos (Sl 18.27).

Dá-me um coração sensível aos outros, de modo que eu nunca seja grosseira ou egoísta. Enche-me o coração e a mente com tua verdade, para que eu nunca tenha pensamentos maus. Livra-me de comemorar notícias negativas ou a queda dos outros. Ajuda-me a amar os outros da maneira que desejas e a rejeitar todas as indicações de falta de amor em mim.

Oro em nome de Jesus.

Palavras de amor

Os infiéis receberão a retribuição de sua conduta,
mas o homem bom será recompensado.

PROVÉRBIOS 14.14

Tu, SENHOR, ouves a súplica dos necessitados;
tu os reanimas e atendes ao seu clamor.

SALMOS 10.17

Há caminho que parece certo ao homem,
mas no final conduz à morte.

PROVÉRBIOS 14.12

Portanto, humilhem-se debaixo da poderosa mão de Deus,
para que ele os exalte no tempo devido.

1PEDRO 5.6

Ninguém deve buscar o seu próprio bem, mas sim
o dos outros.

1CORÍNTIOS 10.24

18

❖❖❖❖❖❖❖❖❖❖❖❖❖❖❖❖❖❖❖❖❖

Como os outros saberão que pertenço a Deus?

O coração de Deus deve ficar entristecido quando ele vê seus filhos brigando por coisas insignificantes em vez de se alegrarem com coisas importantes. Discutimos por coisas que dividem em vez de nos alegrarmos com coisas que nos unem, como o milagre do nascimento, da morte e da ressurreição de Jesus, seu amor incondicional, sua misericórdia e sua graça estendida a nós.

As pessoas não conseguem concordar nem a respeito do Espírito Santo. No Corpo de Cristo, há provavelmente mais discordâncias quanto a esse assunto quanto a qualquer outro, por causa dos dois extremos — pessoas que nem sequer dizem as palavras "Espírito Santo" e outras que ficam malucas, assustadoras e se comportam de modo esquisito em nome desse Espírito. Será mera coincidência que esses dois extremos estejam longe de exemplificar o amor de Deus?

Aqueles que mal reconhecem a existência do Espírito Santo não permitem que seu coração receba a paz, o consolo e o amor por ele derramado. Não querem que ele interrompa *seus* planos para *sua* vida. Os do outro extremo são tão *ensimesmados em suas experiências* que nunca pensam em como mostrar o amor de Deus aos outros.

Os dois lados amam suas experiências mais do que amam a Deus. Sei que minhas palavras podem parecer bastante duras, porém tenho visto esses extremos muitas vezes em vários lugares e, acredite em mim, não percebo o amor de Deus nem a presença do Espírito Santo em nenhum deles. Percebo um movimento da carne.

O mesmo se aplica àqueles que não sentem amor, que se proclamam críticos dos outros cristãos. Não me refiro àqueles que falam a verdade quanto à vida de outra pessoa porque a amam profundamente e querem o melhor para ela. Estou me referindo a pessoas que não estariam lendo um livro sobre o amor simplesmente porque não estão interessadas no amor divino. Estão interessadas em destruir os outros, e não em edificá-los nas coisas de Deus.

A trama do inimigo é dividir os cristãos e lançar uns contra os outros. Imagine se nós, pertencentes ao Corpo de Cristo, fôssemos tão unidos a ponto de poder orar numa só voz por algo que Deus colocasse em nosso coração. Pense no que poderíamos realizar.

AME OS OUTROS CRISTÃOS COMO JESUS NOS AMA

Jesus disse: "Um novo mandamento lhes dou: *Amem-se uns aos outros. Como eu os amei, vocês devem amar-se uns aos outros.* Com isso todos saberão que vocês são meus discípulos, se vocês se amarem uns aos outros" (Jo 13.34-35). Significa que nosso amor por outros cristãos será a principal característica em nós a demonstrar a quem pertencemos e a quem amamos e servimos. Será algo evidenciado sempre que demonstrarmos o amor de Jesus uns aos outros.

O amor de Jesus foi *sacrificial, incondicional* e *infalível*, diferente de qualquer outro amor. Seu amor em nós nos faz resolver nossas diferenças e impede que nos afastemos de outros cristãos por causa de questões insignificantes, críticas destrutivas e difamações mexeriqueiras que são o oposto do amor de Cristo por nós.

Jesus deseja que produzamos fruto duradouro. Parte dessa missão é nos tornarmos suas discípulas e ajudar a trazer outras pessoas para conhecê-lo como seu Salvador.

Nós, os cristãos, somos todos membros do Corpo de Cristo. Aquilo que afeta um de nós afeta todos. Todos precisamos uns dos outros. *O segredo é amar os outros como Cristo nos ama.* Esse amor não é apenas um sentimento fortuito. É uma escolha que fazemos e que nos leva a agir amorosamente. Esse tipo de amor é algo que se percebe numa pessoa, mesmo que ela não nos faça alguma coisa específica. Trata-se do modo como ela é.

As pessoas saberão que pertencemos a Cristo por causa do amor que temos uns pelos outros. Quando mostramos amor pelo próximo permanecendo unidas — não por lealdade a um homem, mas por nossa lealdade em comum a Jesus —, atraímos mais pessoas a Deus. Esse amor pelo próximo e a união de espírito exigem humildade. Significa que não somos apenas humildes diante de Deus, mas humildes uns com os outros.

Mostramos amor e humildade nas palavras que proferimos. Aquilo que falamos tem de estar alinhado com o que temos no coração. Quando mostramos amor por Deus e pelos outros com palavras, alegramos ao Senhor. *Humildade é reconhecer que somos pobres sem o Senhor e que nossa vida seria patética na ausência dele.*

Paulo orientou os coríntios sobre o modo de vida cristão. "Irmãos, em nome de nosso Senhor Jesus Cristo suplico a todos vocês que *concordem uns com os outros no que falam,* para que *não haja divisões entre vocês*; antes, que *todos estejam unidos num só pensamento e num só parecer*" (1Co 1.10)

Pergunto: isso significa que devemos concordar com cada detalhe de nossa vida? Não. Significa que concordamos sobre quem servimos como Senhor e sobre o que ele pede de nós.

Davi disse: "Como é bom e agradável quando os irmãos convivem em união!" (Sl 133.1). Uma das maneiras de conviver em união é trabalhar juntos para um bem comum — buscar o Senhor e o conselho de outros cristãos firmes e conhecedores da Palavra.

Parte de amar os outros é ser capaz de não dar importância a um assunto. Esquecê-lo. Abandonar as perdas e seguir em frente. Todas nós temos de fazer isso uma vez ou outra. A oração é o maior unificador de todos. O que aconteceria se nós, os cristãos, começássemos a orar uns pelos outros de denominações diferentes, culturas diferentes e áreas diferentes, para que o orgulho de pertencer a uma igreja ou a uma denominação, o orgulho cultural e racial deixassem de existir? Pense no que Deus poderia fazer em seu povo se o orgulho de "nós estamos certos e todos os outros estão errados" fosse eliminado.

Davi foi atacado de todos os lados por falsos acusadores que o difamaram enganosamente com palavras de ódio. O pior era que se tratava de pessoas que ele amava, e elas retribuíram o bem com o mal. E o que Davi fez diante de tudo aquilo? Orou. Ele disse: "Eles me cercaram com palavras carregadas de ódio; atacaram-me sem motivo. *Em troca da minha amizade eles me acusam, mas eu permaneço em oração*" (Sl 109.3-4).

Ele orou em vez de reagir. Recorreu a Deus em vez de tentar se vingar.

Que bela lição aprendemos com isso! Temos a confiança de saber que Deus nos ama; portanto, podemos dizer: "O Senhor está comigo, não temerei. O que me podem fazer os homens? [...] É melhor buscar refúgio no Senhor do que confiar nos homens" (Sl 118.6,8). Deus está do seu lado e ele conhece a verdade.

Uma das situações mais constrangedoras é quando um *cristão* a ofende. Se vocês dois amam a Deus, e se o Senhor ama cada um de vocês, como reconciliar isso? Você precisa orar pela pessoa e por si mesma. Ore para que Deus lhe mostre se você estiver errada. Mas, se a outra pessoa estiver errada, ore para que Deus revele isso a ela e ela reconheça o erro. A melhor coisa seria vocês orarem juntas, confiando que Deus sabe fazer o que é necessário para reconciliar esse desentendimento.

Ame os não cristãos como Jesus nos ama

O amor que transmitimos aos ímpios os faz saber que não amamos apenas a nós mesmas, e isso é o que nos torna pessoas únicas. Amamos aqueles que não gostam de nós em vez de rejeitá-los como as outras pessoas tendem a fazer.

O maior obstáculo para que mais pessoas aceitem o Senhor são os cristãos que falam e interagem com elas sem o amor de Deus no coração.

Foi isso que me impediu de aceitar o Senhor mais cedo. Só depois que vi o amor verdadeiro de Deus nos cristãos foi que os muros ao redor de meu coração caíram. A cegueira desapareceu de meus olhos por causa das orações deles para que eu visse a luz. Somente o amor de Deus derruba barreiras como essa. O amor humano não consegue isso.

Ore para que você viva de tal forma que o amor de Deus seja visto em sua vida. E ore para que os não cristãos percebam essa verdade. Jesus disse: "O mundo não pode odiá-los, mas a mim odeia porque dou testemunho de que o que ele faz é mau" (Jo 7.7). Muitas pessoas no mundo odeiam os cristãos justamente porque estes *creem* em Jesus. Mas precisamos amá-las também. Ore para que os obstáculos que impedem as pessoas de enxergar a verdade acerca do amor de Deus e do sacrifício de Jesus sejam derrubados.

Quando deixamos de amar as pessoas, deixamos de receber tudo o que Deus tem para nos oferecer. Jesus disse que seríamos reconhecidos ao verem nosso amor mútuo. Mas será que nos reconhecem? Elas veem isso em você? Veem em mim? Espero que sim. Oro por isso. Oremos juntas para que as pessoas nos reconheçam ao ver nosso amor uns pelos outros e também por aqueles que não conhecem Deus.

Jesus afirmou: "Todos os que são da verdade me ouvem" (Jo 18.37). Significa que podemos ouvir Deus falar ao nosso coração porque temos o Espírito da verdade em nós. Portanto, podemos ser conduzidas por Deus ao mostrar amor pelos outros.

Cristo advertiu que nós, seus seguidores, seremos conhecidos pelo amor, e não por nossas regras e leis. Jesus não veio para julgar; veio para salvar e libertar. Nosso julgamento sobre o mundo dos que não creem os impede de amar a Cristo porque não veem esse amor exibido ou transmitido por nós. É vergonhoso. Precisamos mudar essa percepção, uma pessoa por vez, se não mais. Oremos para que sejamos conhecidas pelo amor que sentimos uns pelos outros como cristãs e por nosso amor pelas pessoas que ainda não conhecem o Senhor.

A Bíblia diz que devemos seguir o caminho do amor (1Co 14.1) e fazer tudo de maneira amorosa (1Co 16.14). Não buscamos o amor nem amamos de forma egoísta, mas de forma altruísta. Só assim as pessoas saberão quem somos.

Oração de amor

Senhor, tua Palavra diz que é bom e agradável quando nós, que te amamos, convivemos em união (Sl 133.1). E que devemos amar uns aos outros porque, quando assim fazemos, mostramos que te *conhecemos* verdadeiramente (1Jo 4.7). Ajuda-me a ser alguém que une, e não alguém que divide. Ajuda-me a ser pacificadora e construtora de pontes entre as pessoas.

Ensina-me a dizer palavras de encorajamento e que tragam amor e paz — palavras que edifiquem e que façam as pessoas te amar mais. Capacita-me a falar somente o que é verdadeiro, reto e piedoso. Livra-me de ser negativa e de viver reclamando. Tua Palavra diz que quem deseja ver dias felizes deve guardar a língua do mal (Sl 34.12-13). Ajuda-me a falar a verdade quanto ao que significa uma vida longa e agradável para os outros. Capacita-me a transmitir teu amor de todas as formas possíveis.

Oro para que eu seja conhecida por meu amor a ti e pelas outras pessoas (Jo 13.35). Oro para que até os não cristãos me conheçam pelo amor que expresso a eles com bondade e consideração. Oro para que sejam atraídos a ti por esse motivo. Ensina-me a seguir o amor — não apenas recebê-lo, mas também recorrer a ti para encontrar oportunidades de mostrá-lo aos outros (1Co 14.1). Ensina-me a orar nesse sentido, para que eu possa estender teu amor àqueles que causam divisões entre as pessoas. Capacita cada uma de nós a amar uns aos outros com um coração puro (1Pe 1.22).

Oro em nome de Jesus.

Palavras de amor

Irmãos, vocês foram chamados para a liberdade. Mas não usem a liberdade para dar ocasião à vontade da carne; ao contrário, sirvam uns aos outros mediante o amor. Toda a Lei se resume num só mandamento: "Ame o seu próximo como a si mesmo".

GÁLATAS 5.13-14

Acima de tudo, porém, revistam-se do amor, que é o elo perfeito.

COLOSSENSES 3.14

Que o Senhor faça crescer e transbordar o amor que vocês têm uns para com os outros e para com todos.

1TESSALONICENSES 3.12

Rogo-lhes que vivam de maneira digna da vocação que receberam. Sejam completamente humildes e dóceis, e sejam pacientes, suportando uns aos outros com amor. Façam todo o esforço para conservar a unidade do Espírito pelo vínculo da paz.

EFÉSIOS 4.1-3

Sobretudo, amem-se sinceramente uns aos outros, porque o amor perdoa muitíssimos pecados.

1PEDRO 4.8

19

❖❖❖❖❖❖❖❖❖❖❖❖❖❖❖❖❖❖❖❖❖

Aprender a amar a mim mesma é um ato de egoísmo?

A maioria de nós é muito rigorosa consigo mesma. Censuramo-nos por tudo o que nos decepciona. As mulheres, principalmente, são muito autocríticas. Mas Deus não gosta disso. Ele deseja que amemos a pessoa que pretendeu que fôssemos ao nos criar. Deseja que sejamos agradecidas porque fomos feitas de modo especial e admirável e quer que amemos tudo o que nosso corpo, alma e mente são capazes de realizar. Deus não quer que nos critiquemos pelo que achamos que não conseguimos fazer.

Lembro-me de ter ouvido um médico contar sobre sua viagem ao exterior para ajudar as crianças enfermas de determinado país. Muitas estavam deformadas porque foram geradas em úteros de mães malnutridas, que não dispunham de alimentos suficientes durante a gravidez. Na vez seguinte em que visitou aquele país como missionário, ele levou consigo alguns cirurgiões que poderiam realizar procedimentos corretivos no rosto deformado daquelas crianças. O médico contou que as crianças não tinham espelhos e, portanto, nunca haviam visto o próprio rosto, não sabiam que aspecto tinham. Tudo o que conheciam era a reação dos outros ao vê-las. É difícil imaginar isso, não? Como seria se nós nunca tivéssemos visto nosso reflexo no espelho? A maioria de nós aprendeu a se olhar no espelho desde a primeira vez que viu os pais ou os irmãos fazerem isso.

Aquelas criancinhas conseguiram se ver no espelho antes da cirurgia, e a visão foi perturbadora para elas. Quando, porém, se viram depois de curadas da cirurgia, ficaram satisfeitas. A confiança e a alegria aumentaram. As pessoas reagiram positivamente a elas. E elas gostaram do que viram.

É comum não gostarmos do que vemos porque criticamos nossa aparência. Comparamo-nos com as fotos das pessoas perfeitas que vemos na mídia. Mas Deus não quer que façamos isso. Ele quer que vejamos *sua* beleza em nós. Quer que nos vejamos da maneira como *ele* nos vê.

Quando aceitamos o Senhor e o Espírito Santo em nós, Deus começa a realizar uma cirurgia espiritual para reconstruir e restaurar tudo aquilo que nos desfigurou e o estrago decorrente dos efeitos destruidores do pecado em nossa vida. Ficamos satisfeitas quando vemos o resultado. O Espírito de Deus em nós produz beleza.

Jesus disse que devemos amar a Deus de todo o nosso coração, de toda a nossa alma, de todo o nosso entendimento e com todas as nossas forças. Esse é o primeiro mandamento (Mc 12.30). "O segundo é este: '*Ame o seu próximo como a si mesmo*'. Não existe mandamento maior do que estes" (Mc 12.31). Esses são os dois maiores mandamentos, mas quantas de nós não amamos a nós mesmas? Na verdade, somos cruéis quando criticamos a pessoa que imaginamos ser e não gostamos da forma como Deus nos criou.

Quero dizer-lhe algumas coisas sobre você.

Acima de tudo, você foi criada à imagem de Deus. Sua mãe e seu pai também o foram, e é por isso que você se parece com eles.

272 ESCOLHA O AMOR

Quando aceitou Jesus, *você passou a ser nova criação*. Passou a ter um novo eu e, por isso, parou de se apoiar em seu antigo eu.

Você é a morada do Espírito Santo e pertence a Deus. Você foi comprada por um preço muito alto; portanto, deve glorificar a Deus com seu corpo e espírito (1Co 6.19-20). Seu corpo é o santuário do Espírito Santo, e é por isso que deve ser valorizado e amado. Não faça nada que entristeça o Espírito — e isso inclui criticar seu corpo, o lugar onde ele habita.

Uma das maiores dádivas que Deus nos concede é seu Espírito habitando em nós. Precisamos estimar essa dádiva e amar o santuário que ele nos deu. O Espírito do único, verdadeiro e vivo Deus do universo habita em você; portanto, não se critique.

Paulo disse: "Ninguém tenha de si mesmo um conceito mais elevado do que deve ter; mas, ao contrário, tenha um conceito equilibrado, de acordo com a medida da fé que Deus lhe concedeu" (Rm 12.3). Significa que não nos julgamos com base no que *nós* realizamos ou *nos* propusemos a ser, mas nos valorizamos segundo quem *Deus* intencionou que fôssemos, de acordo com o que *ele* está fazendo em nós e como *ele* nos está capacitando a cumprir nosso propósito.

PARE DE DIZER PALAVRAS NEGATIVAS ACERCA DE SI MESMA

Nossas palavras devem ser sempre agradáveis a Deus, e isso inclui o que dizemos sobre nós. Davi orou: "*Que as palavras da minha boca* e a *meditação do meu coração sejam agradáveis a ti*, SENHOR, minha Rocha e meu Resgatador!" (Sl 19.14). Davi estava falando de *todas* as suas palavras. Isso inclui as palavras que dizemos e os pensamentos que abrigamos no coração a nosso respeito.

Se você está sempre se censurando nas palavras que profere, como pode agradar e glorificar a Deus? Como ele pode se alegrar quando você critica a criação, da qual você é parte importante? Paulo disse: "Se alguém destruir o santuário de Deus, Deus o destruirá; pois o santuário de Deus, que são vocês, é sagrado" (1Co 3.17). Forte advertência daquele que a ama.

Eu me culpava das palavras negativas que falava a meu respeito. Em razão das palavras terríveis que minha mãe costumava me dizer, cresci imaginando ser a pior pessoa do mundo. Ouvia frequentemente que eu não tinha valor nenhum e que seria um zero à esquerda. Nunca ouvi que eu tinha atributos positivos ou que prestava para alguma coisa. Nunca ouvi palavras de encorajamento quanto ao que eu poderia ser ou fazer. Aliás, era desencorajada e não sentia esperança na vida.

Não cresci numa família de incentivadores. Eles só me ridicularizavam. Apenas uma de minhas tias me fazia sentir importante neste mundo. Para os outros, eu era uma imposição. Com isso, passei a odiar tudo em mim e em minha vida. Carreguei aquele ódio por mim durante anos. Só comecei a ser curada quando aceitei o Senhor e ele mostrou que me amava por inteiro. Depois que me livrei do ódio por mim, continuei a sentir que sempre sofreria por tudo na vida. Não foi nada fácil. Era uma luta constante. E eu comparava minha vida com a dos outros.

Levei um tempo para ser curada e para aprender que Deus me amava, o que me ajudou a enxergar a verdade. Vi que fazemos escolhas todos os dias, e, quando escolhemos viver no amor de Deus e decidimos demonstrar nosso amor por ele, isso afeta todas as outras escolhas — principalmente *a escolha de amar a pessoa que Deus planejou que fôssemos quando nos criou.*

Ninguém dispõe de tudo. Pode até parecer que alguns possuem tudo, mas isso não é verdade. Portanto, não devemos pousar os olhos naqueles que imaginamos ter muito mais que nós e comparar de modo crítico nossa vida com a deles.

Passei muito mal em minhas duas gestações. A segunda foi pior que a primeira: permaneci acamada na maior parte do tempo, sem desejar fazer nada em razão do mal-estar. Nas horas que passei ali, ouvia sempre a voz de minha bela vizinha com os bebês gêmeos perfeitos — um menino e uma menina — que ela adotara, sem nunca ter passado mal nem sentido dores. Comecei a invejá-la, comparando nossas situações e gostando mais da dela do que da minha. Não entendia por que eu, uma pessoa cristã, tinha de sofrer tanto, e ela, uma descrente, não sofria nada. Eu passava tão mal que não conseguia sequer ler ou ver televisão, por isso não estava lendo a Bíblia. Só quando uma amiga aparecia de vez em quando e lia um texto para mim é que eu sentia verdadeiro conforto.

Depois que meu bebê nasceu, minha vizinha trouxe o filho num carrinho de gêmeos para eu conhecer. A menina ficou em casa. A vizinha contou-me que a menina tinha problemas graves de mobilidade e que a família teria de mudar-se para uma casa mais perto de um hospital, onde a filha pudesse receber a terapia de que necessitaria pelo resto da vida. Fiquei chocada e senti muita pena dela.

Depois que mãe e filho partiram, chorei de arrependimento diante de Deus por causa de minha inveja e ingratidão pelo que ele me concedera. Fiquei extremamente envergonhada por permitir esses pensamentos horríveis. Fiquei envergonhada perante mim e perante Deus. É muito constrangedor contar esses pormenores. Arrependo-me profundamente de ter sido ingrata com Deus. Ainda me dói pensar nisso, e choro até hoje. Prometi que nunca mais seria ingrata pelo que Deus me concede, seja qual for a situação. Nunca mais desprezaria seu amor por mim nem limitaria meu amor e louvor a ele. Agradeço a Deus cada momento doloroso e triste de minhas gestações e passaria por tudo outra vez para ter meus filhos. Agradeço a Deus cada um deles. A misericórdia e o amor de Deus para comigo vão muito além do que mereço e do que tenho sido.

Seja o que for que outra pessoa possua, e nós não, não devemos fazer comparações. Devemos amá-la e ficar felizes por ela. E devemos também amar a pessoa que Deus fez quando nos criou e a vida que ele nos deu. Por mais que tenhamos sofrido, há outros que sofreram mais. Por mais terrível que tenha sido, há outros cujo sofrimento foi pior.

Temos de nos levantar todos os dias e agradecer a Deus porque estamos vivas, por pior que nos sintamos. Temos de agradecer a Deus tudo o que podemos *fazer* em vez de reclamar diante dele por aquilo que imaginamos ser incapazes de fazer. E todas as vezes que rendermos graças a Deus por algo que *podemos* fazer, devemos orar por alguém que não pode fazer o que deseja. Isso significa amar os outros, e mudará nossa perspectiva a respeito de tudo.

Pare de ter pensamentos negativos
a respeito de sua vida

Se você acha que vem tendo pensamentos críticos constantes a respeito de sua vida, peça a Deus que a ajude a encontrar esperança nele. Se algo necessita ser mudado e você tem condições de mudar, faça isso. Mas, se não há nada que você possa fazer para pôr em prática uma mudança necessária, peça a Deus que realize o impossível. Coloque a situação aos pés dele. Peça-lhe que a ajude a ver os aspectos positivos de sua vida e agradeça-lhe essas bênçãos. Peça-lhe que a ajude a ver sua vida e seu futuro pela perspectiva dele. Peça-lhe que mude o que necessita ser mudado. Provavelmente, Deus está aguardando que você lhe peça ajuda. Talvez Deus esteja mais ansioso por

276 ESCOLHA O AMOR

essas mudanças que você, mas está esperando que você dependa dele. E ele faz isso porque deseja levá-la a lugares que você não pode ir sem ele.

Deus tem bênçãos para sua vida que você nem sequer é capaz de imaginar neste momento, mas é possível que ele esteja esperando que você se aperfeiçoe no amor. Eu explico: às vezes Deus nos abençoa só depois que abençoamos os outros da maneira que ele deseja — mostrando-lhes o amor que vem do coração de Deus ao nosso. Essa é uma das grandes bênçãos que ele nos concede quando aprendemos a amar os outros da maneira que ele deseja. E o oposto também é verdadeiro. Quando nos recusamos a amar os outros, deixamos de receber as bênçãos que Deus quer nos dar. Essa é uma questão muito importante para ele, e muitas pessoas não a percebem.

Quando você passar a amar *verdadeiramente* a Deus e a ser grata pela pessoa que Deus fez quando a criou, você não se encherá de orgulho. Não se concentrará em si mesma o tempo todo. E não sentirá inveja, porque não será necessário. Você é você, e isso é bom; não é preciso ser outra pessoa.

Amar a si mesma e a sua vida não indica que você se considera melhor que os outros. Significa que aprecia as coisas boas a respeito de você e da vida que Deus lhe concedeu. Que entende que você e sua vida são uma obra em andamento, e que há coisas maravilhosas pela frente. Você não se compara com outra pessoa e não compara sua vida com a dela.

Não importa qual foi o seu passado — talvez você tenha sido mal-amada, não estimada ou indesejada como eu —, Deus a vê como uma pessoa de grande valor, com grande propósito e dons concedidos a você para a glória dele. Mas é preciso livrar-se do passado. O passado não define quem você é hoje. É

Deus quem a define. O Espírito dele em você a define. Jesus a definiu ao morrer por você para dar-lhe a vida eterna com ele. Portanto, não se julgue por seu passado. O ontem já era. Hoje é um novo dia. Só porque as coisas aconteceram de um jeito no passado não significa que acontecerão do mesmo jeito agora. Não limite o que Deus deseja fazer em você — e por seu intermédio — hoje e no futuro.

Você precisa perdoar quem a rejeitou ou a fez sentir-se mal-amada. Perdoe-se por não ter sido tudo o que *você* esperava ser. Pare de pensar no que acha que *deveria* ser, e comece a pensar em tudo o que *pode* ser no Senhor. Pare de se concentrar no que você não é e comece a enfocar o que você *é*. O amor de Deus a liberta para ser tudo aquilo que ele planejou quando a criou. Seu amor a libertou de seus limites autoimpostos. Seu amor a *torna livre*. Seu amor não a controla, mas você precisa aceitá-lo plenamente e recebê-lo todos os dias. Quando você se critica em vez de acreditar no que Deus diz a seu respeito, não está recebendo inteiramente o amor divino.

Reconheça todas as manhãs que Deus lhe deu este dia. Diga: "Este é o dia em que o Senhor agiu; alegremo-nos e exultemos neste dia" (Sl 118.24). E não importa o que aconteça, diga: "Isso vem do Senhor, e é algo maravilhoso para nós" (Sl 118.23). Pense em Jesus e em como ele foi rejeitado, e mesmo assim cumpriu um grande e magnífico propósito. "A pedra que os construtores rejeitaram tornou-se pedra angular" (Sl 118.22).

Fui rejeitada e agora cumpro o propósito de Deus para mim. Se tivesse dado um fim à vida, como tentei certa vez e planejei repetir, jamais saberia o que Deus planejou em meu favor. O mesmo se aplica a você. Se deixar de amar a si mesma, você impedirá o que ele está fazendo em sua vida. Jesus disse que você deve amar o próximo como a si mesma. Significa que você precisa se amar. Há uma ligação entre amar os outros e amar a si própria. É saudável amar quem você é — a pessoa que Deus planejou que você fosse — e apreciar a vida que ele lhe deu a fim de que vivesse para ele.

O futuro que Deus tem para você é bom, e você o amará da mesma forma que ama a Deus.

Oração de amor

Senhor, obrigada porque me amas e me criaste para cumprir teus propósitos. Ajuda-me a apreciar tudo o que colocaste em mim. Capacita-me a reconhecer os dons que me deste a fim de que sejam usados para tua glória. Habilita-me a ver o bem que não estou vendo e a rejeitar a autocrítica na qual me concentro. Ensina-me a amar-te mais e a amar-me melhor, para que eu possa expressar amor aos outros com maior clareza.

Confesso os sentimentos negativos e críticos que tenho a respeito de minha vida. Tu estás no controle dela, e confio que me trarás o que é bom. Dá-me sabedoria para ver as coisas grandiosas que colocaste em minha vida e que serão usadas para tua glória. Ajuda-me a amar os outros como me ensinaste a me amar — isto é, com grande apreciação por tua obra em mim e neles. Sei que quando te amo, quando me amo e quando amo os outros estou cumprindo tua lei (Rm 13.10). Não quero seguir outro caminho que não seja esse.

Ajuda-me a buscar "a justiça, a piedade, a fé, o amor, a perseverança e a mansidão", porque são belos a teus olhos e te agradam (1Tm 6.11). Senhor, és belo, és maravilhoso, és encantador, és atraente e és desejável. Permite que tudo o que tu és resplandeça em tudo o que sou. Ajuda-me a amar-me de tal maneira que não diga: "Sou melhor que tudo", mas que diga: "Tu és melhor que tudo! E estás comigo, fazendo-me ser mais semelhante a ti a cada dia".

Oro em nome de Jesus.

Palavras de amor

Quem obtém sabedoria ama-se a si mesmo;
quem acalenta o entendimento prospera.

PROVÉRBIOS 19.8

Revistam-se do amor, que é o elo perfeito.

COLOSSENSES 3.14

Assim como vocês ofereceram os membros do seu corpo
em escravidão à impureza e à maldade que leva à maldade,
ofereçam-nos agora em escravidão à justiça que leva à
santidade.

ROMANOS 6.19

Fuja dos desejos malignos da juventude e siga a justiça, a fé,
o amor e a paz, com aqueles que, de coração puro, invocam o
Senhor.

2TIMÓTEO 2.22

Quem quiser amar a vida
e ver dias felizes,
guarde a sua língua do mal
e os seus lábios da falsidade.

1PEDRO 3.10

20

*E se eu não for capaz de ser tolerante,
de ter fé e esperança e de suportar todas
as coisas?*

"Não aguento mais esta situação." "Não tenho mais condições de suportar." "Não acredito que isto poderia acontecer." "Não acredito que as coisas mudem." "Perdi a esperança de que essa pessoa seja diferente um dia." "Aquilo que eu esperava está demorando muito a chegar." "Não tolero viver assim nem mais um minuto." "Não sou capaz de seguir neste caminho."

Você já se surpreendeu dizendo isso ou tendo esses pensamentos a respeito de uma pessoa ou situação? Eu já. Mais vezes do que gostaria de admitir. Mas foi há muito tempo, quando tentava levar a vida lutando com as próprias forças, sem confiar totalmente em Deus.

Só *Deus* é capaz de nos dar força e energia para suportar o peso que carregamos. Só *ele* nos dá fé para crer que coisas importantes acontecerão assim que acreditarmos *nele*. Só *ele* nos dá esperança quando esperamos *nele* e colocamos as expectativas *nele*. Só *ele* nos sustenta com perseverança para conseguirmos suportar o que estamos enfrentando.

A Bíblia diz que o tipo de amor que precisamos ter é o amor que "tudo sofre, tudo crê, tudo espera, tudo suporta" (1Co 13.7). Mas não podemos fazer isso sozinhas. Na verdade, não fomos criadas para fazer isso sozinhas. Nossos ombros não foram feitos para carregar esse peso. Deus sabe quando temos um coração suficientemente rendido a ele, confiante em sua ajuda.

Depois que ressuscitou e subiu ao céu, Jesus enviou o Espírito Santo àqueles que criam nele. Jesus disse: "Quando vier o *Conselheiro*, que eu enviarei a vocês da parte do Pai, *o Espírito da verdade que provém do Pai*, ele testemunhará a meu respeito" (Jo 15.26). O Espírito Santo é nosso *conselheiro* e *consolador*. É nosso *ajudador* e *mestre*. Ajuda-nos a fazer o que não conseguimos realizar sozinhas. Só ele nos capacita a sofrer, crer, esperar e suportar todas as coisas.

O AMOR TUDO SOFRE

O que isso significa? No contexto, "sofrer" significa carregar tudo o que *Deus* pediu que você carregasse. Ele não a chamou para sustentar o fardo do mundo inteiro — de sua família, amigos, conhecidos, colegas de trabalho e outras pessoas. Você não pode fazer isso. Deus não quer que você seja Deus para os outros. Pelo poder do Espírito Santo em você, o Senhor a ajudará a carregar todas as coisas que pediu que você carregasse. Ele *a chamou* para fazer isso. Não a chamou para ser o Papai Noel de todos à sua volta.

Deus nos chama a carregar as cargas uns dos outros, e uma das melhores maneiras de fazer isso é orar. A oração sincera, que leva ao céu as preocupações alheias, as quais você ajuda a carregar, sempre agrada a Deus. Ouvimos as pessoas dizerem: "Não posso fazer outra coisa, a não ser orar". E essa é a *melhor* coisa que se pode fazer. Comece sempre com a oração e depois execute as outras coisas que Deus a está conduzindo a fazer. Quando você levar as preocupações dos outros a Deus em oração, pergunte o que *ele* quer que você faça.

Não precisamos ficar neuróticas a respeito disso. Se virmos uma criança prestes a atravessar uma rua movimentada, não temos de orar antes para saber se devemos impedi-la. Deus concedeu-nos cérebro, bom senso e sabedoria para saber agir imediatamente.

Outras palavras e expressões para "sofrer" usadas nesse contexto são suportar, tolerar, aguentar, escorar, ser um esteio, não poupar esforços, sustentar, manter, defender, apoiar, alicerçar, amparar.

Peça a Deus que lhe mostre como tentar fazer uma dessas coisas sozinha. Talvez você se surpreenda com o que ele vai lhe mostrar e como a capacitará a fazer isso sem estresse.

O AMOR TUDO CRÊ

Crer em tudo significa crer no que há de melhor nas outras pessoas. Crer que Deus tem planos grandiosos para a vida delas — e para a sua. Crer que Deus fará tudo para o bem delas — e para o seu. Crer que Deus responderá às suas orações por elas — e por você. Significa não *esperar* o pior para você ou para os outros. Não *suspeitar* o pior que existe neles nem suspeitar deles.

Outras palavras e expressões para "crer" usadas nesse contexto são esperar, concluir, estar inclinado a pensar o melhor a respeito de alguém, ter confiança, dar crédito a, contar com, ter a firme certeza, não admitir dúvida, ter segurança.

Só Deus pode ajudar-nos a fazer tudo isso, principalmente a respeito de crer no melhor para as outras pessoas como sinal de nosso amor por elas.

O AMOR TUDO ESPERA

Esperar tudo significa pôr a esperança no Senhor. E, em razão disso, temos esperança de que ele está trabalhando na vida das pessoas por quem oramos. Significa não desistir delas nem rejeitá-las. No caso de alguém que nos ofendeu profundamente, entregamos essa pessoa a Deus e pedimos que ele trabalhe no coração dela e a faça ajoelhar-se diante dele. Quando fazemos isso, asseguramo-nos de que o futuro dela será bom.

A esperança é um dos três atributos que permanecem, ao lado da fé e do amor. "*O maior deles, porém, é o amor*" (1Co 13.13). No final, quando estivermos com o Senhor no céu, não necessitaremos mais de fé, porque aquilo em que cremos se tornará visível. Não precisaremos mais esperar, porque toda a nossa esperança será concretizada. Mas sempre teremos amor, porque Deus é amor, e estaremos com ele.

Outras palavras e expressões para "esperar" são ficar na expectativa, prever, prospectar, considerar possível, julgar provável, aguardar com ansiedade, ter um raio de esperança, ser otimista, mostrar-se cheio de fé, presumir, achar plausível, considerar promissor e iminente.

Tudo isso significa que você espera com entusiasmo o melhor que existe nas pessoas e é capaz de prever um bom futuro para elas. Indica que você tem motivos para acreditar que o melhor ainda virá porque orou por elas. Você prevê coisas boas a favor delas, e espera ver boas coisas *nelas* e *para elas*.

Peça a Deus que lhe dê a esperança que você necessita ter nele para as situações aparentemente impossíveis e para as pessoas ao seu redor. Ele fará isso, colocando em seu coração a esperança duradoura de que você precisa.

O AMOR TUDO SUPORTA

Antes de prosseguir, vamos esclarecer uma questão. Suportar tudo não significa permitir que alguém a maltrate. A mulher não deve permitir ser maltratada, machucada, surrada ou agredida pelo marido, noivo ou namorado. E não permita que ninguém a violente. Isso não procede do Senhor. Nunca foi a vontade dele para você. E se alguém lhe disser o contrário é porque está do lado do mal, e você precisa afastar-se dessa pessoa imediatamente.

Suportar tudo significa estar disposta a andar uma milha a mais com alguém. Significa persistir e reunir toda a paciência possível para percorrer a distância a fim de ver a pessoa atravessar a situação difícil.

Outras palavras e expressões para "suportar" usadas nesse contexto são perseverar, persistir, não se deter, continuar, aturar, insistir, manter-se firme, resistir, sofrer com resignação, consentir tacitamente, ser indulgente, ser aprovado no teste do tempo.

Você não pode ser tudo para todos. Pode ser somente o que Deus lhe permite ser para as pessoas que ele coloca em seu coração e traz à sua vida.

Tiago disse: "Como vocês sabem, nós consideramos felizes aqueles que mostraram perseverança" (Tg 5.11). Ele está falando de perseverar até a vinda do Senhor. Significa não desistir nem pôr fim a tudo. Muito menos deixar de amar os outros pela possibilidade de que nos decepcionem. Continuamos a cumprir o chamado de Deus para nós e a amar os outros à medida que ele nos conduz.

Oração de amor

Senhor, ajuda-me a *sofrer*, isto é, a carregar tudo o que for necessário no que se refere a amar outros. Não me chamaste para carregar um peso maior que posso aguentar porque és tu quem me chamas e me sustentas. Dá-me força para ajudar os outros e permanecer perto deles nos momentos de provação. Ajuda-me a *crer* em todas as coisas e a eliminar a descrença que porventura haja em mim a respeito dos outros. Se não consigo acreditar no melhor que eles possuem, acredito que *tu* tens o melhor para eles. Ajuda-me a encorajá-los da mesma forma que me encorajas.

Senhor, ajuda-me a *esperar* tudo para os outros, porque minha esperança para eles está em ti. Assim como nunca deixei de ter esperança em ti, ajuda-me a não perder a esperança nos outros. Ajuda-me a não desprezar as pessoas que me decepcionaram ou que parecem não reagir à esperança que tens para elas. Sou corajosa porque sei que fortalecerás meu coração, pois espero em ti (Sl 31.24).

Senhor, capacita-me a *suportar* tudo o me chamaste para fazer no que se refere a ser um sinal de amor para os outros. Ajuda-me a perseverar em oração por eles e a encorajá-los a permanecerem firmes em ti, em tua Palavra e nas promessas que fizeste a todos nós. Ajuda-me a não desistir de alguém que rejeitou teu amor e o meu. Ajuda-me a percorrer a distância necessária com aqueles que devo acompanhar, segundo tua instrução. Não quero ser uma pessoa que só suporta as tribulações por pouco tempo (Mt 13.21). Quero ser perseverante contigo e com as pessoas que colocaste em meu caminho, a fim de revelar teu amor por elas.

Oro em nome de Jesus.

Palavras de amor

Pensem bem naquele que suportou tal oposição dos pecadores contra si mesmo, para que vocês não se cansem nem desanimem.

HEBREUS 12.3

Antes, santifiquem Cristo como Senhor em seu coração. Estejam sempre preparados para responder a qualquer pessoa que lhes pedir a razão da esperança que há em vocês.

1PEDRO 3.15

Não só isso, mas também nos gloriamos nas tribulações, porque sabemos que a tribulação produz perseverança; a perseverança, um caráter aprovado; e o caráter aprovado, esperança. E a esperança não nos decepciona, porque Deus derramou seu amor em nossos corações, por meio do Espírito Santo que ele nos concedeu.

ROMANOS 5.3-5

E foi assim que, depois de esperar pacientemente, Abraão alcançou a promessa.

HEBREUS 6.15

E tudo o que pedirem em oração, se crerem, vocês receberão.

MATEUS 21.22

21

Como posso mostrar amor em qualquer situação?

O amor nunca falha.

É em torno disso que gira o capítulo do amor (1Co 13).

Os seres humanos falham conosco. Falham em nos fazer companhia nos momentos difíceis. Falham em nos apoiar até o fim. Falham em acreditar no melhor para nós. Falham em ser bondosos. Às vezes nosso amor em relação aos outros também falha.

Só o amor *de Deus* nunca falha.

Para que *nosso* amor nunca falhe, é necessário estar fundamentado, antes de tudo, no amor divino. O amor do Senhor nunca falha porque seu Espírito de amor está em nós. E *ele* nunca falha. Deus não pode deixar de ser quem ele é. Portanto, cabe a nós a tarefa de nos aproximar dele todos os dias em oração, em adoração e na leitura de sua carta de amor para nós.

Temos também de pedir a Deus que nos guie em tudo — principalmente no que se refere a mostrar amor aos outros. Não estou dizendo que precisamos perguntar a Deus *se* devemos mostrar seu amor. Precisamos perguntar a ele *como* devemos mostrar amor em cada situação e a cada pessoa ou grupo de pessoas.

Acima de tudo, você pode mostrar amor em todas as situações. Para isso basta pedir a Deus que a ajude a *não* mostrar *falta* de amor de maneira nenhuma. (Lembra-se do capítulo 17, em que tratamos a respeito da falta de amor?) Em algumas situações, o próprio fato de não mostrar falta de amor seria um grande testemunho da grandeza de Deus, sem mencionar o choque que causaria àqueles que não estão acostumados com isso.

DEIXE QUE O ESPÍRITO SANTO A CONDUZA PARA FAZER A VONTADE DE DEUS

Jesus disse que fazer a vontade de Deus era como comida para ele (Jo 4.34). E deve ser assim também conosco. Quando demonstramos amor por Deus fazendo a vontade dele, alimentamos *nosso* corpo, *nossa* mente, *nossa* alma e *nosso* espírito. Essa demonstração de amor por Deus nos edifica mais do que qualquer outra coisa.

Pouco tempo atrás, tomei a decisão de ajudar uma amiga. Sabia que ela precisava de minha colaboração, e o Espírito Santo não me permitiria menosprezar aquele fato. Na época, eu estava exausta em razão de muitas responsabilidades e compromissos assumidos com outras pessoas; portanto, tinha bons motivos para *não* me envolver no assunto. Mas ela não tinha ninguém para ajudá-la a mudar-se para outro lugar, e eu tinha condições físicas e mentais para fazer isso. Todas as pessoas que haviam dito que a ajudariam não apareceram. Afinal, quem deseja ajudar alguém a fazer uma mudança?

Eu sabia que a tarefa seria longa e exaustiva. Eu já não era muito jovem. Nem ela. A viagem de carro à noite seria mais longa do que eu desejava naquela altura da vida. Minha lista de motivos para não ajudá-la era grande.

Se isso tivesse ocorrido antes de meu encontro com Deus — no capítulo da Bíblia sobre o amor — e antes de ele me convencer a perguntar-lhe como queria que eu mostrasse seu amor aos outros, eu não teria sequer feito a pergunta. Teria resolvido sozinha. Mas naquele dia perguntei ao Senhor o que deveria fazer — porque os compromissos assumidos com outras pessoas também precisavam ser levados em consideração —, e o Espírito Santo deixou *claro* em meu coração que a atitude de amor seria ajudá-la. Pedi a Deus que me concedesse energia, ânimo e vigor físico para fazer tudo o que fosse necessário. Enquanto dirigia o carro, senti Deus me guiando o tempo todo. Quando cheguei à casa de minha amiga, ela estava estressada com tantas coisas que precisavam ser feitas, mas eu vi com grande clareza como resolver tudo com rapidez e eficiência, pois estava sendo assistida pelo Espírito Santo. E Deus me deu força e lucidez tais que me surpreenderam — coisa rara para mim naquela hora da noite.

Quatro horas depois, terminamos o que precisava ser feito. O mais incrível de tudo foi que, no caminho de volta, tive mais força e energia do que quando saí de casa. Foi um milagre de Deus! Escolhi mostrar amor de acordo com suas instruções, e senti sua presença com muito mais intensidade que antes.

O atleta olímpico Eric Liddell deixou de correr a Olimpíada num domingo por ser um cristão de grande firmeza. Ele obedeceu a Deus ao santificar o dia do Senhor — o *shabat*, dia de descanso dedicado a Deus. Em *Carruagens de fogo*, um filme sobre a vida de Liddell, ele disse a respeito de Deus: "Quando corro, sinto o prazer que ele sente". Esse atleta sentia o prazer de Deus todas as vezes que corria porque estava fazendo a vontade divina, e o amor por Deus era sua prioridade.

Senti o mesmo quando escolhi mostrar o amor de Deus sem levar minha conveniência em conta e ajudar uma amiga a fazer uma mudança. Escolhi deixar de lado os gritos de meu corpo, que diziam: "Não consigo fazer isto! Estou velha demais, cansada demais, pressionada pelo tempo". Mas a experiência me deixou mais fortalecida. Encontrei a força vinda de Deus — a força que eu não teria sem a ajuda dele. E ganhei uma amiga para a vida inteira.

Quando escolhemos fazer as coisas com amor, Deus nos capacita a realizá-las de forma que jamais conseguiríamos sem ele — com o amor que ele coloca em nosso coração pelos outros.

NÃO PENSE QUE VOCÊ SABE QUAL É A VONTADE DE DEUS EM TODAS AS SITUAÇÕES

Mostrar amor aos outros não significa brincar de ser Deus e tentar atender às necessidades de todas as pessoas. Isso é perigoso e definitivamente não faz parte da vontade de Deus. Meu marido e eu aprendemos bem a lição quando estávamos tentando ajudar uma pessoa sem antes pedir a direção do Espírito Santo. Pensamos: "É sempre bom ajudar alguém em necessidade, certo?". Nem sempre podemos julgar qual é a necessidade de uma pessoa sem conhecer os fatos. E somente Deus sabe a história completa.

Certa vez, ajudamos um homem dando-lhe dinheiro para pagar a mensalidade da casa própria que já estava vencida. Na verdade, deveríamos ter dado o dinheiro à mulher dele porque ele o usou para comprar drogas. Não sabíamos que ele era usuário de drogas. Mas ela sabia e nos teria dito se tivéssemos perguntado. Não consultamos Deus a respeito do assunto. Não oramos antes. Não fizemos perguntas. *Pensamos* que Deus queria que fizéssemos aquilo. Mas estávamos *redondamente enganados*.

Quando a mulher dele nos contou o que havia acontecido, ficamos surpresos e tristes. Mais tarde, aquele homem aprendeu uma dura lição — uma inadimplência que precisava acontecer para fazê-lo cair em si e buscar ajuda —, uma condição que foi retardada por no mínimo um mês porque nós o *ajudamos* a continuar a ter um estilo de vida destrutivo.

Estávamos *brincando de ser Deus* em vez de *buscar a Deus*.

Às vezes o maior ato de amor é a coisa mais difícil de fazer, porque aquilo que para você parece ser o melhor pode *não* ser o mais indicado para a pessoa naquele momento. O dinheiro que demos teria sido usado de maneira mais eficaz se fosse empregado para que aquele homem buscasse ajuda. Precisamos ser guiados pelo Espírito Santo em todas as situações.

Deus decide *quem*. Decide *quando*. Decide *como*. Nós não. É por isso que precisamos pedir a direção dele. Não devemos tentar ser o salvador de uma pessoa e correr para atender às suas necessidades, de modo que ela nunca busque Deus para nada. Quando fazemos isso, roubamos dela a possibilidade de conhecer Deus como seu Provedor, Protetor e Libertador.

Precisamos nos comportar sempre como instrumentos de Deus e lembrar que trabalhamos na empresa da família de Deus. Não dirigimos nada. Não saímos por aí sozinhas tentando salvar e restaurar as pessoas. Não conseguiríamos, ainda que quiséssemos. Sem o Senhor, não temos poder sobrenatural nem dispomos de recursos ilimitados. Somente Deus permite que participemos dessa missão, de acordo com a *vontade dele*, e não com a nossa.

Em resumo, Deus nos ama. Mas cabe a nós *escolher* abrir o coração para *aceitar seu amor* de maneira completa. Aqueles que não reconhecem Deus como Pai, Filho e Espírito Santo — personificações de seu amor por nós — não podem aceitá-lo. Contudo, tão logo aceitamos o amor de Deus e andamos com ele, *nosso ser é inundado de amor por ele*. Em nossas manifestações de amor por Deus, ele nos enche ainda mais com sua natureza divina. *Quanto mais nos tornamos participantes de sua natureza divina*, mais lançamos as sementes de seu amor nos outros, *de acordo com a direção dele*. As recompensas são grandes quando amamos os outros, porque nosso caminho será "como a luz da alvorada, que brilha cada vez mais até a plena claridade do dia" (Pv 4.18).

A manifestação de nosso amor pelos outros não tem a finalidade de atrair as pessoas para nós, mas atraí-las para Deus. E esse deve ser nosso maior objetivo. Amamos as pessoas o suficiente para querer saber onde passarão a eternidade. Amamos as pessoas o bastante para não querer que passem a eternidade separadas de Deus.

Em sua Palavra, Deus nos adverte de que o dia do acerto de contas virá. E todos os sinais indicam que o mundo está seguindo rapidamente nessa direção. O dia e a hora foram adiados para que todos tenham a oportunidade de fazer a escolha certa quanto ao lado em que se posicionarão. No decurso de nossa vida, escolhemos Deus ou seu inimigo. E, se não fizemos nenhuma escolha, é porque optamos pelo inimigo.

Ir para o céu para morar por toda a eternidade com o único e verdadeiro Deus é privilégio somente daqueles que escolheram aceitar Jesus, pois só ele pagou o preço por nós, a fim de assegurar nosso lugar no céu e de garantir que tenhamos nosso nome escrito no Livro da Vida do Cordeiro. Precisamos amar os outros o suficiente para ajudá-los a tomar a decisão certa.

Paulo comentou:

Vocês não sabem que de todos os que correm no estádio, apenas um ganha o prêmio? Corram de tal modo que alcancem o prêmio. Todos os que competem nos jogos se submetem a um treinamento rigoroso, para obter uma coroa que logo perece; mas nós o fazemos para ganhar uma coroa que dura para sempre.

1Coríntios 9.24-25

Corra para vencer a corrida.

Mostrar amor por outra pessoa significa que não estamos deixando "de fazer o bem a quem dele precisa" (Pv 3.27). "Não diga ao seu próximo: 'Volte amanhã, e eu lhe darei algo', se pode ajudá-lo hoje" (Pv 3.28). Significa que devemos mostrar amor em qualquer situação porque *temos* amor. Quando o Senhor abrir uma oportunidade para dizer a alguém qual é o motivo da esperança dentro de você, faça isso com amor. Não tenha pressa. Olhe nos olhos da pessoa e sorria, de modo que ela saiba que você a vê — que ela não lhe é invisível, que ela é valiosa. E você colherá bênçãos na terra e recompensas no céu que durarão por toda a eternidade.

Oração de amor

Senhor, busco teu amor da mesma forma que te busco. Enche meu coração de tal modo que teu amor transborde para os outros. Capacita-me a mostrá-lo em todas as situações. Para isso, dependo de orientação. Conduze-me pelo Espírito Santo a tomar decisões a respeito do que sempre te agrada. Não quero intervir no que estás fazendo na vida de outra pessoa. Não quero ser conduzida pela carne, mas guiada por teu Espírito em tudo o que fizer e disser.

Ensina-me a amar os outros não apenas com palavras, mas também com ações. Quando alguém que conheço sofrer uma perda, ajuda-me a orar por essa pessoa e fazer algo para ajudá-la a se recuperar. Sei que há tempo para o sofrimento e que não devemos interferir nisso, mas, quando o sofrimento se prolongar a ponto de produzir uma paralisia física e emocional, oro para que me capacites a ajudar tal pessoa a atravessá-lo completamente.

Ensina-me a amar os outros tendo no coração o amor que procede de ti. Sei que "a boca do justo produz sabedoria" e "os lábios do justo sabem o que é próprio" (Pv 10.31-32). Ajuda-me continuamente a dizer palavras que sejam sábias e apropriadas. Sei que "quando são muitas as palavras, o pecado está presente, mas quem controla a língua é sensato" (Pv 10.19); portanto, peço-te que minhas palavras sejam valiosas e edificantes aos outros e que sempre contenham significado. Sei que isso só acontecerá pela ação de teu Espírito de amor trabalhando em mim e por intermédio de mim.

Oro em nome de Jesus.

Palavras de amor

Que o próprio Senhor Jesus Cristo e Deus nosso Pai, que nos amou e nos deu eterna consolação e boa esperança pela graça, deem ânimo ao coração de vocês e os fortaleçam para fazerem sempre o bem, tanto em atos como em palavras.

2Tessalonicenses 2.16-17

O Senhor vê os caminhos do homem
e examina todos os seus passos.

Provérbios 5.21

Pois Deus não nos deu espírito de covardia, mas de poder, de amor e de equilíbrio.

2Timóteo 1.7

Recebam o amor que tenho por todos vocês em Cristo Jesus.

1Coríntios 16.24

Assim, permanecem agora estes três: a fé, a esperança e o amor. O maior deles, porém, é o amor.

1Coríntios 13.13

Conheça outras obras de

Stormie Omartian

- 30 dias para tornar-se uma mulher de oração
- A Bíblia da mulher que ora
- A oração que faz Deus sorrir
- Bom dia! – Leituras diárias com Stormie Omartian
- Bom dia! 2 – Leituras diárias com Stormie Omartian
- Dez minutos de oração para transformar sua vida
- Escolha o amor – Livro de orações
- Eu sempre falo com Deus sobre o que sinto
- Guerreiras de oração
- Guerreiras de oração – Guia de estudo
- Guia-me, Espírito Santo
- Minha Bíblia de oração
- Minha história de perdão e cura
- Minutos de oração para a mulher de fé
- O diário da mãe que ora
- O milagre do Natal
- O poder da criança que ora
- O poder da esposa que ora
- O poder da esposa que ora – Livro de orações
- O poder da esposa que ora – Mensagens de fé
- O poder da fé em tempos difíceis
- O poder da mãe que ora
- O poder da mãe que ora – Livro de orações
- O poder da mulher que ora
- O poder da mulher que ora – Livro de orações
- O poder da nação que ora
- O poder da oração no casamento
- O poder da oração para uma vida feliz
- O poder de orar
- O poder de orar a vontade de Deus
- O poder de orar juntos
- O poder de orar pelos filhos adultos
- O poder de orar pelos filhos adultos – Livro de orações
- O poder de uma vida de oração
- O poder de uma vida de oração – Livro de orações
- O poder do adolescente que ora

- O poder do marido que ora
- O poder dos avós que oram
- O poder dos pais que oram
- O poder transformador da oração
- O que acontece quando eu falo com Deus?
- O que Jesus disse
- Orações do meu coração
- O segredo da saúde total

Compartilhe suas impressões de leitura escrevendo para:
opiniao-do-leitor@mundocristao.com.br
Acesse nosso *site*: www.mundocristao.com.br

Equipe MC:	Daniel Faria (editor assistente)
	Natália Custódio
Diagramação:	Felipe Marques
Preparação:	Luciana Chagas
Revisão:	Josemar de Souza Pinto
Gráfica:	Renova Graf
Fonte:	Adobe Caslon Pro
Papel:	Pólen Soft 70 g/m² (miolo)
	Cartão 250 g/m² (capa)